커넥터스

물류의 관점으로 세상을 바라보다

커넥터스

엄지용 지음

마인드
빌딩

원하는 상품을, 원하는 시간에, 원하는 곳으로

'온디맨드On-Demand' 서비스의 물결이 몰아친다. 우리는 이제 온라인에서 물건을 구매하고 택배를 통해 받는 것이 일상화된 세상에서 살고 있다. '당일배송'이나 '새벽배송'은 이미 익숙해졌고, '1~2시간 내 배송'을 약속하는 기업도 등장했다. 물류의 서비스 경쟁은 무한 경쟁의 시대가 되었다. 물류 스타트업에 대규모 투자가 이어지고 있다. 산업의 경계를 넘어 유통, IT, 제조기업들이 앞다퉈 물류 역량 강화를 통해 고객에게 더 나은 배송 서비스를 제공하기 위해 노력하기 시작했다. 바야흐로 온디맨드 서비스를 제공하기 위한 물류 혁신의 춘추전국시대가 열렸다.

온디맨드 서비스의 시대는 며칠씩 기다려 상품을 배송받던 과거와는 다르다. 다양한 상품을 빠르게 공급하는 서비스 혁신 경쟁이 중요해졌다. 좋은 서비스에 익숙해진 고객들은 '오늘출발'이나 '내일도착', '새벽배송', '당일배송' 등 더 나은 배송 서비스 품질에 우선순위를 두고 상품을 선택하게 되었다. 지금껏 조연에 머물렀던 물류 서비스가 무대의 전면에 화려하게 등장하며 서비스 경쟁을 이끌어나가고 있다. 이런 상황 속에서 물류업계의 고민은 더욱 깊어졌다. 기존의 물류 성공 방정식이 더 이상 유효하지 않아졌기 때문이다. 전통적인 물류는 서비스 경쟁보다 비용 절감을 중심으로 운영됐다. 하지만 급변하는 고객의 니즈를 충족할 새로운 서비스를 지원하는 물류를 만들기 위해서는 '서비스 개선'과 '비용 절감'을 동시에 추구해야 했다. 고정관념을 깨는 혁신적인 아이디어가 필요해졌다.

전에 없던 빠른배송 서비스의 등장과 함께 물류 로봇, 디지털 플랫폼, 인공지능과 같은 IT 신기술의 등장은 온디맨드 물류 혁신을 가능하게 만드는 기반이 되고 있다. 성과를 창출하기 위한 기반 기술 선택의 폭이 넓어짐에 따라 서비스 운영은 전에 경험해보지 못한 수준으로 복잡해지고 있다. 기업들의 성공을 보장하는 혁신 아이디어는 아직 손에 잡히지 않는다. 무수히 많은 아이디어들을 테스트하고, 실패를 거듭하며 저마다의 성공 방정식을 찾아야 하는 상황이다. 온디맨드 서비스를 장악하는 기업이 시장의 승자가 될 것이라는 데 이견을 제기하는 이는 많지 않다. 하지만 어떻게 이를 달성할 것인가에 대해서는 여전히 혼란스럽기만 하다.

엄지용 커넥터스 대표의 책은 바로 이 지점에서 독자에게 소중한 인사이트를 제공한다. 저자는 지난 10년간 유통과 물류 현장을 오가며 느낀 생각과 경험을 이 책에 담았다. 온디맨드 물류 혁신을 위해 달려가고 있는 기업들의 아이디어들을 생동감 있게 전달하고 있다. 특히 쿠팡, 마켓컬리, 배달의 민족, 당근마켓 등 스타트업부터 시작하여 기업가치 10조 원 이상의 유니콘 기업으로 성장한 온디맨드 혁신 기업의 사례가 생생하게 담겨 있다. 네이버, 카카오와 같은 IT 기업과 이마트, 롯데, GS 등 오프라인 유통기업에 이르는 온디맨드 물류 혁신을 주도하는 기업의 이야기도 아우르고 있다. 기업들의 이야기는 저자의 경험과 함께 녹아들어 순식간에 책을 끝까지 보게 만드는 매력이 있다.

저자는 이 책에서 '공유경제형 서비스'를 통해 피크 수요에 대응하는 기업의 사례, 모빌리티 플랫폼을 통해 교통과 물류가 동시에 이루어지는 도심형 물류 인프라의 사례를 전하고 있다. 또 도심의 유통 매장이 훌륭한 배송 거점으로 탈바꿈하는 이야기, 지하철의 유휴 공간을 활용하여 신속하게 상품을 배송하는 이야기 등을 하고 있다. 이렇듯 이 책은 물류, IT, 유통의 경계를 넘나들며 다양한 내용을 담고 있다.

과거의 물류 혁신은 오롯이 물류기업의 일이었다. 하지만 오늘날의 온디맨드 물류 혁신은 수많은 참여자의 연결을 통해 만들어진다. 산업간 경계의 파괴와 융합의 무대다. 변화의 시대에 일어나고 있는 다양한 온디맨드 서비스 혁신의 생생한 이야기가 궁금하다면 이 책을 꼭 읽어보길 바란다.

송상화 인천대학교 동북아물류대학원 교수

1989년생 엄지용과 팝 로지스틱스
— 디지털 경제와 물류학에 없는 생활물류의 만남 —

도심 호수에 거대한 고무 오리 한 마리가 나타납니다. 사람들은 호숫가에 모여들어 오리를 구경하고 사진도 찍습니다. 이때 사진을 찍는 요령은 최대한 오리를 크게 찍는 것입니다. '러버덕'이라 불리는 이 오리는 네덜란드 미술가 플로렌타인 호프만의 스튜디오가 2007년부터 시작한 설치미술 프로젝트입니다. 오리를 처음 본 사람들 사이에선 이것이 과연 예술인지 아닌지 논란이 있었습니다. 부정적인 시선의 이유 중 하나는 '상업적인 술수'라는 것이었죠. 하지만 많은 사람들이 오리를 보고 즐거워했습니다. 러버덕은 '오리는 작다'라는 우리들의 고정관념을 깨뜨렸습니다.

2014년, 그 초대형 오리가 서울 석촌호수에 들어오던 어느 날. 이 책의 저자인 엄지용 대표와의 인연이 시작됐습니다. 전 직장 선배로 그가 대학생 인턴부터 일선 기자가 되기까지의 과정을 지켜본 저는 그에 대한 재밌는 일화가 많습니다.

음악과 영화를 좋아했던 그가 대뜸 '전주국제영화제'에 가겠다며 취재계획서를 올린 적이 있습니다. 당시 물류 잡지 편집장이었던 저로서는 허락하기 힘든 생뚱맞은 아이템이었죠. 그때 그가 전한 글의 주제가 '음원과 콘텐츠 유통도 물류가 필요하다'였던 것으로 기억합니다. 생각해보면 콘텐츠에도 물류 관점이 필요할지 모릅니다.

넷플릭스는 비디오 대여점 방식의 오프라인 콘텐츠 유통 서비스를 '온라인 스트리밍' 방식으로 실시간 유통되도록 혁신한 기업입니다. 덕분에 사람들은 보고 싶은 영화를, 보고 싶은 시간에, 보고 싶은 곳에서 TV나 PC, 스마트폰 등 다양한 기기로 즐길 수 있게 되었습니다. 이렇듯 지금은 일상화된 OTT 서비스를 물류 관점에서 본다면, 종전 오프라인 중심의 동영상 콘텐츠 공급방식을 실시간 온라인배송으로 풀어냈다고 봐도 무방합니다. 마치 고객이 상품을 주문하면 15분~1시간 만에 배송지로 상품을 즉시 배송해주는 '퀵커머스'와 '마이크로 풀필먼트' 서비스처럼 말이죠.

이 책《커넥터스》는 물류의 관점으로 변화하는 기업과 세상을 바라보고 있습니다. 저자는 네이버, 카카오, 쿠팡, 배달의민족, 마켓컬리, 당근마켓 등 다양한 온라인 사업자의 이야기를 물류 관점과 과학적인 사고로 살피고 있습니다. 또 이커머스에 도전장을 낸 IT 기업을 상대로 새로운 도전에 직면한 CJ대한통운이나 한진, 롯데와 신세계, GS와 같은 전통적인 유통물류 기업의 시대적 변화에 대해서도 빠짐없이 기록하고 있습니다.

이 책은 물류학을 전공했지만 '물류학에 없는 물류 이야기'를 써왔다는 저자의 지난 10년간 물류 전문기자 활동을 담고 있습니다. 우리들의 일상적인 생활 속에서 친숙한 배달, 배송, 택배 등 다양한 물류 현장 사례를 나열하면서 깊이가 다른 디지털 경제의 속성을 이야기하고 있습니다.

온디맨드가 됐든, O2O가 됐든, 또 메타버스의 시대가 도래하든, 커머스기업들의 최종 격전지는 오프라인 물류 활동의 틀을 크게 벗어나지 못할 것입니다. 이 책은 앞으로 우리가 만날 모든 온라인 비즈니스가 고객과 만나는 최종 접점을 어떻게 설계할지에 대해서 '물류의 가치', '공간의 가치', '이동의 가치', '연결의 가치'라는 네 가지 키워드로 관찰할 것을 친절하게 안내합니다.

호수 위 초대형 오리, 메릴린 먼로 등 스타의 사진, 캠벨 수프의 깡통과 같은 산업적 공산품까지, 우리 일상에 있는 사진이나 만화를 미술로 승화시킨 '팝아트'는 대중문화의 영역에 속해있던 것들에 예술이라는 옷을 입힌 한 흐름이었습니다. 이들은 평범한 일상과 고급문화 사이의 경계를 허물고자 했습니다. 지나치게 엄숙했던 모더니즘 회화를 허물고 솔직하고 대담하게 대중에게 쉽게 다가섰습니다.

마치 이런 팝아트처럼 생활물류는 어쩌면 그동안 전혀 관심 없었지만, 동시에 비대면 온라인 경제 시대에 없어서는 안 될 핵심 키워드로 부상했습니다. 대중적인 물류의 미래가 궁금하다면, 저자의 '팝 로지스틱스Pop Logistics' 세계관이 무척 흥미롭게 다가올 것입니다.

김철민 '비욘드엑스' 대표

저자는 현장의 사람입니다. 책상머리에 앉아서 현학적 태도로 쓴 무의미한 글이 아닙니다. 저자 스스로 발로 취재하며, 노동 현장에 참여하며, 시대의 요구와 트렌드를 따라가며 쓴 글입니다. 이 글은 곧 그의 삶이기도 합니다. 갑작스레 닥친 비대면 시대에 물류라는 뜨거운 키워드를 저자만의 경험과 인사이트로 관통한 책입니다. 혼란하기만 한 시장 상황을 여유 있게 조감해볼 수 있는 책입니다. 강력하게 추천합니다.

송종선 카페24 엔터프라이즈 비즈 총괄이사

물류의 아이콘이 된 저자가 사업의 핵심을 파고드는 통찰력과 현장의 생생한 목소리를 담은 책입니다. 빠르게 변화하는 물류산업의 과거, 현재, 미래가 궁금하다면 꼭 읽어보길 권합니다.

임현 카카오엔터프라이즈 LaaS부문 상무

엄지용 대표가 브런치에 글을 작성할 때부터 팬이었습니다. 이 책은 저 멀리 하늘의 은하수처럼 보이는 물류를 끌어와서 몸을 감싸 흐르는 강물처럼 현실감 있게 푹 빠지게 해줍니다. '풀필먼트'와 '배송'은 이커머스 기업에서 일하는 이에겐 필수 과제가 됐지만, 막상 방법을 찾지 못하고 있는 이들이라면 이 책을 통해 실전 물류 감각을 날카롭게 다듬을 수 있을 것입니다.

이미준 카카오스타일(지그재그) PO, 《현업 기획자 도그냥이 알려주는 서비스 기획 스쿨》 저자

우리가 접하는 재화와 서비스 가치사슬의 중심에는 '물류'가 있습니다. 물류는 계속해서 진화하고 있기도 합니다. 이 책은 물류 전공서에서 다루지 않는 현장의 지식을 제공해줍니다. 다양한 산업의 새로운 트렌드를 재해석하고 읽어낼 수 있는 인사이트를 제공합니다.

문창희 애플코리아 이커머스 총괄

물류가 막연한 이들에게, 혹은 물류의 다양한 영역을 탐험해 보고 싶은 이들에게 권하는 물류판 '론니플래닛'. 물류의 트렌드뿐 아니라 물류를 구성하는 다양한 구성원의 관점과 목소리까지 담아냈습니다. 여기 저자의 독특한 경험과 날카로운 관점이 더해져 끊임없는 생각과 즐거운 상상을 만들어냅니다. 마지막 장을 덮으면 우리 모두가 물류의 한 축을 담당하는 구성원이었다는 것을 알 수 있습니다.

양거봉 다노 SCM팀장

인간의 손을 반드시 거쳐야 하는 가장 아날로그적 영역인 물류야말로 디지털 3.0 시대의 동력이라 생각합니다. 저자가 물류 전문기자에서 물류 미디어 대표가 되기까지 현장에서 구르고 뛴 경험과 통찰이 고스란히 녹아 있는 메타버스 시대의 필독서라 생각합니다.

이수진 슬편 대표

엄지용 대표의 비즈니스 인사이트는 너무나 강렬하고 다양한 연결고리를 제공합니다. 간결하고 쉽게, 그리고 다양한 채널로, 물류와 SCM으로 자신을 정의하는 사람들을 연결하는 장을 만듭니다. 물류 현직을 뛰고 있는 우리는 그의 인사이트가 직접 현장에서 몸으로 부대끼며 시간과 열정을 맞바꿔 얻은 것임을 잘 알고 있습니다. 과감한 분석과 명쾌한 정의는 변화의 속도감이 세상을 지배하는 시대. 몸과 생각마저 쪼개 사용해야 하는 스타트업 대표인 저에게는 단비이자 마중물이 됩니다. 극한의 비즈니스 현장에서 진북의 방향성을 제시해주는 값진 선물입니다. 숨 돌릴 겨를 없이 이 책을 읽었음을 고백합니다.

박철수 아워박스 대표

물류는 그 단어가 포괄하는 의미가 광범위하면서도 한 문장으로 정의 내리기 어렵습니다. 물류는 산업이 발전함에 따라 진화하고, 이 순간에도 계속 진화하고 있습니다. 이 책은 우리 삶과 다양한 물류 현장을 자연스럽게 연결합니다. 일상생활에서 물류가 가질 수 있는 가치와 나아갈 방향성을 쉽게 풀어내고 있습니다. 읽다 보면 독자와 저자와의 강력한 연결고리가 형성되는 것을 느낍니다.

권정욱 케이원컴퍼니(원토피아) 대표, 네이버 스마트스토어 셀러

격세지감. 요즘 물류판을 설명하는 말로 이보다 더 적합한 단어가 있을까 싶습니다. 시장에서는 그 어느 때보다 빠르고 거대한 변화가 일어나고 있습니다. 물류 사업을 하는 사람으로서 이런 시장에 적응하는 것은 매우 새로운 기회이자 흥미로운 일이지만, 한 편으론 매우 힘든 일이기도 합니다. 엄지용 저자는 그럴 때마다 저에게 자신의 생각을 공유해줬습니다. 실무자를 찾아가 만나 이야기를 듣고, 현장을 경험하며 얻은 '진짜 이 바닥' 이야기를 전해줬습니다. 제가 그랬듯 독자 여러분께도 이 책에 담긴 지혜의 보따리가 훌륭한 선물이 될 것이라 믿어 의심치 않습니다. 저자의 경험을 인고의 시간으로 모아 출간한 이 책을 서슴없이 여러분께 추천합니다.

김동현 체인로지스(두발히어로) 대표

2020년 기준 이커머스 1위 플랫폼은 네이버라고 하죠. 하지만 2022년 이커머스 1위 인간 플랫폼은 이 책의 저자 엄지용이라고 생각합니다. 앞으로도 좋은 콘텐츠를 위해 쉬지 않고 달릴 것을 믿으며, 이 책을 추천합니다.

고대석 CJ대한통운 이커머스영업 담당 과장

물류와 유통시장이 앞으로 어떻게 될 것인가. 그에 대한 명확한 답은 어디에도 없지만, 만약 물류와 유통 산업 전반에 대한 사업의 흐름을 읽고 싶다면 꼭 읽어봐야 할 책입니다. 저자의 현장과 사람에 대한 생각이 물류와 유통업의 마일스톤을 보여줍니다.

안세준 한진 미래전략팀 차장

최근의 소비 트렌드에서 '비대면화', '디지털 전환'을 빼놓을 수 없습니다. 그로 인해 물류 서비스에 대한 소비자의 눈높이는 계속해서 높아지고 있습니다. 자연스레 물류 시장이 어떻게 돌아가는지 모르겠다고 묻는 사람이 많아졌습니다. 저는 그렇게 묻는 사람들에게 주저 없이 이 책의 저자 엄지용의 글을 읽어보라고 추천합니다. 그가 정의하는 물류는 '가치 사슬을 관통하는 사물의 흐름'입니다. 기업이 물류로 어떻게 가치를 만들어낼 수 있을지 유심히 관찰하는 시선이 그의 글에 녹아 있습니다.

하진우 흐름닷컴 대표 기자/배달의 민족 라이더

온라인 플랫폼과 오프라인 고객을 연결하는 '포트'로써 물류의 역할은 커지고 있습니다. 그리고 그 물류의 패러다임을 정확하게 이해하는 사람이 온라인 플랫폼을 선점할 수 있습니다. 그동안 다양한 물류 관련 경험과 이론, 글로 세상과 소통해오던 엄지용 대표의 책이기에 더욱 큰 기대를 가지고 읽었습니다. 물류에 대한 적합한 답을 찾는 분이라면 《커넥터스》의 일독을 강추하고 싶습니다.

이태호 피클 대표

재화의 생산부터 최종 소비까지 모든 동선에 걸친 현장감 있는 물류를 배우고 싶다면 꼭 읽어보길 바랍니다. 물류로 연결된 다양한 산업들의 역학관계를 파악하는 데 큰 인사이트를 줍니다.

유승우 SK증권 스마트시티추진실 연구위원

엄지용 대표가 새로운 미디어 '커넥터스'를 출범했다고 해서 단행본 발행 전에 먼저 구독 신청하여 글을 읽어봤습니다. 그동안 쌓인 내공이 깊더군요. 지금 지구촌을 한마디로 표현하면 '초연결 사회'입니다. 특히 디지털 경제 시대 유통과 물류의 융합이 대세를 이루고 있습니다. 국경을 초월하여 기업과 소비자를 상품, 서비스, 데이터, 지식으로 연결하는 '커넥션'이 관심을 끌고 있습니다. 물류 전문기자로서 엄 대표의 지난 경험을 엮은 이 책은 이런 트렌드와 비즈니스 모델에 대한 인사이트로 가득합니다.

권오경 인하대학교 물류전문대학원 교수

프리미엄 콘텐츠 담당자로서 커넥터스 프리미엄 채널의 콘텐츠 유통 경로 확장에 응원을 보냅니다. 유통 물류 콘텐츠 크리에이터라는 이름을 내걸고 꾸준한 콘텐츠 생산과 관련된 사람들 간의 관계를 만들어내는 엄지용 대표님을 보면, 크리에이터 이코노미의 성공은 자신의 고유한 영역을 만들고, 이를 집중적으로 파고드는 전문성에 있는 것이 아닐까 생각합니다. 유통과 물류는 결국 사람(생산자)과 사람(소비자) 사이의 연결입니다. 이 책을 통해 엄지용 대표님의 물류에 대한 노하우와 지식이 독자들과도 연결되는 새로운 결실이 있길 기대합니다.

김은정 네이버 프리미엄 콘텐츠 리더

공간과 이동, 연결의 가치

제주에 왔습니다. 좀 긴 글을 써보려고요. 생소한 장소가 주는 영감이 있잖아요. 물류가 주제입니다. 하지만 여러분이 알고 있는 그 물류와는 조금 다를 겁니다. 제가 생각하는 물류는 세 단어로 압축할 수 있어요. 바로 '공간', '이동', 그리고 '연결'입니다.

모든 공간에는 유휴 자원이 있어요. 이 유휴 자원을 채워서 가치를 만들고자 하는 사업자나 사람들이 있습니다. 물류업계에서 활용할 수 있는 공간이라면 '물류센터'입니다. 이 공간에 화물을 안전하게 보관하고 필요할 때 필요한 곳에 전달하는 것이 물류센터가 만드는 가치입니다.

그런데 굳이 물류센터만을 물류를 위한 공간으로 활용할 이유가 있을까요. 대형마트는, 편의점은, 주유소는, 지하철 역사에는 유휴 공간이 없을까요. 이 유휴 공간에서 새로운 가치를 만들 수는 없을까요. 왜 이마트, GS25, SK에너지, 서울지하철은 그들이 운영하는 공간을 물류 용도로 전환하는 것일까요.

모든 이동에는 유휴 자원이 있어요. 이동의 빈자리, 이동이 멈추는 유휴 시간을 채워서 가치를 만들고자 하는 사업자, 사람들이 있습니다. 물류업계에서 활용하는 이동이라면 화물트럭, 선박, 항공기와 같은 운송 수단을 꼽을 수 있겠네요. 빠르고 안전하고 정확한 시간에 전달하는 것이 이런 운송 수단들이 만드는 가치입니다. 물류학 교과서에선 '3S Speedy, Safety, Surely'라고 부르는 것이죠.

하지만 전통적인 운송 수단만을 물류를 위한 이동으로 활용할 이유가 있을까요. 카카오T 벤티, 타다와 같은 대형 승합 택시를 불러서 이사를 하는 사람들이 있습니다. 이들은 왜 용달 트럭을 부르지 않았을까요. 왜 배송기사 네트워크를 이미 운영하고 있는 쿠팡과 배달의 민족은 자전거, 킥보드를 보유한 '일반인'을 배송기사 네트워크로 편입시켰을까요. 물류와 전혀 상관없어 보였던 카카오모빌리티와 티맵모빌리티가 퀵서비스나 화물운송을 시작한다고 하는 이유는 무엇일까요. 왜 음식을 나르던 배달 라이더들이 음식이 아닌 다른 물건을 배달하기 시작한 것일까요.

모든 물류는 '연결'이 만듭니다. 어떤 위대한 사람, 거대한 기업이더라도 혼자서는 물류의 완결성을 만들 수 없습니다. 세계 최대의 물류 네트워크를 보유했다고 하는 이커머스 플랫폼 아마존, 세계 최대의 물류기업 DHL조차도 모든 서비스를 직접 제공하진 못합니다. 연결을 통해 새로운 가치를 만들죠.

한국기업이라고 다르진 않습니다. 이상하게 물류 매출이 IT를 뛰어넘은 IT 기업 삼성 SDS든, 한국 최대의 종합물류기업 CJ대한통운이든, 한국의 아마존을 자신할 수 있는 이커머스 플랫폼 쿠팡이든 마찬가지입니다. 모두가 수많은 파트너와 연결을 통해 서비스를 완성합니다.

그러나 애석하게도 모든 연결은 완벽하지 않습니다. 끊어지는 부분이 있습니다. 많은 사업자와 사람들이 끊어진 부분을 연결하고자 노력합니다. 왜 물류와는 전혀 상관없어 보였던 IT 포털 운영사 네이버가 물류기업에 투자하고 지분을 섞기 시작했을까요. 편의점 운영사 GS리테일은 왜 배달 플랫폼 요기요를 인수했을까요. 국내 이커머스업계의 양강 체계를 형성한 쿠팡, 네이버와 모두 돈을 섞은 일본 소프트뱅크의 손정의가 그리는 큰 그림은 대체 무엇일까요.

공간과 이동, 연결을 중심으로 펼쳐진 많은 도전에는 각자의 이유가 있습니다. 물론 이런 도전이 쉽지만은 않았습니다. 이미 벌어진 많은 일들로 알 수 있습니다. 그렇지만 바뀔 것입니다. 많은 시도와 성패가 하나둘씩 변화를 만들고 있습니다.

처음 시작할 때만 해도 많은 이들이 헛짓거리라고 여겼던 쿠팡의 일반인 배송 서비스 쿠팡플렉스를 경쟁업체들이 부러워하기 시작했습니다. 사실 아마존이 1999년 시작한 마켓플레이스 비즈니스도 처음엔 미친 짓이라는 평가를 받았습니다. 아마존 마켓플레이스의 전신이었던 아마존 옥션과 지숍은 2002년까지 모두 망했습니다. 지금은 어떤가요? 상품별로 하나의 대표 상품만을 노출시키는 방식부터 마켓플레이스에서 파생된 풀필먼트까지, 따라한 업체들이 한둘이 아닙니다.

이 책에는 다양한 사람들의 이야기가 담길 겁니다. 저는 누군가의 이야기를 듣고 전하는 일을 하고 있으니까요. 이동과 공간, 연결의 가치를 만드는 누군가의 도전과 성패를 이야기할 겁니다. CJ대한통운이나 한진, LX판토스 같은 물류업체들의 이야기가 될 수 있겠고요. 쿠팡이나 네이버, 카카오, 우아한형제들처럼 물류가 아닌 이종

업체들의 이야기가 될 수도 있겠네요.

우리 주변에 있는 어떤 사람들의 이야기를 해보려고 합니다. 한 명의 택배기사, 한 명의 배달기사, 한 명의 이커머스 판매자들의 이야기가 담길 거예요. 그들 모두의 고민과 도전은 각각의 가치가 있습니다. 지금까지 우리가 보지 못했던 영역을 볼 수 있을 겁니다. 그 안에서 비즈니스를 개선할 수 있는 힌트를 찾을 수 있을 거예요.

그리고 제 경험을 이야기 해볼까 해요. 저는 현직 콘텐츠 창작자이자 플랫폼 노동자입니다. 네이버 스마트스토어에서 생활용품과 신선식품을 떼어다 팔고 있고, 배민커넥트와 쿠팡이츠에선 종종 자전거로 음식 배달을 합니다. 물론 잘하지는 못합니다. 떼어 온 냄비는 여전히 안 팔리고, 배달은 한 시간에 많아야 세 건 정도입니다. 전문 셀러나 라이더가 보면 웃을 일이죠. 그럼에도 불구하고 거기서 느낀 어떤 것들이 있습니다. 그것들을 물류 전문기자의 시선으로 담아볼까 합니다.

물류 이야기를 하고 싶어서 책을 썼습니다. 하지만 제가 이야기하는 물류는 국토교통부, 해양수산부가 정의하는 물류는 아닙니다. CJ대한통운이나 쿠팡이 정의하는 물류도 아니에요. 제가 한창 학교에서 물류를 공부하던 시절 전공서에서 배웠던 물류도 아니죠. 그냥 제가 경험하고 마주한 물류 이야기를 하고 싶었습니다. 물류학에 없는 물류 이야기를요. 우리들의 살아가는 이야기를요. 연결하는 사람들의 이야기를요.

엄지용

물류의 가치

IT 관련 매체에서 일하던 시절, 한 기자 선배가 나에게 이야기했다. 물류가 IT업계에서 큰 관심사로 떠오르고 있다고. 네이버, 카카오, 쿠팡을 막론한 기술 기업들이 물류에 큰 관심을 갖고 있다고. 당장 IT업계 사람들이 기꺼이 돈을 쓰는 콘텐츠가 '물류' 영역에서 만들어지고 있다고. 그러면서 그는 하지만 언제까지 물류에 대한 IT업계의 관심이 계속될지는 잘 모르겠다고 덧붙였다. UX가 IT 세상을 지배했던 시절이 지나갔듯, 물류 또한 언젠가는 한때의 유행처럼 지나갈 수 있다는 뜻이었다. 하지만 나에게 그의 의문은 별로 중요치 않다. 중요한 것은 물류가 아니다. 물류의 관점으로 세상을 보는 것이다. 그렇게 하면 물류를 넘어서 모든 것을 다룰 수 있다.

물류 전문기자가 된 이유

취재를 하다 보면 많은 이들로부터 "어쩌다가 물류 전문기자가 되었냐"는 질문을 받는다. 대부분의 사람들이 물류 전문기자라는 직업이 생소하게 느껴질 수 있다. 의학 전문기자, 법학 전문기자, IT 전문기자는 간혹 봤어도 물류 전문기자는 본 적이 거의 없을 테니까 말이다.

사실 물류에 관한 내용을 취재하는 기자가 전혀 없는 건 아니다. 하지만 '물류 전문지'를 표방하는 매체 소속이 아닌 이상 물류 전문기자라고 말하기는 힘들지 않을까 싶다. 중앙 일간지, 경제지에서 물류는 유통을 취재하는 기자가 곁다리로 다루는 경우가 대부분이다. 한 대형 물류업체의 홍보 담당자의 말에 의하면, 어떤 매체는 심지어 자동차 담당 기자를 물류 담당으로 욱여넣은 일도 있다고 했다. 최근 몇 년 사이에 쿠팡이나 신세계, 롯데 같은 거대 기업들이 물류를 한다고 뛰어들다 보니, "좀 중요해진 것 같으니 누가 좀 파봐라." 정도로 위상이 올라간 느낌이다. 그래서인지 신기해서 물어보는 것 같다. 어쩌다가 물류를 취재하는 기자가 됐냐고.

10년도 더 된 기억을 더듬어 보면, 물류 전공도 물류 전문기자만큼 생소하기는 매한가지였다. 지금도 어디 가서 물류를 전공했다고 말하면 '물리'라고 잘못 알아듣는 사람이 없으면 다행일 정도다. 많은 경우 "그런 전공도 있어요?"라는 질문이 돌아온다. 여기서도 자연스럽게 같은 질문이 이어진다. "그런데 물류를 전공했는데, 왜 기자가 됐어요?"

질문에 답하자면 학창 시절 내내 나는 기자가 되고 싶다고 생각해본 적은 단 한 번도 없었다. 물류를 전공한 다른 친구들과 마찬가지로 기업 취업을 준비했다. 전공을 살릴 수 있는 물류기업이면 좋고, 기왕이면 안정적이고 돈도 많이 주는 대기업 화주사貨主社 계열의 2PL 물류기업, 예컨대 현대글로비스나 판토스, 삼성SDS 같은 기업에 들어가고 싶었다.

그런데 이런 내 생각이 우연한 계기 때문에 바뀌었다. 2012년 대학교 팀프로젝트를 하던 중에 아마존의 '어제배송(Yesterday Shipping)' 서비스 컨셉 영상을 보게 됐다. 오늘 보내는 것도, 내일 보내는 것도 아닌 '어제 보낸다'는 이상한 이름이다. 내가 주문하지도 않은 상품을 아마존은 배송한다는 이야기다. 그리고 받은 상품이 맘에 안 들면 반품하라고 한다. 심각하게 쿨하다.

장난처럼 보였지만 장난이 아니었다. 아마존은 어제배송의 구체적인 방법론을 명기한 특허를 2012년 8월 신청했고, '예측배송(Anticipatory Shipping)'이라 명명했다. 물론 어제배송 영상처럼 고객이 주문하지도 않은 상품을 배송할 정도로 극단적이지는 않았다. 아마존은 고객의 과거 소비 패턴, 온라인 장바구니에 담긴 구매 희망 상품, 클릭스트림 데이터, 인구 통계학적 특성, 설문조사를 통해 파악한 고객의 상품 선호도 등 데이터를 분석해서 특정 지역의 고객이 어떤 상품을 주문할지 예측한다고 했다. 예측 결과를 보고 고객 주문이 다발 할 것이라 예측되는 장소에 재고를 사전 배치한다. 심지어 주문이 일어나지도 않은 상품을 화물차에 넣고 다니다가 고객 주문이 발생하면 수십 분 안에 배송하는 방법을 포함한다. 거짓말 같은 이 방법은 2021년 현재 한국에서 아마존을 무섭게 따라가는 기업 쿠팡이 현실 세계에 응용한 방법론이 됐다.

당시 학생이었던 나에게 아마존의 예측배송이 던진 영감은 컸다. 아마존의 물류는 지원 업무에 불과해 보였던 수동적인 물류가 아니었다. 수요를 만들어내는 공격적인 물류였다. 교과서에서 배울 수 없었던 물류였다. 당시 나는 아마존과 같은 이커머스업체에서 물류를 한다면, 이런 멋진 일을 할 수 있을 것이라 막연하게 생각했다.

2014년 물류 전문매체 〈CLO〉에 입사한 이유가 여기 있다. 〈CLO〉는 당시 이커머스 물류 관련 콘텐츠가 많이 실리던 잡지사였고, 나 또한 유료 구독 중이었다. 이 매체에서 때마침 대학생 인턴기자 채용공고를 올렸는데 그 공지 사항이 눈에 들어왔다. 언론사에서 기자가 무슨 일을 하는지는 잘 몰랐지만, 그래도 언론사라고 하니 인터넷에서 보는 기사 이상의 고급 정보를 얻을 수 있을 것 같았다. 또 운이 좋다면 내가 취업하고 싶은 이커머스 기업의 실무자를 직접 만나 이야기를 들을 수도 있을 것 같아서 인턴기자에 지원했다.

그렇게 〈CLO〉에 들어가서 일을 시작한 지 두 달 정도 지났을까. 기회는 생각보다 빠르게 찾아왔다. 당시 함께 일하던 편집장의 배려로 이커머스업체 물류 실무자들이 모인 술자리에 동석하게 됐다. '11번가', '인터파크', '알라딘'…, 내가 취업을 희망했던 이커머스업체의 물류 팀장, 센터장들이 잔뜩 모인 자리였다. 편집장이 말문을 열었다. "이 친구가 너희 회사에 들어가고 싶다고 하는데 말이야."

그중 한 명이 말꼬리를 받았다. 당시 11번가에서 물류 팀장으로 일하던 사람이었다. 언젠가 내가 11번가에 지원한다면 면접관으로 올 수 있는 사람이었다. "그래? 넌 거기서 무엇을 하고 싶은데?"

갑작스레 면접 현장으로 바뀐 분위기에 긴장을 안 할 수 없었다. 당황스러웠지만 뭔 말이라도 해야 했다. 아마존이 어떻고. 예측배송이 어떻고. 데이터가 어떻고. 이걸 가지고 새로운 물류를 할 수 있을 것이라…. 무슨 말을 했는지 기억나지 않을 정도로 횡설수설 말을 이어나갔다. 그리고 돌아온 답변은 이랬다. "우린 그런 거 안 하는데?" 난 지금도 그 한 문장을 잊지 못한다.

그 모임에서 확실하게 얻은 것은 있었다. 내가 몇 년 동안 준비했던 것들, 그렇게 하고 싶었던 것들은 한국의 이커머스업체 물류팀에서는 하지 않는다는 것이다. 지금 와서 느끼는 것이지만, 이커머스업체들이 하는 물류라고 해도 여타 물류기업의 업무와 크게 다르지 않다. 물류센터에서 발생하는 '비용 감축'과 시간당 출고량으로 대표되는 '생산성 향상'이 대부분의 이커머스업체 물류팀의 목표다. 그러기 위해 물류설비와 시스템 도입을 고민하고, 물류센터 인력 도급업체를 관리하고, 가끔은 창고 레이아웃도 뒤집는다. 그것이 이커머스업체 물류팀의 일이다. 기대가 컸던 만큼 실망도 컸다.

그렇게 몇 달이 지나고 회사와 약속한 인턴 기간이 끝났다. 그때 편집장이 나에게 이런 제안을 했다. 계속 함께 일하지 않겠냐고. 연봉은 다른 업체들에 비해 부족할지 모르지만, 사무실 앞에 있는 택배업체만큼은 챙겨준다고. 생각지 못한 제안이었다. 살면서 누구에게 이렇게 인정받은 적이 있었던가. 내색은 안 했지만 고마웠다. 생각에 잠겼다고 한다면 거짓말이다. 결정은 굉장히 빨랐다. 나를 인정해주는 사람이 있었고, 함께 일하는 사람이 좋았고, 사람을 만나는 이 일이 좋았다.

그렇게 난 기자가 됐다. 다만 사무실 앞에 있던 택배업체는 CJ대한통운이었는데, CJ대한통운 초봉만큼 돈을 받지는 못했다는 슬픈 전설이 있다.

물류 전공하면 택배하냐고요?

대학에서 내가 선택한 전공은 '물류'였다. 물류를 전공으로 선택한 데 별다른 이유가 있었던 것은 아니다. 이유가 있었다면 세속적이기에 공개적으로 말하기 좀 부끄러울 따름이다. 물류가 뭔지는 나도 잘 몰랐지만, 학교에서 밀어주던 특성화 전공이었고 취업이 잘 된다는 이야기를 들었다. 그래서 물류를 선택했다.

물류를 전공하던 시절, 친구들을 만나면 으레 듣는 이야기가 있었다. "물류 전공하면 졸업하고 택배하는 것 아니냐?" 편하게 들리는 이야기는 아니다. 농담처럼 던진 그 이야기에 택배라는 직군을 낮게 보는 맥락이 숨어 있기 때문이다. 더욱이 안타까운 것은 여기서 택배라는 단어를 그대로 '물류'로 치환해도 별반 다를 바가 없다는 것이다.

실상 우리 생활에서 가장 친숙한 물류는 택배다. 한국통합물류협회에 따르면 2020년 국내 택배 물동량은 33억 7,000만 개였다. 전년 대비 20.9% 늘어난 수치다. 2020년 국내 경제생활 인구 기준 국민 1인당 택배 이용 횟수는 122회에 달한다. 이렇게 꾸준하게 성장하던 택배 산업은 코로나19라는 변곡점을 만나 더더욱 급성장하게 되었다. 단적인 예로 국내 1위 택배 사업 부문을 보유한 종합 물류 업체 CJ대한통운이 2019년 취급한 평균 택배 물동량은 하루 480만 건. 코로나19가 한창이었던 2020년 10월 파악한 숫자는 하루 800만 건이었다.

더군다나 한국통합물류협회의 통계에는 국토교통부가 인정한 택배 운송사업자 18개 사 중 17개 사와 우정사업본부(우체국 택배)를 제외한 업체들의 물동량은 포함되지 않았다. 소비자의 문 앞까지 전달하는 '문전배송'을 택배라 정의한다면 쿠팡, 이마트, 홈플러스와 같은 유통사의 물류 서비스도 택배라 할 수 있다. 하지만 한국통합물류협회의 통계에는 이 업체들의 숫자가 포함되지 않는다. 실제 택배 물동량에는 통계로 파악되지 않는 숫자가 숨어 있다는 것이다.

이렇게 거대한 성장세에도 불구하고 택배에 대한 사회적 인식은

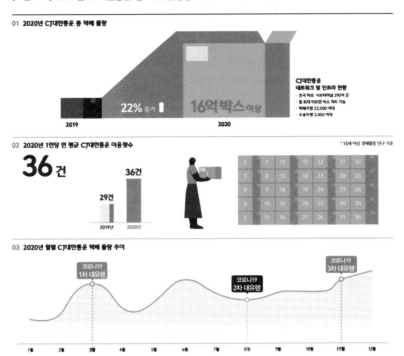

[그림 1-1] 2020년 CJ대한통운 총 택배 물동량 (출처: CJ대한통운 일상생활리포트)

좋지 않다. 많은 사람들에게 택배는 친숙하지만 그 일을 직업으로 하라고 하면 왜인지 하기 싫다. 언젠가 이야기를 나눴던 CJ대한통운 택배기사 한 명은 이렇게 토로했다. "길거리에서 만난 한 아주머니가 자기 아이에게 '공부 안 하면 나중에 저 아저씨처럼 돼'라고 말하는 걸 볼 때는 조금 씁쓸했다." 이와 같은 에피소드는 약간의 변주를 가미한 클리셰처럼 많은 택배기사가 겪었다고 전해진다. 택배기사라는 직업에 대한 인식을 드러내는 단적인 예다.

대중이 물류를 바라보는 시선 또한 택배를 보는 시선과 크게 다르지 않다. 눈에 보이지 않으니 관심조차 없는 것이 첫 번째 이유다.

그나마 보이는 물류 또한 열악하다. 고속도로에서 아슬아슬하게 넘치는 화물을 매달고 과적 행진을 하는 대형트럭, 왜인지 모르게 해마다 불이 나고 누군가가 죽어 나가는 물류센터를 보고 긍정적인 생각을 하는 사람을 찾기는 어려울 것이다. 산업 측면에서 봐도 물류 현장은 오랫동안 '좌천지'로 여겨졌고, 물류기업은 일감 몰아주기 편안한 구조를 활용한 친인척 경영의 중심지가 됐다. 모두 썩 긍정적으로 오르내릴 주제는 아니다.

물론 코로나19 이후 물류 일자리는 파괴적으로 늘었다. 하지만 이 자리가 가고 싶은 일자리라 늘어난 건 아닌 것 같다. 2020년 만난 한 퀵서비스업체 대표는 코로나19 이후 배송기사 면접을 보는 이들이 줄을 서고 있다고 전했다. 안타까운 것은 이들 중 많은 이들이 코로나19로 폐업 위기에 몰린 자영업자들이었다는 거다. 어떻게든 힘든 시기를 견뎌내야 하는 이들이 당장의 생존을 위해 물류를 새로운 일자리로 선택했다.

물류에 대한 인식이 열악한 이유

물류에 대한 사회적 인식이 좋지 않은 데에는 여러 이유가 있다. 기본적으로 물류 현장은 몸을 쓰는 일을 한다. 위험하고 힘들다. 인터넷 커뮤니티에서 지옥의 아르바이트로 악명 높은 택배 상하차 까대기까지 굳이 갈 필요도 없다. 물류센터는 기본적으로 여름에는 덥고, 겨울에는 춥다. 규모가 있는 대형업체를 포함하더라도 냉난방 설비, 휴게시설이 제대로 갖춰진 곳이 많지 않다. 상품을 피킹(출고할 상품을 물류 창고의 보관 장소에서 꺼내는 일)하고 작업대까지 운반하고 포장하는 많은 과정이 자동화 설비 없이 수동으로 진행된다. 자동화율이 상당히 진척됐다고 평가받는 공장과 달리 물류 현장은 2021년 현재까지도 여전히 노동집약적이다.

몸을 쓰지 않는 관리 직군의 물류라고 해도 상황이 마냥 좋은 것은 아니다. 기본적으로 물류는 태생적인 '을'의 설움을 품고 있다. 지원 사업인 물류는 지원의 대상이 되는 누군가의 갑질에 시달리기 십상이다. 다시 말해 물량이 있는 측이 갑이다. 중소 포워딩업체(운송료를 받고 상품을 운반해주는 회사)는 대형 물류업체의 갑질을 당하고, 대형 2PL 물류업체는 그들에게 물량을 주는 모기업 화주사의 갑질을 당한다. 심지어 택배기사도 대부분 개인이 사장님 격인 특수형태 근로종사자인데, 물량을 주는 택배업체에, 대리점에 갑질을 당한다고 주장한다. 언젠가 현대글로비스의 물량을 받아 처리하고 있는 중소 포워딩업체 직원이 이런 이야기를 전한 기억이 난다.

"말도 마세요. 주말에 전화가 와서 가격을 물어보거나 화물 위치를 추적해 달라고 하는 것은 양반입니다. 언젠가 우리 팀장이 밤 10시가 넘어서 화주사 담당자에게 불려가는 것을 봤습니다. 화주사들 모임 자리였는데 그 자리 계산을 전부 했다더군요. 그 이야기를 듣고 이렇게까지 물류 영업을 하면서 살아야 하나 싶더라구요."

현실이 이렇다 보니 물류를 전공한 동기, 후배들 사이에서는 "대세는 탈 물류"라는 말이 일상처럼 오갔다. 기왕이면 3자 물류회사보다 물량이 튼튼한 화주사 계열 물류업체에 가고 싶었다. 거기서도 기왕이면 협력 물류사를 관리하는 화주사 물류 담당자가 되고 싶었다. 관세사와 같은 전문직을 한다면 더할 나위 없었다. 이렇게 본다면 물류 산업에 대한 대중의 인식만을 탓할 일은 아니다. 물류를 전공한 우리에게도 물류는 멋이 없었고, 현장 까대기 중심이라 힘들다는 생각이 지배적이었다. 심지어 박봉이었다.

쿠팡에서 발견한 어떤 가능성

물류 산업에 관한 좋지 않은 인식 자체를 부정할 수는 없다. 하지만 물류 콘텐츠를 만드는 내 입장에서 아쉬움이 없는 것은 아니다. 산업이 발전해야 내가 만든 콘텐츠도 많이 읽힌다. 많은 이들에게 특별한 의미로 다가갈 수 있다. 하지만 일개 개인이 대중의 인식을 바꾸는 것은 쉽지 않다. 혼자서는 하지 못한다.

그래서 나에게 '쿠팡'은 고마운 기업이다. 쿠팡은 물류에 대한 업계의 인식을 바꾸는 데 상당한 기여를 한 기업이다. 물류가 단순히 지원 사업에 그치는 것이 아닌 성장을 만드는 무기로 사용할 수 있음을 쿠팡은 2014년 '로켓배송'으로 몸소 증명했다. 로켓배송 이후 쿠팡은 상품 재고를 직매입하여 보관할 '물류센터'를 확충하기 시작했고, 상품을 고객에게 전달할 배송기사를 직접 고용하기 시작했다. 여태껏 높은 비용 부담으로 인해 국내 이커머스 플랫폼 중 누구도 쉽사리 도전하지 못했던 물류에 대한 대규모 투자를 시작했다.

물론 쿠팡의 로켓배송 이전 물류에 대한 이커머스 플랫폼의 도전이 없었던 것은 아니다. 당시 1위 이커머스 플랫폼이었던 이베이코리아도, 11번가도, 쿠팡과 한때 소셜커머스 3사로 분류됐던 위메프,

[그림 1-2] 쿠팡 매출 및 영업손실 추이 (2013~2020)

연도	매출	영업손실
2013	478억 원	42억 원
2014	3,485억 원	1,215억 원
2015	1조 1,338억 원	5,470억 원
2016	1조 9,159억 원	5,652억 원
2017	2조 6,814억 원	6,388억 원
2018	4조 3,546억 원	1조 1,280억 원
2019	7조 1,531억 원	7,205억 원
2020	13조 9,236억 원	5,504억 원

티몬(당시 티켓몬스터)도 물류 인프라 투자를 안 한 것은 아니다. 물류센터를 확보하는 규모와 적극성 측면에서 쿠팡에 비해 소극적이었을 따름이다.

더군다나 배송인력을 직접 고용한 시도는 쿠팡이 이 업계에서는 유일무이했다. 그 누구도 배송기사에 직접 투자할 생각을 하지 않았다. 왜냐하면 쿠팡에 앞서 규모를 만들었던 택배업체들이 있었기 때문이다. 물량 규모만 갖춘다면 건당 1,000원대에 택배를 이용할 수 있는데, 누가 굳이 자기 돈을 들여서 배송기사를 고용하겠는가.

그런데 쿠팡은 그 미친 짓을 했다. 2015년 당시 취재기록을 들춰 보면 260만 원의 기본급, 월평균 40만 원의 인센티브, 50만 원의 사고 보존 비용을 배송인력 한 명에게 투자했다. 모든 배송용 차량 또한 쿠팡이 직접 확보하여 배송기사에게 지급했다. 2015년 초 만났던 CJ대한통운의 한 실무자는 쿠팡이 배송인력 한 명을 직접 운영하는 데 드는 비용의 단순 인건비만 계산해도 월 300만 원 이상 필요하다. 여기에 유류비와 차량 감가상각 등을 포함하면 월 1,000만 원 이상이 나올 것으로 추산했다. 그는 이어서 "물류를 알지 못하는 쿠팡이 미친 짓을 하고 있어서, 조만간 망할 것이다"라고 말했다.

그의 예상은 적중하는 듯싶었다. 쿠팡이 맞이한 결과는 대규모 적자였다. 물류 효율 또한 형편없었다. 2016년 인터뷰한 한 쿠팡맨(현 쿠팡친구)은 2015년 당시 하루에 40~50건, 2016년 하루 140건의 물동량을 처리한다고 했다. 파괴적으로 늘어난 수치이긴 하지만 하루 250~300건 이상 배송하는 택배기사에 비하면 한참 못 미쳤다. 택배의 효율은 '밀도(배송지의 밀집도)'와 '규모(물동량의 적재율)'가 만드는데, 2016년을 기준으로 봐도 쿠팡의 차량 적재율은 70%가 안 됐다.

역설적으로 이러한 비효율이 쿠팡에는 기회가 된 것으로 보인다. 초기 쿠팡의 로켓배송이 유명해진 배경에는 속도만 있지 않았다. 고객들은 쿠팡맨의 친절함에 놀라고 열광했다. 예컨대 쿠팡 배송기사들은 물류 비효율로 인해 남는 시간을 활용하여 택배 박스에 그림을 그린다거나, 손편지를 써서 붙이던가 하는 식의 부가 활동을 했다.

이는 월급을 받는 고용된 배송기사 쿠팡맨이기 때문에 가능한 일이었다. 물량이 별로 없으니 물류 업무가 끝나고 남는 시간을 고객을 위한 시간으로 활용한 것이다. 배송 건당 임금을 받는 개개인이 사장님인 택배기사는 시간에 쫓겨서 이런 부가 활동을 할 여유와 이유가 없다. 그들이 그림을 그리고 손편지를 쓴다고 해서 택배업체가 더 많은 돈을 주는 것은 아니기 때문이다. 그저 더 많은 배송을 위해서 숨 가쁘게 달려야 더 많은 돈을 벌 수 있다.

쿠팡이 의도했는지는 모르지만, 그 결과는 파괴적이었다. 코로나 19 환경 이전에도 비대면 배송률이 70%를 넘어갔던 국내 택배 환경에서 이상하게 쿠팡맨이 '잘 생겼다'는 소문이 맘카페를 중심으로 퍼져나갔다. 고객의 자택에 아이가 있음을 기억하고 노크를 하는 쿠팡맨을 만났다는 증언이 커뮤니티를 중심으로 퍼졌다. 고객들은 쿠팡맨의 서비스에 감동하고 이런 사례를 전파하는 홍보직원을 자처하기 시작했다. 위메프, 티몬에는 없었던 감동이 쿠팡에는 있었다. 지금껏 없었던 감동의 택배 서비스가 이룩한 결과다.

로켓배송이 만든 파괴력

쿠팡의 감성 배송이 고객을 확충하는 데 얼마나 영향을 줬는지는 외부인인 소비자가 알기 힘들다. 나중에 안 것이지만 쿠팡 물류팀이 매출 창출을 KPI_{Key Performance Indicator}[1]로 움직이는 것도 아니었다. 여타 이커머스업체 물류팀과 비슷하게 쿠팡 역시 생산성과 비용 절감을 목표로 물류 조직을 움직였다.

하지만 쿠팡의 물류로 인해 경쟁업체들이 느꼈던 위기감은 생각보다 컸던 것 같다. 로켓배송이 가능한 카테고리를 중심으로 매출 하락이 빠르게 관측됐기 때문이다. 지금이야 로켓배송이 600만 개가 넘는 거의 모든 품목을 다루고 있지만, 초기 로켓배송이 다루던

---

1   핵심성과지표 : 목표를 성공적으로 달성하기 위해 핵심적으로 관리해야 하는 요소들에 대한 성과
   지표

카테고리는 생필품에 집중돼 있었다. 휴지, 기저귀, 식품 등 일정 주기를 거쳐 반복 구매가 일어나는 상품 카테고리다.

쿠팡은 빠르고 친절한 로켓배송을 무기로 생필품 카테고리의 시장 지배자가 됐다. 생필품 카테고리는 한 번 고객이 편리하고 가격이 저렴하다는 것을 인식하면 쉽게 거래하는 플랫폼을 바꾸지 않는다는 특성을 가지고 있다. 브랜드 이상으로 제품의 확연한 차별화가 어렵기 때문에 자연스레 충성고객 확보로 이어진다. 2015년 당시 11번가에 재직하던 한 실무자는 나에게 이렇게 이야기했다.

"쿠팡의 로켓배송으로 인해 11번가의 생활용품 매출이 상당 부분 감소했어요. 쿠팡은 품질 차별화가 어려운 생활용품을 미끼상품으로 선점해 이커머스 플랫폼 경쟁사들의 고객을 빼앗았죠. 반복 구매가 일어나는 생활용품을 저렴한 가격으로 로켓배송에 태워 구매하도록 하게 만들었어요. 그리고 고객은 쿠팡에서 미끼상품만 구매하지 않습니다. 장바구니 최소 주문금액을 맞추기 위해 미끼상품뿐만 아니라 다른 상품을 쿠팡에서 함께 구매하게 됩니다. 당연히 이렇게 함께 구매하는 상품의 가격은 경쟁업체보다 비싸고 마진율이 높을 수 있습니다. 11번가 또한 어떤 품목을 미끼상품으로 특화할지 계속 고민하고 있지만, 쿠팡이 선점한 생필품 카테고리에서 경쟁력을 만드는 것은 이제 쉽지 않아 보입니다."

이 사례는 쿠팡의 성장을 만든 여러 요인 중에 하나다. 하지만 무엇이 됐든 물류는 쿠팡의 성장에 크게 기여를 한 것이 맞다. 김범석 쿠팡 창업자(당시 의장)는 2021년 2월 뉴욕증시 상장을 위해 제출한

신고서를 통해 쿠팡의 성장을 만든 변곡점으로 '로켓배송'을 꼽았다. 김 의장은 상장 신고서에 동봉한 서한을 통해 로켓배송을 '높은 수준의 서비스'와 '저렴한 가격', '다양한 상품 선택권'을 모두 선택하지 못했던 유통업계의 상충 관계를 깨버린 서비스라 평했다.

쿠팡이 내준 숙제

쿠팡은 물류에 소극적이었던 대한민국 이커머스업계에 거대한 변화를 가져왔다. 업체들이 물류를 새로운 성장 동력으로 인식하기 시작한 것이다. 실제 이후, 이베이코리아, 11번가, 위메프, 티몬, SSG닷컴을 비롯한 거의 모든 이커머스 플랫폼들이 물류 전쟁에 적극 참전하기 시작했다. 상황을 지켜보던 네이버 역시 2020년부터 투자 및 지분 교환으로 여러 물류업체와 자본을 섞었고, 해당 물류업체를 중심으로 '동맹군'을 만들었다. 네이버가 2021년 'NFA Naver Fulfillment Alliance'라는 이름의 물류 플랫폼 탄생을 공식 선언한 배경이 여기에 있다.

실제로 2021년을 기준으로 누구도 쿠팡이 단일 플랫폼으로 이커머스 한국 1위임을 부정할 수 없다. 물론 2020년 기준 이커머스 1위 플랫폼은 거래액 28조 원의 네이버가 맞다. 하지만 네이버의 자체 마켓플레이스 '스마트스토어'의 거래액은 같은 기간 17조 원 수준으로, 22조 원 거래액으로 추정되는 쿠팡에 미치지 못한다. 네이버의 나머지 거래액은 네이버쇼핑에 입점한 쿠팡을 포함한 외부 몰에서 나온다. 2021년에도 70% 이상의 전년 대비 성장률을 이어가고 있는 쿠팡임을 감안했을 때 그 격차는 점점 더 벌어지고 있다고 봐

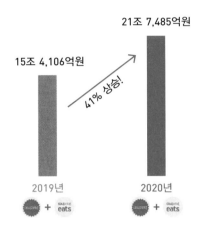

[그림 1-3] 2019년과 2020년 쿠팡, 쿠팡이츠 연간 거래액 변화 (출처 : 와이즈앱)

21조 7,485억원

15조 4,106억원

41% 상승!

2019년   2020년

도 무방할 것이다(네이버는 40%대의 커머스 성장률을 기록하고 있다). 그리고 고객들이 쿠팡을 선택하는 이유는 단연 '빠른배송'으로 대표되는 물류 때문이다.[2]

쿠팡은 이종異種 산업이었던 택배업체들의 위기감까지 몰고 왔다. CJ대한통운, 한진, 롯데글로벌로지스, 우정사업본부를 막론한 택배업체들이 쿠팡 수준의 물류 서비스를 제공하고자 '풀필먼트 서비스'[3]를 새로운 동력으로 채택했다. 쿠팡의 익일배송 로켓배송과 동일한 타임라인인 '오늘 자정까지 주문하면 내일 배송'을 쿠팡이 아

---

2 2021년 오픈서베이가 만 20~49세 남녀 1,000명을 대상으로 이커머스 플랫폼을 자주 사용하는 이유를 조사한 결과, 쿠팡을 자주 이용하는 고객의 87.9%가 '빠른 상품 배송'을 그 이유로 꼽았다.
3 물류 전문업체가 물건을 판매하려는 업체들의 위탁을 받아 배송과 보관, 포장, 배송, 재고관리, 교환, 환불 서비스 등의 모든 과정을 담당하는 '물류 일괄 대행 서비스'를 말한다.

닌 3자 플랫폼, 판매자들에게 제공하는 것이 그 골자다.

택배업체들은 쿠팡과 경쟁하는 플랫폼과의 동맹 전선도 공고히 하고 있다. CJ대한통운은 네이버, 한진은 카카오모빌리티, 롯데글로벌로지스는 롯데쇼핑, 우정사업본부는 11번가를 파트너로 맞이했다. 여기에 더해 '새벽배송', '당일배송', '즉시배달' 등으로 더욱 빨라지는 쿠팡의 배송 타임라인에 맞추고자 당일배송 제휴 물류망을 강화하는 추세다. 한 예로 CJ대한통운은 중앙일보 신문 배송망과 제휴를 맺어 빠른 물류 서비스를 제공하고 있다. 쿠팡이 던진 파격이 아니었다면 택배업체들이 여태까지 돈이 안 되는 영역으로 평가받던 곳까지 굳이 진격하지 않았을 것이라 생각한다.

요컨대 쿠팡은 물류에 대한 업계의 인식 변화를 만들었다. 순수하게 물류만 운영하는 택배업체와 비교하더라도 꿀리지 않는 규모의 효율을 몸소 증명했다. IT와 결합하여 물류가 어느 정도까지 고도화되고 매출 창출과 연결될 수 있는지도 쿠팡이 증명했다. 2021년 한 이커머스업체 임원으로부터 IT, 이커머스업계에서 물류 경력자에 대한 수요가 늘고, 몸값 또한 함께 높아졌다는 이야기를 전해 들었다. 이런 배경에는 쿠팡의 활약이 상당 부분 작용했다고 본다.

안타까운 건 물류 현장에 대한 인식은 여전히 그리 좋지 않다는 것이다. 심지어 이러한 변화를 만든 쿠팡에서도 상황은 마찬가지다. 더 이상 쿠팡의 배송기사는 과거처럼 편지를 쓰지 못한다. 고객 하나하나를 기억하여 아이가 있는 집에 노크를 하지 못한다. 그 이유는 단순하다. 일이 늘어났고 여유가 없어졌기 때문이다. 2019년 만난 한 쿠팡 배송기사는 초창기 쿠팡맨들과 달리 하루 220~260개의 상품을 배송했고, 평균 150~160개 이상의 가구를 방문했다. 코로나19로 물동량이 폭발하기 이전 시점인데도 이미 타 업체 택배기사 이상의 물동량을 소화하고 있었다. 그런데도 그가 받는 급여는 2015년과 크게 달라지지 않았다.

2021년 현재 쿠팡의 물류센터 역시 상황이 열악하긴 매한가지다. 2021년 6월 쿠팡 덕평 메가 물류센터 화재가 촉매가 돼 알려진 쿠팡 물류센터의 근로 환경은 여타 중소 물류센터와 크게 다를 바가 없었다. 현장 노동자들은 에어컨 없이 선풍기만으로 혹서기를 버티고 있었다. 덕평 물류센터 화재 이후 멀티탭을 줄여 선풍기조차 사용하기 어려워졌다는 증언이 노동자들 사이에서 나왔다.

2021년 쿠팡의 뉴욕증시 상장 이후 가장 큰 대외적 위협으로 기업의 사회적 책임에 대한 요구가 강해졌다. 쿠팡이 물류에 대한 업계의 인식 변화를 이끌어냈듯, 현장 노동 환경에 대한 업계의 인식 변화에도 선도적인 역할을 할 수 있기를 바라마지 않는다.

물류 전문가는 없다

누군가 스스로를 '물류 전문가'라 표현한다면 그건 거짓말이다. 앞서 나도 물류 전문기자라고 자신을 소개했지만 그것 또한 거짓말이다. 인간의 수명이 세상에 존재하는 모든 물류를 전문가 수준으로 깊게 알 만큼 길지 않기 때문이다.

같은 물류더라도 제조 현장에서의 물류가 다르고, 유통 현장에서

의 물류가 다르다. 물류학 교과서에서는 이 두 물류를 각각 '생산
물류(사내물류)', '유통물류(판매물류)'라고 정의한다. 또 운송 수단
별로 물류를 구분할 때도 해상운송과 항공운송, 그리고 육상운송이
다르다. 같은 육상운송이더라도 5톤 이상 중대형 화물차를 활용한
화물운송이 다르고, 1.5톤 미만 소형 화물차를 이용하는 택배가 다
르고, 이륜차를 활용하는 물류가 다르다. 같은 이륜차 물류더라도
퀵서비스가 다르고, 배달대행이 다르다.

이종의 영역으로 넘어가면 머리가 더 지끈하다. 물류기업만 물류
를 하는 것이 아니다. 제조업에도, 유통업에도, IT에도 물류 담당자
는 있다. 더욱이 요즘 같은 세상에는 물류 담당자만 물류를 하지 않
는다. 각 기업의 전략기획 담당자, 신사업 담당자들까지 물류에 관
심을 둔다. 네이버, 카카오와 같이 물류는 1도 하지 않았던 IT 플랫
폼 기업이 물류기업 출신 인사를 채용하여 각자의 방법으로 물류
사업을 본격화한 데는 그만한 이유가 있다.

물론 서로 다른 기업과 부서의 물류는 이름만 같다 뿐이지 업
무 특성은 제각각이다. 예컨대 IT 기업의 물류 담당자가 있다면
ERP_{Enterprise Resource Planning}나 SCM_{Supply Chain Management} 시스템을 개발하고
고도화하는 일을 할 것이다. 제조기업의 물류 담당자는 원자재 구
매의 효율화와 공장 생산라인의 최적화와 관련된 일을 한다. 항공
사, 선사의 물류 담당자는 선박에 최대한 빈공간 없이 여객과 화물
을 채우는 것을 목표로 일한다. 이 모든 일에는 서로 다른 경험과
전문성이 필요하다.

방대한 산업 영역을 아우르는 물류의 이런 특성 때문인지 내가 물

류학을 배운 인하대학교에서는 가능한 모든 물류를 커리큘럼에 녹였다. 예컨대 내가 교양필수로 배웠던 과목 중에서는 물류학뿐만 아니라 컴퓨터 프로그래밍, 통계학, 경영학, 경제학이 섞여 있었다. 물류학은 좋은 말로 '융합학문', 속된 말로 '잡학'이다. 대학에서 물류를 가르치는 교수 중에도 '물류학'을 전공한 사람은 거의 없었다. 누구는 경제학, 누구는 산업공학, 누구는 지리공학을 전공한 사람들이다. '병참술'에서 기원했다는 물류학의 역사는 물류의 역사만큼 길지 않다. 학교에서 물류를 배웠더라도 현실의 물류 세계에서는 또 다른 물류를 배워야 한다.

2016년부터 코로나19가 몰아치기 직전 해인 2019년까지 부산 동아대학교에 개설된 '항만물류 IT창업실무'라는 과목을 강의했다. 어쩌다 운이 좋아 강단에 섰다지만, 거창한 이름의 강연을 모두 소화할 만큼 내 역량은 전문적이지 않았다. 그래서인지 매 학기 수업 첫날이면 잊지 않고 학생들에게 이렇게 말했다.

"나는 IT는 잘 모르고, 항만은 전혀 알지 못합니다. 창업자들을 많이 만났지만, 창업을 한 것은 아닙니다. 그나마 물류도 소비자 접점의 물류, 요즘 말로 생활물류라고 하는 영역만 조금 살펴봤을 뿐입니다. 모르는 걸 안다고 거짓말할 수는 없으니 그나마 아는 영역의 사례를 중심으로 이야기를 하며 수업을 진행할 생각입니다. 업계를 돌면서 10년 가까이 귀동냥을 했지만, 여전히 잘 모르는 물류가 더 많습니다."

새로운 관점으로 물류 보는 법

물류 콘텐츠를 만드는 나에겐 서로 다른 여러 물류를 관통할 수 있는 하나의 관점이 필요했다. 물류를 눈에 보이는 대로, 혹은 법이 정하는 대로 '보관업'이나 '운송업'으로 한정한다면 내가 다룰 수 있는 콘텐츠의 범위가 좁아질 것이라 생각했다. 다양한 분야의 물류에 관심을 가진 독자들에게 다가가기 힘들 것이라 생각했다. 시시각각 이종 산업이 물류와 융합되는 요즘 같은 시대에는 이종 또한 물류로 해석할 수 있어야 했다.

그래서 나는 물류를 이렇게 정의했다. '물류란 가치사슬을 관통하는 재화의 흐름'이다. 물류의 목표는 파편화된 가치사슬을 흐르는 재화에서 비효율을 찾아 개선하고 전체 가치사슬의 효율을 만드는 것이다.

물류物流에서 '물物'을 뺀다면 더 넓은 해석이 가능하다. 가치사슬에는 재화만 있는 것이 아니다. 서비스도, 정보도, 돈도 있다. 서비스, 정보, 돈에도 비효율은 존재한다. 이 비효율을 찾아 개선하고 전체 가치사슬의 효율을 만드는 것 역시 중요하다. 그렇게 본다면 물류 아닌 산업도 물류의 관점으로 바라볼 수 있다.

중요한 건 재화와 서비스, 정보, 돈, 이 모든 것이 함께 결합해야 한다. 예컨대 재화가 움직였는데 돈이 안 움직였다면 문제가 발생한다. 쿠팡은 초창기부터 느린 정산으로 인해 판매자가 받아야 할 돈으로 현금 흐름을 최적화하는 것 아니냐는 의혹을 받아 왔다. 이런 분위기를 인식했는지 네이버는 2020년 판매자의 판매 이력 및 신용 데이터를 기반으로 소비자 구매 확정이 되기 전에 빠른 정산을 해주는 솔루션을 내놨다.

정보가 움직였는데 재화가 안 움직였다면 이 또한 문제다. '단건 배달' 주문을 잡은 배달의 민족 라이더가 음식점에서 주문을 픽업하고 곧바로 고객에게 배송하지 않고 쿠팡이츠 앱에서 추가 주문을 받는다면 어떨까. 라이더는 한 번에 두 건의 배달 주문을 처리할 수 있어서 한정된 시간에 더 많은 돈을 벌 수 있을 것이다. 하지만 소비자에게 전달하는 배달 속도는 그만큼 느려진다. 플랫폼은 애꿎은 단건배달 프로모션 요금만 날리게 된다.

정보는 움직였는데 서비스가 안 움직였다면 어떨까. 인터파크에서 레스토랑 할인 예약권을 구매하고 주말에 연인과 함께 음식점에 방문했다. 그런데 레스토랑은 자리가 없어서 손님을 못 받는다고 말한다. 알고 보니 예약권만 구매하면 되는 것이 아니었다. 예약권 구매와 별도로 레스토랑에 전화까지 해야 예약이 마무리되는 구조였다. 이 사례에서는 서비스의 흐름만 멈춘 것이 아니라 정보도 움직이다 말았다. 애초에 레스토랑의 예약 시스템과 인터파크의 주문 시스템이 연동돼 있었다면 굳이 소비자가 전화로 재차 예약을 하는 번거로움은 없었을 것이다.

세상만사 모든 것의 비효율은 흐름의 불일치에서 나온다. 재화든, 서비스든, 돈이든, 정보든, 흘러야 할 것이 제대로 흐르지 않는다면 그곳에서 문제가 발생한다. 물류업계에서 그렇게 중요하다고 외치지만 맘처럼 안 되는 정보와 재화의 일치, '정물 일치'라는 목적지도 흐름의 불일치를 해소하고자 하는 데서 나온 구호 중 하나다.

인천에서 서울로 이동하는 버스를 기다리던 어느 날이었다. 안타깝게도 방금 출발한 버스 한 대를 아슬아슬하게 놓쳤다. 코로나19로 인해 배차 간격이 두 배 이상 늘어난 빨간색 광역 버스는 앞으로 40분 정도를 기다려야 도착할 것으로 보였다. 근처 스타벅스에서 노트북을 켜고 작업을 시작했다. 아무 것도 못하고 거리에서 소모할 수십여 분이 아까웠다. 다행히도 나에게는 버스 예상 도착 시간을 알려주는 앱 '카카오버스'가 있었다. 노트북 옆에 휴대전화를 올려두고 카카오버스 앱을 켜뒀다. 25분, 20분, 15분. 점점 줄어드는 도착 시간을 보면서 매장을 나갈 시간을 가늠했다. 그런데 웬걸. 갑자기 앱에서 노출되던 버스 도착 예정 시간 데이터가 사라졌다. 어찌 된 영문인지 모른채 10분 정도 시간이 지났다. 그러다 '도착 정보 없음'으로 나오던 예정 시간이 갑자기 '버스 도착까지 3분'이라는 정보를 보여줬다. 12분 정도의 데이터가 어떤 이유에선지 사라졌다. 물론 현실에서 움직이는 버스가 사라진 것은 아니었다. 그저 어떠한 이유로 정보의 흐름이 끊어졌을 따름이다. 나는 황급히 소지품을 가방에 담기 시작했다. 중요한 것은 물류가 아니다. 물류로 세상을 보는 관점이다.

풀필먼트의 기쁨과 슬픔

물류 전문매체 〈CLO〉에서는 팀장을 맡았다. 많을 때는 여섯 명 정도 됐던 콘텐츠팀 조직을 이끌었다. 내가 훌륭해서 팀장이 됐다고 생각지 않는다. 우리의 시작은 단 세 명의 작은 조직이었다. 그런 조직이 몇 년 사이 열 명 가까운 인원을 채용할 정도로 성장했다. 대표를 제외하고는 최고참이었던 내가 자연스럽게 콘텐츠 조직을 맡게 되었다.

작은 조직이 그렇듯 별별 일을 다 했던 기억이 난다. 물류와 관련된 콘텐츠 취재와 제작은 기본이었다. 한 달에 한 번은 종이 잡지를 만들었고, 해마다 몇 번씩은 세미나와 콘퍼런스를 기획했다. 마케팅이나 인사와 같은 콘텐츠와 별 상관없어 보이는 일도 했다.

물류 또한 우리의 일이었다. 잡지는 그냥 만들어지지 않는다. 기자와 외부 필진의 콘텐츠를 종합적으로 취합, 편집하고 외주 디자이너와 협력해서 종이 잡지의 디자인을 구성했다. 고정적인 정기구독자의 숫자와 다음 달 낱권 구매 예측치를 분석해서 제작 수량을 결정하여 충무로 인쇄소에 발주했다. 당연한 것인지 모르겠지만 우리의 수요 예측은 매번 틀렸다. 예측한 숫자도 틀렸지만, 인쇄소가 보내주는 재고 숫자도 발주량과 맞지 않았다. 그나마 부족하지 않고 넉넉하게 보내주는 편이라 별로 신경 쓰지 않았을 뿐이다.

이렇게 만들어진 잡지는 크게 두 단계를 거쳐 구독자에게 전달된다. 하나는 DM사로 불리는 외부 물류업체와 협력을 통해 진행된다. DM사에서 고객 정보를 일괄 취합해 정기구독자의 숫자에 맞춰서 대량 발송하는 구조였다.

두 번째는 낱권 구매 독자에 대한 산발적인 발송이다. 매일 들어온 주문 수량을 확인해서 사무실에 있는 잡지를 고객 주소와 연락처를 기입해 포장한다. 그렇게 포장된 잡지 뭉치를 사무실 근처 우체국에서 발송한다. 이 업무는 팀장인 나를 포함해서 콘텐츠팀 조

직원들이 하루씩 당번을 돌아가며 맡아 했다.

굉장히 원시적인 방법이었지만 그렇게 어려운 일은 아니었다. 물량이 그렇게 많지 않았기 때문이다. 직원 한 명이 1~2시간 정도의 시간만 투자하면 포장에서 배송까지 마무리할 수 있었다. 물론 수기로 하는 업무 특성상 실수가 일어나기도 했고, 콘텐츠 관련 일정이 바쁘다 보면 당번을 까먹고 당일 주문을 당일 출고하지 못하는 일이 왕왕 생겼지만 이건 귀여운 정도다.

귀엽지 않은 문제는 이후에 일어났다. 사무실 인근 우체국이 어느 날 갑자기 폐업 공지를 내버린 것이다. 우체국이 문을 닫는다면 지하철역으로 하나 정도는 더 떨어진 다른 우체국까지 30분 이상 걸어가서 잡지를 발송해야 했다. 대중교통을 이용하는 방법이 있겠지만 잡지 뭉치를 들고 이동하기엔 번거롭고, 왕복 2,000원 이상의 대중교통 비용도 부담해야 했다.

무엇보다 직원들이 물류 업무를 별로 좋아하지 않았다. 당연한 것이다. 기자로 뽑아놓은 사람에게 물류 까대기를 시키면 누가 좋아하겠는가. 우리의 본업은 콘텐츠를 만드는 일이었고, 부족한 자원 때문에 어쩔 수 없이 물류 업무에 투입됐을 뿐이다. 이렇듯 물류는 어디에든 있지만, 누구에게나 중요한 일은 아니다. 고백하자면 우리는 물류 전문매체였지만, 물류를 그다지 잘하지 못했다.

풀필먼트와의 첫만남

해결책이 필요했다. 당시 나는 한창 '풀필먼트'와 관련된 업체를 만나 인터뷰를 하고 있었다. 2021년인 지금이야 풀필먼트가 흔한 단어가 됐지만 당시만 하더라도 생소했고 업체도 별로 없었다.

나는 풀필먼트업체를 보며, '그래, 이거다. 우리가 콘텐츠로 소개했던 업체를 직접 사용해보는 거다'라고 생각했다. 우리에게 당면한 물류 문제를 해결함과 동시에 외부인인 기자 관점에서는 알지 못했던 새로운 관점을 얻을 수 있을 것 같았다. 직접 풀필먼트를 겪어본 화주사의 관점에서 쓴 기사가 보다 큰 힘을 갖고 독자들에게 전달될 수 있을 것 같았다.

그렇게 풀필먼트업체와의 계약을 일사천리로 마쳤다. 사실 비용은 DM사를 이용할 때보다 비쌌다. 그렇지만 서울대입구역 우체국까지 왕복하던 수고는 확실히 사라졌다. 만들라는 콘텐츠는 못 만들고 물류 까대기를 하고 있던 동료 직원들의 슬픔도 사라졌다. 물론 고민이 완전히 사라진 것은 아니었다. 문제는 시스템 연동이었다. 우리 회사 사이트에서 받은 고객 주문 데이터를 풀필먼트업체의 창고관리 시스템이 받아 가지 못했다. 이 때문에 '엑셀 노가다'라는 새로운 노동이 생겼다. 풀필먼트업체가 요구하는 엑셀 양식에 맞춰서 우리 회사 시스템에 들어온 주문 정보를 복사 붙여넣기 하고 주문서를 재작성해 풀필먼트업체 담당자에게 당일 발송을 위한 주문 마감 시간에 맞춰 전달하는 일이었다. 역시나 여기서도 사람이 하는 일이기 때문에 종종 실수가 발생했다. 어제 발송한 주문을 오늘 또 보내는 것과 같은 일이 가끔씩 일어났다. 종전의 물리적인 노동의 귀찮음보다는 덜했지만, 여전히 귀찮은 업무는 우리에게 남았다.

CS와 관련된 문제도 해결되지 못했다. 물류는 위탁업체에서 처리해줬지만, 고객의 불만 응대는 여전히 우리의 몫이었다. 언젠가 이런 일이 있었다. 한 고객으로부터 사진과 함께 파손된 잡지를 받았다는 내용의 항의가 들어왔다. 일단 고객에게는 죄송하다는 말을 전하고 새로운 잡지를 재발송 해준다고 안내했다.

당연한 이야기지만 물류를 직접 하지 않는 우리 입장에선 이 잡지가 왜 파손됐는지 알 수 없었다. 그래서 어디서 문제가 발생했는지 파악해야 했다. 당시 우리가 물류 업무를 위탁했던 풀필먼트업체는 고객 주문 발생 이후 모든 물류를 직접 하지 못했다. 풀필먼트업체는 물류센터 입고부터 출고까지의 과정만 대행할 뿐이었다. 그다음은 택배업체의 시간이다. 풀필먼트업체가 운영하는 물류센터에 방문한 택배기사가 화물을 집하하고, 간선 차량을 통해 택배 허브터미널로 수송하고, 자동화 설비를 통해 분류된 화물이 지역으로 내려오면, 다시 지역 택배기사가 최종 고객에게 화물을 배송하는 시스템이었다. 이 과정 어디에서 잡지가 망가졌는지 파악해야 했다. 책임 소지가 명확해진다면 당연히 잡지 파손에 대한 비용 또한 청구해야 했다.

먼저 우리가 연락한 곳은 풀필먼트업체였다. 택배업체야 풀필먼트업체가 알아서 계약을 하는 것이고, 우리가 물류를 맡기고자 계약한 업체는 풀필먼트업체니까 당연한 선택이었다. 그런데 웬걸. 풀필먼트업체에 사건에 대해 문의하니 이런 답이 돌아왔다. "우리 물류센터에는 이런 형태의 파손을 일으킬 수 있는 설비가 없으니 우리 잘못이 아닙니다. 택배업체에 문의하세요."

'아니, 그런 일이 없도록 만들어주는 게 물류업체가 할 일이 아닙니까'라는 말이 목구멍까지 올라왔지만 참았다. 그렇게 택배업체에 전화를 했다. 통화 연결까지 수십 분 이상의 시간이 소요됐다. 그렇게 수십 분을 기다려 통화 연결이 됐는데 돌아온 답은 택배기사에게 알아보고 연락을 준다는 답뿐이었다. 몇 시간 정도 이 과정을 거치다 보니 1만 원짜리 잡지 하나 가지고 이렇게까지 해야 하나 자괴감이 들었다. '이제 다음 단계는 택배기사와 실랑이인가'라고 생각하니 그냥 그만두는 게 맞는 것 같았다(상품 파손 형태를 봤을 때 높은 확률로 택배기사 잘못은 아닌 것 같았다). 그 시간에 글 한 편 더 쓰는 게 훨씬 더 생산적인 일이라 생각했다. 택배업체 상담원에게는 그냥 우리 비용으로 처리하겠다고 이야기하고 전화를 끊었다.

우리는 결국 이 문제가 어디에서 발생했는지 파악하지 못했다. 당시 내가 통화한 그 누구도 파손 문제가 어디서 발생했는지 정확히 몰랐고, 알 수 있는 방법도 딱히 없었다. 그저 다른 누군가에게 책임을 떠넘길 뿐이었다. "물류는 우리에게 맡기고, 사장님은 사업만 집중하세요"라고 했던 풀필먼트업체의 구호가 공허하게 느껴졌던 순간이다. 내가 마주한 풀필먼트의 첫 기억이다.

오늘날의 풀필먼트

세월은 쏜살같이 지나갔다. 그사이 우리는 또 다른 풀필먼트업체로 위탁사를 바꿨고, 나는 더 이상 종이 잡지를 만들지 않아도 되는 온라인 미디어 회사로 이직했다. 한번은 새롭게 등장한 또 다른 풀필먼트업체 대표에게 "여전히 그런 문제가 발생하고 있느냐"고 물었다.

그의 답에 따르면 시스템 연동 문제는 상당 부분 해결됐다. 카페

24와 같은 자사몰 구축 서비스를 제공하는 커머스 플랫폼업체, 사방넷과 같은 멀티채널 관리를 지원해주는 주문관리 시스템업체와 풀필먼트업체의 창고관리시스템 간의 연동 작업이 상당 부분 진척됐기 때문이다. 종전 데이터 공개를 꺼렸던 폐쇄형 시스템이 아닌 개방형 시스템이 새로운 트렌드가 되어 나타났다.

CS와 관련된 문제 또한 상당 부분 해결됐다. 물론 여전히 상품 파손 문제가 어디에서 발생했는지 쉽게 찾아낼 수는 없었다. 하지만 책임 소지를 명확하게 하는 방향으로 프로세스는 진화했다. 물류센터 운영사는 상품 포장 과정을 영상 촬영하여 저장하는 솔루션을 도입했다. 문제 발생 시 포장 직전 단계까지 상품에 문제가 없다는 것을 증명할 수 있게 된 것이다. 이렇게 되면 상품 파손에 대한 책임은 물류센터 출고 이후 택배업체로 넘어가게 된다. 나에게 이야기를 전해준 풀필먼트업체 대표는 이 과정 또한 고객 화주사에 알아서 해결하라고 떠넘기지 않는다고 했다. 일단 파손된 고객 상품에 대한 보상부터 처리하고, 이후 책임 소지를 밝히는 건 풀필먼트업체의 역할이자 서비스라 강조했다.

물론 현재의 풀필먼트가 완벽하다고 생각하지 않는다. 여전히 현장에는 어딘가 맞지 않는, 흐름이 멈춘 지점은 산재해 있다. 하지만 과거 현장에서 발생했던 많은 문제들이 하나씩 개선되고 있는 것은 사실이다. 지금도 물류 현장에서는 여러 문제를 파악하고 개선하고자 하는 실무자들의 노력이 한창이다.

'부분 최적화'의 함정을 넘어서

앞서 물류의 목표를 '파편화된 가치사슬을 흐르는 재화에서 비효율을 찾아 개선하고 전체 가치사슬의 효율을 만드는 것'이라 정의했다. 이 목표는 말처럼 쉽지 않다. 기업이 추구하는 목표인 '전체의 최적화'가 아닌 우리 눈앞에 있는 목표인 '부분 최적화'에 집중하는 함정에 빠지는 경우가 생각보다 많기 때문이다. 모든 직원이 누구보다 열심히 일했는데, 생산성은 오히려 마이너스가 나오는 기현상이 여기서 발생한다. 우리 앞에 당면한 어떤 문제를 그냥 놔두는 것이 전체 최적화에는 도움이 되는 극단적인 현상도 여기서 발생한다.

언젠가 전해 들은 한 이커머스업체 물류 담당자의 사연이 기억난다. 창고에 처리하지 못할 만큼 많은 재고가 쌓여 있는 게 고민이라는 이야기였다. 재고는 곧 비용이다. 악성 재고는 물류센터의 공간 효율과 회전율을 떨어뜨린다. 모두 생산성 저하의 원인이 된다. 유통기한이 있는 재고라면 폐기라는 극단적인 결과까지 염두에 둬야 한다. 그가 제기하는 문제의 원인은 같은 업체 MD_{Merchandiser} 조직이었다. MD 조직이 앞서 3~4회 이벤트의 성공에 힘을 얻어 다음 이벤트에서도 많은 상품을 팔 수 있음을 자신하고 대량 발주를 넣었다는 것이다. 불행하게도 MD의 예측처럼 상품은 팔리지 않았다. 상품이 쌓인 자리에는 물류팀의 투덜거림이 먼지처럼 함께 쌓였다. 이제는 뒤처리를 고민해야 하는 시점이 왔다.

여기서부터는 시나리오다. MD 조직은 전번의 실패를 만회하기 위해 다시 한번 이벤트 물량을 대량 발주했다. MD 조직에 있어선 이번 상품은 무조건 성공한다는 확신이 있었다. 실제로 상품은 잘 팔렸다. 매출은 고공 행진했고, 조직은 환호성을 외쳤다.

반대편의 물류팀은 어떨까. 물류팀은 창고에 재고가 가득 쌓여 있는 환경에서 남아있는 공간을 최대한 활용해 생산성을 끌어올리고자 노력하고 있었다. 그런데 새로운 물량이 대량으로 밀려왔다. 물류는 그야말로 터져버렸다. 상품을 보관할 선반이 없어서 작업자들은 아무 곳에나 재고를 적치하기 시작했다. 시스템은 꼬여서 상품이 어느 곳에 들어갔는지 도무지 찾을 수 없는 상황이 왔다. 배송 지연, 오배송, 미배송, 교환, 반품이 속출하기 시작했다. 물류비는 치솟아 올랐다.

여기서 MD 조직의 목표는 이벤트의 성공, 즉 '매출'이다. 이 관점에서 보자면 MD 조직은 분명한 성공을 만들었다. 사실 앞에서 언급한 악성 재고를 잔뜩 남겨버린 이벤트도 MD 조직에 있어선 성공이었을지 모른다. 앞서 진행한 3~4회 이벤트까지 해당 상품은 잘 팔린 것이 분명하기 때문이다. MD 조직은 온 힘을 다해 팔릴만한 상품을 찾고자 골몰했고, 결국 성공했다. 부분 최적화의 성공이다.

물류팀의 목표는 '비용 절감'이다. 이 관점에서 보자면 물류팀은 실패했다. 물류팀이 열심히 하지 않은 것은 아니다. 제약이 있는 상황임에도 불구하고 최선을 다해 추가 인력을 모집했으며, 관리 직원들은 야간 근무를 마다하지 않았다. 몰려오는 물량을 전부 처리하기에는 충분한 공간이, 충분한 인력이, 충분한 시간이 없었을 뿐이다. 결과적으로 물류센터는 완전히 마비됐고, 덩달아 밀려오는 고객의 클레임으로 인해 CS 조직까지 터졌다. 부분 최적화의 실패다.

이커머스업체 입장에서 이 사례는 성공일 수도, 실패일 수도 있다. 매출은 분명히 회사에는 이익을 가져다준다. 단기적으로 확보한 높은 트래픽은 장기적인 충성고객 확보로 이어질 수도 있다. 하지만 비용은 회사 입장에서 경계해야 한다. 쌓여 있는 재고는 회계장부에는 자산으로 잡히지만, 이 또한 비용을 유발하는 요인이다. 분노한 고객이 다시 한번 쇼핑몰에 방문하는 충성고객이 될지도 면밀하게 따져봐야 한다.

업체의 성공과 실패는 회사의 목표가 무엇이냐에 따라 갈린다. 만약 이커머스업체의 목표가 '매출'이었다면 이는 성공 사례다. 높은 매출은 새로운 투자자를 모을 마일스톤으로 활용 가능하다. 하지만 업체의 목표가 '이익'이었다면 비용을 따져봐야 한다. 매출 상승분보다 비용 증가분이 더 크다면 이 사례는 실패다.

요컨대 부분 최적화의 성공은 항상 전체 최적화를 담보하진 않는다. 상품 판매와 같은 특정 가치사슬 안에서의 어떤 성공이 기업 전체 가치사슬을 고려해보면 실패로 끝날 수 있다. 반대로 물류 입장에서는 재앙과 같은 상황이 회사 전체의 목표를 달성하기 위해선 맞는 방향이 될 수도 있다.

전체 최적화 관점으로 풀필먼트 보기

2021년 어느 날, 쿠팡에서 풀필먼트 시스템 프로젝트 몇 개를 주도한 사람을 만났다. 개발자여서 그런지 모르겠지만, 그는 최적화를 참 좋아했다. 그의 말에 따르면 최적화에 대한 로망이 있다고 했다. 그가 쿠팡에 입사한 이유도 이 때문이라 했다. 쿠팡은 물류센터 운영, 배송을 포괄한 물류 가치사슬을 대부분 직접 운영하는 기업이고, 그의 눈으로 보기에 물류 현장은 해결해야 할 일이 산적한 듯했다. 그의 전공 분야인 최적화 알고리즘을 도입한다면 그 문제를 해결할 수 있을 것이라 봤다.

하지만 애석하게도 현장은 그의 마음처럼만 돌아가지 않았다. 시스템 도입은 왕왕 현장의 반발을 몰고 왔다. 시스템을 도입하니 오히려 생산성이 낮아졌다거나, 전보다 일 처리는 더욱 어려워졌다는 등의 비판이 현장에서 쇄도했다.

일례로 쿠팡이 2019년경 도입한 '낱개 포장' 또한 쿠팡 배송인력들의 반발을 일으켰다. 그 이유는 배송 노동자의 일이 많아졌기 때문이다. 기존에는 한 집에 한 박스만 배송하면 됐던 일이, 3~4개 비닐 포장된 낱개 상품을 배송하는 방식으로 변했다. 다른 예로 쿠팡이 2019년부터 본격적으로 도입한 재사용 가능한 신선 포장재 '프레시백'의 회수율에도 문제가 생겼다. 쿠팡 배송인력 입장에서는 프레시백 회수의 당위성이 명확하지 않았기 때문이다. 쏟아지는 물량으로 인해 배송 업무만으로도 시간이 촉박했다는 쿠팡 배송인력들의 증언이 나온다. 모두 부분 최적화의 실패다.

이렇게 배송인력들의 비판에 직면한 '낱개 포장'과 '프레시백' 정책이지만, 역설적으로 쿠팡 입장에서는 김범석 의장이 2021년 상장신고서에 동봉한 편지를 통해 이를 성공한 비즈니스 사례로 꼽고 있다.

쿠팡 실무자에 따르면 낱개 포장 도입으로 인해 쿠팡의 차량 적재율은 향상했고, 운송비용은 떨어졌다. 물류센터 내부의 운영은 단순화됐다. 기존 고객 단위로 상품을 분배하고, 분배한 포장을 다시 포장해서 출고하는 과정이 피킹한 상품을 곧바로 출고 작업장으로 이동하는 식으로 바뀌었다. 결과적으로 출고 속도는 빨라졌다. 쿠팡은 맞춤형 박스에 비닐 포장된 제품을 선분류 하는 방식으로 75% 이상의 골판지 포장을 제거했다.

프레시백 또한 효율화의 산물이다. 프레시백 도입 전에는 쿠팡 화물차가 배송을 마치고 공차空車로 복귀할 수밖에 없었다. 그 빈 공간을 이제는 수거한 프레시백을 적재하는 공간으로 활용한다. 비어 있는 유휴 공간에 가치를 부여한 방식이다. 쿠팡 물류센터에는 이 프레시백을 세척하는 라인을 비치했다. 세척을 마친 프레시백은 여러 차례 고객 배송에 재활용된다. 결과적으로 쿠팡은 물류 효율 증대와 함께 친환경 브랜드 이미지를 얻을 수 있었다. 전체 최적화의 성공 사례다.

다시 한번 쿠팡 개발자의 이야기로 돌아가 본다. 그는 풀필먼트 시스템은 전체 프로세스의 효율을 담보해야 한다고 말한다. 그런데 전체 프로세스의 효율을 담보하기 위해서는 의도치 않게 부분 프로세스의 비효율을 낳기도 한다고 한다. 예컨대 더 빠른 운송 수단을 활용하여 교통 체증이 없는 시간을 활용해 소비자에게 배송하는 것은 배송 프로세스에 국한된 부분 최적화의 관점이다. 전체의 속도를 올리기 위해서는 배송 이전 단계의 프로세스에 대한 고민도 필요하다. 택배 출고 이전 고객 접점 인근 창고에 배송 차량에 적재할 상품을 미리 준비하거나, 터져 나올 물량을 대비하기 위해 창고의 처리량을 미리 확보하는 방법 등을 고안할 수 있다.

다시 말해 빠른배송은 전체 프로세스의 속도를 담보할 수 없다는 게 그의 강조사항이다. 반대로 배송 현장에서 부분적인 비효율이 관측되더라도 오히려 전체 프로세스의 속도는 빨라질 수 있다. 부분 최적화의 실패보다는 전체 최적화의 성공을 중요하게 본 관점이다.

하지만 그렇다고 부분의 요구를 마냥 무시하면 안 된다. 언제고 부분이라고 치부됐던 문제가 전체 가치사슬의 효율에 영향을 주는 문제로 확장할 수 있기 때문이다. 별다른 보상 없이 배송인력에게 프레시백 수거를 맡겼다가 회수율이 떨어지고 부정적인 고객 여론이 확산된 쿠팡만 봐도 그렇다. 결국 쿠팡은 프레시백 회수에 몇백원 상당의 추가적인 금전적 보상을 부여하는 방식으로 프로세스를 정비했다. 부분의 비효율은 여러 외부 요인의 영향으로 인해 전체의 비효율을 불러오는 문제가 될 수 있다. 그의 이야기를 다시 한번 들어본다.

"물류 시스템을 개발하면서 현장 직원들에게 참 많은 욕을 먹었습니다. 이 걸 사람이 해야지 왜 시스템이 하냐는 지적이었습니다. 언제든지 우리는 부분 비효율이 발생한 현장의 반발을 맞이할 수 있습니다. 이때 중요한 것은 '중간 점'을 찾는 것입니다. 서로의 입장을 이해하는 것이 중요합니다. 예컨대 개발팀은 무조건 전체 최적화를 위해서 달리지만, 물류 현장에서는 당장 오늘 이 물량을 어떻게 처리하냐가 중요할 수 있습니다. 시스템은 전체 최적화를 목표하지만, 현장은 부분의 비효율을 용납하지 못하는 일이 생깁니다. 결국 사람이 하는 일입니다. 사람과의 커뮤니케이션과 협의 과정이 성공적인 풀필먼트 시스템 도입을 위해서 무엇보다 필요합니다."

다시 한번 강조하지만 물류의 목표는 '파편화된 가치사슬을 흐르는 재화에서 비효율을 찾아 개선하고 전체 가치사슬의 효율을 만드는 것'이다. 여기서 중요한 것은 전체를 보는 시각이다. 부분 최적화는 항상 전체 최적화를 담보하지 않는다. 그렇다고 부분을 무시할 수는 없다. 부분의 비효율은 언제고 전체 최적화에 영향을 주는 주요 요인으로 변화할 수 있기 때문이다.

사실 여기까지 어디서 들어본 것 같은 이야기라는 생각이 든다면 그게 맞다. 이스라엘의 물리학자 엘리 골드렛 박사가 1974년 제창한 '제약 이론制約理論'을 내 경험을 기반으로 변주했다. 구체적인 내용이 궁금하다면 제약 이론을 소설 형식을 빌려 설명한 골드렛 박사의 저서 《더 골》을 읽어보길 추천한다. 공장에서 일어나는 생산 관리, 운영 최적화와 관련한 내용을 다룬 책이다. 나는 이 책을 인생 물류 책으로 꼽는다.

물류는 어디에든 있다

IT 매체 〈바이라인 네트워크〉로 이직한 첫해인 2018년 겨울 나는 연중 열리는 게임 행사 지스타 방문차 회사 전 직원과 함께 부산에 내려갔다. 첫날은 역시 술자리였다. 술자리는 무르익고, 버릇처럼 담배를 태우러 밖에 나왔다. 마침 가게 앞에 화물차 한 대가 섰다. 행주를 수거하는 차량처럼 보였다. 버릇처럼 휴대전화 카메라 버튼을 연이어 눌렀다. 언젠가 행주 물류 시스템을 취재하는 날이 올지 모른다는 생각에서다. 역물류와 정방향 물류가 결합되는 생활 속 물류다. 가만히 옆에서 그 모습을 지켜보던 한 기자 선배가 이런 말을 했다. "회식 중에 너도 참 독하다."

　물류는 어디에든 있다. 예컨대 2019년 내가 회사에서 '비즈니스 커뮤니티' 사업을 기획했을 때도 물류는 있었다. 참가자들이 행사 장소를 잘 찾아올 수 있도록 알림 배너를 발주해서 제작했고, 외주 업체에는 행사 전까지 배너가 도착할 수 있도록 당부했다. 이름과 직함이 적힌 목걸이도 만들었는데, 이건 가내수공업으로 시간이 남는 직원과 함께 프린트해 제작했다. 이렇게 준비한 모든 비품은 자가용을 보유한 기자 선배가 트렁크에 싣고 행사장까지 날랐다. 오후 7시 시작하는 모임 시간에 맞춰서 저녁 식사를 겸할 수 있는 음식 케이터링도 준비했다. 이건 온라인 케이터링 전문 업체에 주문 예약을 하고 전화로 정시배송을 당부했다. 우리가 직접 하든, 파트너에게 아웃소싱을 맡기든 이 모든 흐름에 물류는 있었다.

　하지만 안타깝게도 이렇듯 물류는 어디에든 있지만, 어디서든 중요한 것은 아니다. 앞서 언급한 대로 물류에 관한 모든 일들이 회사에 있어 그렇게 중요하지는 않았다. 필요한 건 알지만 대개는 하기 싫고 귀찮은 일이었다. 비즈니스 커뮤니티 사업 기획에 있어선 멋들어진 콘텐츠, 잘 팔리는 콘텐츠를 만들고, 인사이트를 공유해줄 수 있는 연사를 찾아 섭외하는 것이 훨씬 더 중요한 일로 취급됐고,

사실 그게 맞기도 하다. 귀찮은 물류는 다른 이들에게 맡겨 처리하고 싶은 게 우리 기자들의 생각이었다.

그럼에도 불구하고 물류는 우리가 해야 할 일이었다. 소형 미디어인 우리에겐 돈이 없었고, 인력이 부족했다. 그러고 보니 언젠가 술자리에서 만난 MCN 업체에서 영상 기획을 하고 있는 후배는 이런 말을 했다. 그놈의 물류 때문에 고민이라고. 크리에이터 이벤트 참가자들에게 나눠줄 MD 상품(굿즈)을 제작했는데, 얼마 안 되는 물량으로 인해 물류업체에서 커스터마이징된 문구를 프린팅하는 작업을 거부했다고 한다. 이 때문에 후배가 근무하는 회사는 라벨링을 할 수 있는 기계를 자체 구입하여 회사에 남아있는 인력을 동원하여 밤샘 작업을 했다고 한다. 핵심 업무가 콘텐츠 제작인 이들에게 물류를 시켰으니 자괴감에 빠질 수밖에 없었다.

중한 것은 물류가 아니다

중한 것은 물류가 아니다. 물건보다 중요한 것은 흐름이고, 연결이고, 최적화다. 이 정의를 놓고 본다면 물류가 아닌 어떤 이종의 기업도 물류에 관한 관심이 생길 수 있다. 물론 기업에서 이런 것을 물류라 부르진 않는다. 혹자는 '운영'이라 부르고, 또 다른 기업에선 'PI Process Innovation'라 부른다. 조금 물류와 가깝게 풀어가자면 'SCM'과도 그 의미가 통한다.

여기까진 좀 거창한 용어들이었다. 대개 어느 정도 규모를 갖춘 글로벌 공급망을 다루는 기업들이 이런 용어들을 사용한다. 하지만 내가 생각하는 물류는 훨씬 더 작은 기업에서도 존재한다. 그렇기에 물류는 어디에든 있다.

예를 들어 한정식 식당을 운영하는 한 사장님이 있다고 하자. 사장님 혼자서 가게를 운영할 때는 8첩 반상을 4첩씩 쟁반에 담아 두 번 손님에게 날랐다. 식당의 음식 맛은 좋았고 입소문을 타서 많은 손님이 오기 시작했다. 사장님은 늘어난 손님을 응대하기 위해 서빙 직원을 두 명 더 채용했다. 그러던 어느 날, 문득 든 생각이 '두 번 오갈 쟁반을 겹쳐서 한 번에 나른다면 왕복 두 번이 아니라 한 번에 손님에게 음식을 전달하는 게 가능하지 않을까'였다. 그럼 직원 두 명이 아니라 한 명이면 충분한 것 아닌가.

사장님은 아마 이런 생각의 연쇄를 '물류'라 생각하지 않을 것이다. 누군가는 '시스템'이라, 또 다른 누군가는 '매뉴얼'이라 표현할 것이다. 혹자는 그냥 '비용 절감'이라 생각할지도 모른다. 하지만 이 모든 과정에는 흐름, 연결, 최적화와 관련한 고민과 도전이 숨어 있다. 물류 관점에서 세상을 보는 방법이다. 이렇듯 물류 관점에서 본다면 물류는 더 많은 이들에게 중요하게 다가갈 수 있다.

F&B에서 만난 작은 물류

2018년 한창 F&B_{Food and Beverage} 업계에 관심을 가진 적이 있었다. 계기는 한 F&B 커뮤니티 교육 담당자의 발표 요청을 받고 나서다. 음식점, 나아가 프랜차이즈를 운영하는 사장님 수백여 명이 회원으로 있는 곳이었다. 그렇게 만난 사장님들은 규모는 작지만 저마다의 물류를 하고 있었다. 매장에 방문할 고객 수요를 예측했고, 이에 맞춰 필요한 식자재를 발주했다. 식자재의 폐기를 막고자 최대한 중복된 재료를 사용하여 만들 수 있는 메뉴를 구성했다. 오프라인 매장에서 온라인으로 고객에게 상품을 판매하고 전달할 수 있는 배달 앱 입점 및 네트워크 설계를 고민했다. 이 모든 프로세스에 물류가 들어가진 않더라도, 물류의 관점이 필요한 것은 맞다.

서울 강동구에서 피자집을 10여 년 동안 운영하고 있는 한 사장님은 시스템이 성공에 중요한 요인을 차지한다고 이야기했다. 이 가게는 업무 매뉴얼, 업무일지, 거래명세서, 업무 마감 매뉴얼 등 직원들이 출근해서 퇴근할 때까지 해야 할 일을 일괄적으로 정리하여 프린트해뒀다. 매뉴얼에는 '항상 여유분의 재고 한 봉지를 구비할 것'이라는 내용을 명기했다. 물류학에서 이야기하는 안전재고다. 언제고 발생할 수 있는 고객의 주문에 대비하는 자세다. 음식의 맛을 결정하는 레시피 또한 표준화했다. 혹여 조리하는 직원이 바뀌더라도 모든 고객들이 균일한 품질 경험을 할 수 있도록 시스템을 만든 것이다. 예컨대 이 가게는 모든 메뉴에 투입되는 재료의 양을 정량화하여 명기했다. 라지사이즈 피자에는 소시지가 100g, 슈퍼라지사이즈에는 150g 들어간다고 적어두는 식이다. 피자도우는 매일 발효일지를 기록해 최적의 맛을 만들 수 있는 발효 시간을 찾아 정확히 지킨다.

광주광역시를 중심으로 5년 이상 네트워크를 운영하고 있는 프랜차이즈 족발집 사장님의 이야기에서도 비슷한 물류의 관점을 찾을 수 있었다. 표준화는 이 가게에서도 중요하다. 예컨대 족발을 써는 두께는 항상 동일해야 한다. 면을 삶는 시간도 마찬가지다. 닭을 튀긴다면 기름 표면의 색상 같은 것까지 항상 균일하게 나와야 한다.

매장 운영에 있어서도 표준화는 중요한 요소로 작용했다. 고객과의 접점인 접객 과정을 철저하게 표준화했다. 고객이 가게에 들어와서 나갈 때까지, 혹은 음식점에 배달 주문을 해서 배달을 받기까지의 모든 과정을 순서대로 정리하여 직원들에게 각 단계 응대 매뉴얼을 배포했다. 예컨대 '손님이 들어오면 큰 소리로 인사해야 한다.', '반찬은 던지듯 서빙하면 안 된다.', '5~10분마다 한 번씩 홀을 돌면서 부족한 반찬이 보이면 알아서 채워줘야 한다.', '메인 음식을 서빙할 때는 해당 음식을 맛있게 먹는 법과 같은 스토리텔링을 꼭 한다.' 이렇듯 매장 아르바이트생에게 표준화된 매뉴얼을 절대 벗어나지 말라 강조했다.

결과적으로 고객은 이 사업장에서 운영하는 어떤 프랜차이즈 매장을 방문하더라도 균일한 품질의 음식을 맛보고, 훌륭한 서비스를 느낄 수 있게 된다. 하나하나 대표 메뉴를 설명해주고 맛있게 먹는 방법을 안내해주고, 가게를 나가는 고객에게 문 앞까지 나와 환하게 웃으며 야쿠르트 하나 건네는 직원들을 보면서 감동한다. 한결같은 제품과 서비스, 생산 관리 교과서에서 이야기하는 '품질관리'와 그 맥이 같다.

물류 아닌 물류가 물류가 되기까지

불과 수억, 수십억 원의 연 매출을 올리는 작은 기업들의 이야기처럼 들리는가. 그렇다면 좀 더 큰 기업 이야기를 해보자. 세계 최대 패스트푸드 프랜차이즈 기업 맥도날드는 매장 운영에서 군더더기를 배제하고 표준화를 통해 속도를 높인 '스피디 시스템Speedy

System '으로 성공한 기업으로 평가받는다. 고인이 된 맥도날드 창업자들을 만날 수 없기에 그들이 초기 스피디 시스템을 물류로 규정했는지는 잘 모르겠다. 하지만 여기서도 물류 관점은 찾을 수 있다. 맥도날드 창업자인 맥도날드 형제(딕 맥도날드, 맥 맥도날드)의 창업 스토리를 다룬 영화 〈파운더〉를 보면 다음과 같은 내용들이 나온다.

맥도날드 형제는 맥도날드가 탄생하기 전인 1940년대 미국 캘리포니아주 남부의 작은 도시 샌버너디노에서 '맥도날드 페이머스 바비큐'라는 음식점을 운영했다. 당시 미국에선 드라이브인 음식점이 유행처럼 번졌는데 맥도날드 페이머스 바비큐도 그 추세를 따른 가게 중 하나였다. 드라이브인 음식점은 고객이 자동차에 타고 매장 앞에 서 있으면 종업원이 차까지 음식을 서빙해 주는 구조였다. 맥도날드 페이머스 바비큐는 금새 대박이 났다.

그런데 어느 순간 가게의 매출이 점점 줄기 시작했다. 맥도날드 형제는 이때 드라이브인 음식점의 태생적 문제를 깨달았다고 한다. 일단 음식이 나오기까지 한참을 기다려야 했다. 음식을 서빙하기까지는 어림잡아도 30분 이상의 시간이 걸렸다. 이외에도 직원의 실수로 주문한 음식과 다른 음식을 갖다주거나, 아예 음식이 오지 않는 것과 같은 문제가 속출했다. 서빙 직원을 많이 고용하다 보니 인건비가 크게 늘어났다. 유리 접시는 계속 깨졌고 어디론가 사라졌다.

맥도날드 형제는 가게 시스템을 근본적으로 개편할 필요가 있다는 생각을 했다. 살펴보니 맥도날드 페이머스 바비큐에서 판매하던 27개의 메뉴 중 단 3가지 메뉴에서 대부분의 매출이 나온다는 것을 알았다. 형제는 잘 팔리지 않는 메뉴를 전부 메뉴판에서 없앴다.

그들은 또 무엇이 필요 없는지 고민했다. 높은 인건비의 근원이었던 서빙 직원이 눈에 띄었다. 형제는 서빙 직원을 전부 프로세스에서 빼버렸고, 손님이 직접 음식을 픽업하는 방식으로 바꿨다. 허구한 날 깨지던 유리 접시는 모두 일회용 종이 포장으로 교체했다. 담배자판기, 주크박스처럼 드라이브인 매장 유행에 편승하여 관성적으로 설치한 부가 설비도 전부 없앴다.

동시에 그들은 30분이 아닌 30초 내에 음식이 나오게 하는 시스템을 만들었다. 여기서도 핵심은 표준화였다. 햄버거 제조 프로세스를 분산하여 각각의 프로세스를 전담하는 직원을 뒀다. 그릴만 담당하는 조리원 두 명이 패티를 굽는다. 패티가 구워지는 동안 다음 직원은 빵을 준비한다. 한 사람이 하나의 업무에만 집중하니 실수는 확연히 줄었다.

모든 맥도날드 햄버거에는 피클 두 조각, 양파 조금, 그리고 자체 제작한 기계로 정확한 양의 케첩과 머스타드 소스를 넣는다. 마지막 단계에서 모든 재료를 합치고 포장한다. 맥도날드 형제는 이 시스템을 위해 주방 전체를 설계하여 주문 제작했다. 현재의 맥도날드를 만든 '스피디 시스템'의 탄생이다.

맥도날드의 스피디 시스템이 컨테이너 박스가 선박과 항공기를 통해 국가와 국가 사이를 오가는 거대한 물류는 아니다. 수십 평도 안 되는 한 햄버거 음식점 안에서 일어나는 자그마한 물류일 뿐이다. 하지만 햄버거가 만들어지고 고객에게 전달되기까지의 짧은 시간 안에서 낭비를 줄이고, 생산성을 늘리고자 하는 과정이 있다는 점에서 스피디 시스템의 목표는 거대한 물류와 크게 다르지 않다.

어떤 가치사슬 안에서 일어나는 흐름의 최적화를 만들고자 했다.

오늘날 맥도날드는 세계에서 가장 물류를 잘하는 기업으로 꼽힌다. 리서치 기업 가트너가 매년 발표하는 'Supply Chain Top25'에 따르면 맥도날드는 2018년 공급망 분야 마스터 카테고리로 분류(2017년 기준 2위)됐다. 마스터 카테고리는 일종의 명예의 전당으로 지난 10년 동안 가트너가 발표하는 'Supply Chain Top25'에서 최소 7년 이상 종합 점수 5위 이상을 달성해야 등록할 수 있다. 2021년 현재까지 마스터 카테고리에 분류된 기업은 애플, P&G, 아마존, 유니레버, 그리고 맥도날드뿐이다(한국기업은 삼성전자가 유일하게 2018년 17위, 2019년 21위를 차지했지만 2020년부터 순위권에서 이탈했다).

물론 현재 맥도날드의 성과를 맥도날드 형제들만의 성과라고 보는 건 무리가 있다. 맥도날드의 스피디 시스템을 보고 히트를 짐작한 믹서기 외판원 레이 크록이 맥도날드 형제에게 접근하여, 맥도날드 프랜차이즈 사업을 돕는 부동산회사를 별도로 설립했다. 1955년 1호점을 설립한 레이 크록의 맥도날드는 종국에는 맥도날드 형제의 맥도날드를 인수해버린다. 레이 크록의 도덕성은 차치하더라도 어쨌든 맥도날드의 시작은 수십 평도 안 되는 작은 매장 안에서의 물류였다. 레이 크록 시대에 와선 수십 개 프랜차이즈 매장의 물류를, 더 나아가 수만 개 이상의 글로벌 매장망을 아우르는 프랜차이즈 제국의 물류를 마주했다.

작든 크든 물류는 어디에든 있다. 심지어 물류라고 여겨지지 않는 곳에서까지 물류는 있다. 2016년 4월 김봉진 우아한형제들 의장(당시 대표)은 〈CLO〉가 주최한 콘퍼런스에 참석하여 이런 말을 했다. "세 발짝만 걸으면 물류다."

당시 한국법은 배달을 물류업에 포함하지 않았다. 2021년 7월 생활물류서비스산업발전법이 시행되고 나서야 배달업은 '소화물 배송 서비스사업'이라는 이름으로 물류업의 테두리로 들어왔다. 그때까지 이륜차를 활용한 음식 배달은 법이 인정한 물류가 아니었다. 이는 중요한 이슈는 아니다. 중요한 것은 물류가 아닌 것에서 물류의 관점으로 세상을 보는 것이다.

그때는 물류가 아니었다

2021년 6월의 어느 날. 15학번 후배에게 톡을 받았습니다. 어떤 대형 IT 기업 물류 기획 직무에 서류 합격하여 면접을 앞두고 있다고 하더군요. 평소 제 글을 열심히 챙겨봤다고요. 몇 가지 질문이 있어서 연락을 했다고요.

활기찬 느낌표로 시작하여 어색한 말줄임표로 끝나는 문장. 특별한 관계가 없었던 선배에게 연락을 하는 일이 그의 입장에서는 쉽지는 않았을 것입니다. 잠깐 그 시절의 내가 생각나서였을까요. 그의 목소리를 듣고 싶어 전화번호를 남겨달라고 했습니다.

'SaaS', '5PL', '풀필먼트' 10년 전 물류학을 배울 때는 교과서에도 안 나왔던 용어들이 후배의 목소리를 통해 나열됐습니다. 오늘의 집과 네이버, 그리고 카카오. 그때는 물류를 하지 않았던, 혹은 존재하지도 않았던 기업들의 이름이 이어집니다.

"요즘 학생들은 그런 곳에도 지원해요?" 궁금증에 물었습니다. 본인 말고도 서류 합격한 이들이 학부에 세 명은 더 있다는 답이 돌아왔습니다. 격세지감입니다.

불과 10년 전까지만 해도 내 주위 평범한 물류학도의 지향점은 현대글로비스, 삼성SDS, CJ대한통운이었습니다. 이름 있는 대형 제조 화주사의 물류 담당자가 된다면 그 또한 나쁘지 않았습니다.

그 사이 세상은 바뀌었습니다. 존재하지 않았던 기업 쿠팡은 물류를 무기로 100조 가치 상장에 성공했습니다. 국내 시가총액 3~4위를 다투는 네이버와 카카오는 물류 판에서 본격적인 격돌을 앞두고 있습니다.

어쩌다 보니 물류라고 불리지도 않았던 판에서 물류 콘텐츠를 만들고 있습니다. 혼자서 우기면서 가는가 했었는데, 어느 순간 주위에 사람들이 모였습니다. 감사한 일입니다.

이제는 다음을 바라봐야 합니다. 사람이 많아졌다는 것은 그만큼 흔해졌다는 이야기입니다. 콘텐츠로 먹고살기 위해선 새로운 경쟁력을 찾아야 합니다. 개인적으로는 엔터테인먼트가 좀 당기네요.

Chapter 2

공간의 가치

물류는 공간을 통해 새로운 가치를 만든다. 공간은 물건을 안전하게 보관하고 필요할 때 보충, 공급하는 용도로 사용된다. 전통적으로 물류에서 활용돼온 공간은 창고다. 하지만 창고가 아닌 공간이더라도 물류는, 아니 흐름은 존재한다. 공장이든, 항만이든, 음식점이든. 언론사 사무실이든, 어느 공간에도 흐름은 있다. 공간 안에서는 사물이 흐를 수도, 사람이 흐를 수도, 정보가 흐를 수도 있다. 작은 공간이든, 큰 공간이든 그 안에서 발생하는 어떤 흐름의 문제를 파악하고 개선하고 새로운 가치를 만드는 것. 물류로 세상을 보는 방법이다.

쿠팡 물류 제국은 어떻게 만들어졌나

2021년은 쿠팡의 풀필먼트가 본격화된 한 해다. 물론 그전까지 쿠팡이 풀필먼트를 하지 않았던 건 아니다. 쿠팡의 물류자회사 중 하나인 '쿠팡 풀필먼트 서비스'[4]는 쿠팡이 직매입한 상품인 로켓배송 물동량을 처리하기 위한 물류센터 운영을 했고, 그것을 '풀필먼트'라 불렀다. 2020년 상반기까지만 하더라도 쿠팡의 풀필먼트는 쿠팡을 이용하는 고객의 만족도를 제고하기 위한 서비스로 이용됐고, 동시에 쿠팡의 영업손실을 만든 대표적인 비용 중 하나였다.

그랬던 쿠팡 풀필먼트가 2020년 7월 '로켓제휴'라는 이름의 서비스 론칭을 기점으로 그 관점이 완전히 바뀌었다. 3자 판매자들에게 쿠팡의 물류 인프라, 시스템을 개방하면서 손해만 보던 물류가 쿠팡의 수익모델로 전환되었다. 쿠팡은 2021년 로켓제휴 서비스를

---

4   쿠팡친구(구 쿠팡맨)로 대표되는 풀필먼트와 연결되는 배송 네트워크 운영 회사는 '쿠팡 로지스틱스 서비스', 배달 앱 쿠팡이츠와 연결되는 배달망을 운영하는 조직은 '쿠팡이츠 서비스'다. 쿠팡 풀필먼트 서비스를 포함하여 세 회사가 쿠팡의 물류와 연결되어 있다고 볼 수 있다.

'제트배송'[5]이라는 이름으로 리브랜딩 했고, 3자 판매자를 쿠팡의 물류망으로 편입시키기 위한 행보를 시작했다.

풀필먼트, 정확히 이야기하자면 '제트배송'과 같은 3자 판매자를 대상으로 제공하는 풀필먼트 사업은 오랫동안 쿠팡이 당연히 할 것으로 예측됐던 비즈니스다. 왜냐하면 쿠팡은 지금껏 아마존의 성장 타임라인을 무섭게 따라온 기업이기 때문이다. 그리고 아마존 마켓플레이스 성장의 중추에는 3자 판매자를 대상으로 한 풀필먼트 사업 'FBA_{Fulfillment By Amazon}'가 있었다. 뒤에서 설명하겠지만 아마존의 '플라이휠'로 마켓플레이스부터 풀필먼트까지 비즈니스 모델의 연결점을 설명할 수 있다.

간략하게 아마존과 쿠팡의 비즈니스 타임라인을 요약하면 [그림 2-1]과 같다. 아마존은 1995년 7월 직매입 유통 기반 온라인 서점으로 사업을 시작했다. 쿠팡은 2010년 소셜커머스로 사업을 시작했지만, 2014년 3월 직매입 유통 기반 '로켓배송'을 시작으로 성장의 변곡점을 맞았다.

아마존은 1999년 3월 '아마존 옥션'이라는 이름으로 3자 판매자에게 온라인 판매 공간을 제공하고 수수료와 광고료로 돈을 버는 마켓플레이스 비즈니스를 시작했다. 쿠팡도 2016년 5월 '아이템마켓'이라는 이름으로 마켓플레이스 비즈니스를 시작했고, 이 시기를 즈음하여 쿠팡의 소셜커머스 색깔은 완연히 지워진다.

---

5 제트배송은 아마존의 '프라임'과 거의 동일한 기능으로 보면 된다. 3자 판매자가 쿠팡의 풀필먼트 서비스를 이용했을 때 소비자에게 노출 우선권을 기대할 수 있다.

[그림 2-1] 아마존 vs 쿠팡, 풀필먼트 타임라인

비즈니스	아마존	쿠팡
직매입 유통	온라인 서점(1995)	로켓배송(2014)
마켓플레이스	아마존 옥션(1999)	아이템마켓(2016)
유료 멤버십	아마존 프라임(2005)	로켓와우클럽(2018)
OTT 플랫폼	아마존 언박스-아마존 프라임비디오(2006)	쿠팡플레이(2020)
3자 판매자 풀필먼트	FBA(2006)	로켓제휴-제트배송(2020)

아마존은 직매입 유통을 위해 확보한 물류망을 바탕으로 2005년 2월 '아마존 프라임'이라는 이름으로 고객에게 무제한 빠른 무료 배송, 무료 반품을 혜택으로 내건 유료 멤버십을 시작한다. 쿠팡 역시 2018년 10월 '로켓와우클럽'이라는 이름으로 유료 멤버십을 시작했다. 쿠팡이 내건 혜택 또한 빠른 무료 배송과 무료 반품이었다.

두 기업은 이후 빠르게 콘텐츠 사업을 시작했고, 유료 멤버십에 반영했다. 아마존은 2006년 9월 '아마존 언박스'라는 이름으로 유료 동영상 다운로드 서비스를 시작했다. 현재 아마존 프라임 멤버십 혜택으로 반영된 온라인 기반 비디오 스트리밍 서비스(OTTOver-the-top media service) '아마존 프라임비디오'의 전신이 아마존 언박스다. 쿠팡은 2020년 12월 '쿠팡플레이'라는 이름의 비디오 스트리밍 콘텐츠 서비스를 론칭했고, 아마존과 달리 곧바로 유료 멤버십 고객 혜택에 포함하여 서비스를 제공하기 시작했다.

이 시점에 등장한 것이 3자 판매자 대상의 풀필먼트다. 아마존은 2006년 9월 'FBAFulfillment By Amazon'라는 이름으로 3자 판매자를 자사

[그림 2-2] 제트배송 매입시점 (출처: 쿠팡)

물류망에 편입시키고 매출을 만드는 비즈니스 모델을 시작했다. 쿠팡은 2020년 7월 '로켓제휴' 서비스를 론칭하여 3자 판매자를 자사 물류망에 편입시키기 시작했고, 2021년 '제트배송'[6]이라는 이름으로 브랜드명을 바꿨다. 쿠팡도 아마존도 3자 판매자 대상 풀필먼트 론칭 이전부터 자사 물류를 '풀필먼트'라고 불렀다.

각자 따로 노는 것처럼 보이기도 하는 4가지 비즈니스 모델, '직매입 유통', '마켓플레이스', '유료 멤버십', '풀필먼트'는 모두 치밀하게 연결돼 있다. 그리고 쿠팡은 아마존의 비즈니스 모델을 10여 년의 간격을 두고 맹렬히 추격하고 있다. 2021년 이 글을 쓰는 시점의 쿠팡 풀필먼트는 이제 본격적인 확장을 꾀하고 있다. 당연히 앞으로 쿠팡 풀필먼트의 미래를 예측하는 데도 아마존의 지난 10년 비즈니스 모델은 충분히 참고 가능할 것이라 본다. 본격적으로 쿠팡 풀필먼트의 과거, 현재, 미래를 뒤집어 본다.

---

6 쿠팡 제트배송은 입고 시점 상품을 매입하는 쿠팡 로켓배송과 달리 상품 판매 이후 판매자의 상품을 매입한다. 다소 번거로워 보이는 이러한 방법을 사용하는 이유는 쿠팡이 자가용 화물차로 배송하고 있기 때문이다. 한국의 '화물자동차 운수사업법'상 자가용 화물차가 타인의 상품을 유상운송하는 것은 불법이다. 제트배송은 출고 이전에 상품의 소유권을 판매자에서 쿠팡으로 이전하여 배송 전에 자가 소유로 바꾸는 셈이다.

직매입 유통 : 속도로 고객을 매료하다

아마존과 쿠팡의 첫 번째 접점은 '직매입 유통'에서 찾을 수 있다. 여기서 직매입 유통이란 '자가 물류센터에 직접 매입한 상품을 재고로 보관하고 온라인으로 판매하는 사업'을 뜻한다. 당연히 직매입 유통을 하기 위해서는 매입한 상품을 보관할 공간인 물류센터가 필요했다.

왜 아마존과 쿠팡이 직매입 유통 사업을 시작했는지 알기 위해서는 먼저 직매입 유통 비즈니스가 무엇인지 알아볼 필요가 있다. 직매입은 물류센터라는 공간을 통해 실물 재고를 통제하여 빠른배송을 가능하게 하는 방법론이다. 누군가는 공간과 배송이 무슨 상관이냐고 이야기할 수 있다. 하지만 이커머스 환경에서 배송이 늦어지는 많은 이유는 공간이 없어서이다. 정확히 이야기하면 공간에 보관된 재고가 없어서다.

예컨대 이커머스 판매자들 중에는 공간 없이 상품을 판매하는 사람들이 많다. 한국에서는 '위탁판매', '구매대행'이라 불리는 사업을 하고 있는 판매자들이 여기 속한다. 이들은 재고 없이 상품 콘텐츠만 이커머스 플랫폼에 올려놓고 판매한다. 고객 주문이 들어오고 나서야 제휴처를 통해서 상품을 발주한다.

그래서 위탁판매, 구매대행 판매자들은 공간과 재고를 통제하지 못한다. 공간과 재고를 통제할 수 있는 주체는 판매자가 아닌 제휴처다. 심지어 제휴처조차 위탁 도매 판매자일 수 있다. 이 경우엔 제휴처조차 누군가에게 공간과 재고 통제를 위임한다.

이러한 다단계 연결의 경우에는 어디선가 정보, 혹은 재화의 흐름이 끊어질 수 있다. 예를 들어 발주는 잘했지만, 제휴처 창고 업무가 과중해서, 혹은 제휴처 재고가 품절인데 판매자 시스템에 그 정보가 사전 전달되지 않았다면 당일 발송이 어려워질 수 있다. 고객 주문은 들어왔지만 위탁 판매자가 제휴처에 발주를 누락시켜 당일 발송이 어려워질 수도 있다.

판매자가 재고를 보관할 공간을 가지고 있더라도 문제는 생길 수 있다. 고객 주문이 발생한 이후에야 상품을 제조, 소싱하여 판매하는 이들이 있기 때문이다. 한국에서는 동대문 패션 판매자들이 대표적이다. 이런 판매자 입장에서는 혹여 팔리지 않을 위험이 있는 상품의 재고 관리 및 폐기 비용이 부담스럽기 때문에 고객의 주문이 확정된 이후에 판매할 상품을 매입하는 것이다. 하지만 고객 입장에서는 추가된 소싱 시간으로 인해 배송 지연을 경험하게 된다.

위 두 가지 사례를 따져 봤을 때 배송 지연의 원인은 배송이 느려서가 아니다. 어떠한 이유에서든 배송을 내보낼 준비가 안 돼 있었기 때문이다. 택배로 출고할 재고가 없다면, 당연히 최종 배송은 느려지게 된다.

마지막 사례로 판매자에게 공간과 재고가 모두 있더라도 배송 지연은 발생할 수 있다. 예측하지 못한 변수로 주문이 폭발하여 물류센터 안의 재고가 품절되거나, 몰려든 작업량 대비 생산성이 부족하여 피킹, 포장 작업이 지연됐을 경우다. 이 경우는 공간과 재고의 문제는 아니다. 여기서부터는 물류센터 운영 실력이 정시 배송 가능 여부를 만든다.

다시 아마존과 쿠팡 사례로 돌아와서 이들이 '직매입 유통'을 시작한 이유는 빠른배송이 고객 경험에 큰 영향을 준다고 판단했기 때문이다. 물류센터라는 공간에 재고를 사전에 보관해뒀기에, 재고의 잔여 정보를 시스템으로 파악할 수 있기에, 고객에게 균일한 속도를 보장할 수 있는 기반이 마련된다.

앞서 언급한 여러 이유로 판매자들의 물류 방식은 다양하다. 이 때문에 입점 판매자가 물류를 알아서 처리하는 중개형 마켓플레이스 방식으로는 균일한 물류 서비스 품질 통제가 어렵다. 더군다나 쿠팡과 아마존이 직매입 유통을 시작한 시점에 미국에는 이베이, 한국에는 지마켓, 11번가와 같은 마켓플레이스 사업을 운영하는 경쟁자들이 있었다. 빠른 물류는 이들 경쟁업체가 보장할 수 있는 서비스가 아니었기에 직매입 유통을 기반으로 한 빠른 물류는 명확히 그들 사이에서 돋보이는 전략이 될 것이라 양사는 판단했을 수 있다.

물론 직매입 유통에 좋은 점만 있는 것은 아니다. 단점도 존재한다. 바로 엄청난 비용이 발생한다는 것이다. 물류센터를 직접 구축하는 것은 말할 것도 없고, 남의 물류센터를 임차하는 것도 만만치 않은 비용이 들어간다. 매입 이후 상품의 소유 주체가 플랫폼에 이전되기 때문에 안 팔리고 남을 재고에 대한 관리 및 폐기 비용을 아마존과 쿠팡이 짊어지게 된다.

더군다나 지금과는 달리 사업 초기 아마존과 쿠팡의 매입가 협상력, 구매력은 당연히 부족했을 것이다. 초기 쿠팡이 로켓배송에 상대적으로 높은 매입가를 책정했던 것처럼 직매입에 꽤 많은 소싱

[그림 2-3] 아마존 물류센터 현황 (출처 : 아마존 글로벌셀링)

비용을 소모했을 것으로 예측된다.

어쨌든 두 기업은 '고객 중심'과 '장기적 투자'라는 관점에서 엄청
난 비용을 감당해야 하는 직매입 유통 사업을 시작했다. 직매입한
상품을 보관하기 위한 물류 거점을 마련했다. 아마존은 1995년 봄
본사가 위치한 시애틀에 6평 남짓한 작은 물류센터를 두고 사업
을 시작했다. 1997년 11월에는 델라웨어에 두 번째 물류센터를 오
픈했는데, 이때 아마존 전체 물류센터 규모는 고작 2만 6,800㎡(약
8,000평)였다. 쿠팡은 2014년 2월 로켓배송의 전신 '와우딜리버리
프로젝트'에 착수하며 몇몇 소규모 물류 거점을 마련하고 3월 로켓
배송을 대구, 대전, 울산에서 정식 론칭한다.

직매입 유통이 만든 빠른배송은 고객을 매료시켰고, 아마존과 쿠
팡의 폭발적인 성장을 견인했다. 물류센터 규모도 점차 확장하기
시작했다. 아마존은 2020년 기준으로 전 세계 175개의 물류센터를
운영하고 있다. 쿠팡은 2020년을 기준으로 전국에 32개 물류센터,

[그림 2-4] 쿠팡 인천 메가물류센터

140개의 캠프(배송거점)[7]을 운영하고 있다. 전국의 쿠팡 물류센터 규모를 합하면 58만 평(축구장 263개 넓이)이 넘는다.

하지만 여전히 두 기업에 남은 숙제는 있었다. 물류가 만든 비용이다. 언젠가 쿠팡 출신 물류업계 실무자에게 들었는데 쿠팡에는 오랫동안 팔리지 않은 재고를 중심으로 보관하는 물류센터가 있다고 한다. 쿠팡의 다른 물류센터 사례를 본다면 당연히 수많은 사람이 복잡하게 물류센터를 돌아다녀야 맞지만, 유독 그곳은 썰렁하다고 한다.

다시 한번 이야기하지만 재고는 회계상 자산으로 잡히지만, 사실

---

7 쿠팡 물류센터에서 캠프로 이동한 상품들을 쿠팡의 배송인력(쿠팡친구, 쿠팡플렉스 등)이 차량에 적재하여 최종 고객에게 배송한다. 캠프의 규모는 제각각이다. 슈퍼마켓부터 대형마트 이상의 크기까지 다양하다.

은 비용이나 다름없다. 직매입 유통은 빠른배송 속도로 '높은 고객 경험'을 선사했지만, 동시에 '공간에 쌓인 재고'라는 깊은 고민을 낳았다.

마켓플레이스 : 고객의 선택권을 늘리다

아마존과 쿠팡은 직매입 유통을 기반으로 빠른배송이 가능한 상품 구색을 확장했다. 하지만 언제까지나 이러한 확장 추세를 지속하긴 어려웠다. 앞서 언급한 것처럼 직매입 유통은 빠른배송을 만들 수 있는 강점이 있지만, 물류와 재고관리 비용을 떠맡아야 하는 부담이 공존한다. 이 때문에 직매입 유통은 기본적으로 '팔릴 것 같은 상품'을 소싱하게 된다. 그렇게 노력해도 안 팔리는 상품이 있기 때문에 유통이 어려운 것이다.

더군다나 세상은 블록버스터만으로 돌아가지 않는다. '니치Niche' 의 영역에서 소비를 하는 이들도 분명히 존재한다. 그렇다고 플랫폼이 이런 소수의 고객까지 만족시키고자 언제 팔릴지도 모르는 이상한 상품을 소싱하기엔 부담이 크다. 지금은 안 팔리지만 언젠가 대박이 날 상품도 어딘가에 있을 터인데, 이를 예측해서 매입한다는 것도 상당히 어렵고 높은 위험부담을 감수해야 하는 일이다.

이에 대해 아마존과 쿠팡의 선택을 받은 비즈니스 모델이 '마켓플레이스(한국에서는 '오픈마켓'이라고도 한다)'다. 마켓플레이스는 이미 미국에서는 이베이가, 한국에서는 이베이코리아(지마켓, 옥션, G9), 11번가 등 많은 업체로부터 검증된 비즈니스 모델이다. 마켓플레이스는 쉽게 말해서 불특정 다수의 3자 판매자에게 '온라인 매장'을 개방하는 모델이다. 마켓플레이스를 운영하는 플랫폼은 디지털 공간을 제공하고 입점 판매자들로부터 판매 건당 수수료, 월이용료, 광고료 등을 받는다.

마켓플레이스는 3자 판매자를 대량으로 유입시켜 대량의 상품을 쉽게 확보할 수 있는 방법론이다. 비용을 유발할 수 있는 물류는 입점 판매자가 알아서 처리하기 때문에 비용 부담 역시 덜하다. 많은 고객의 지속적인 선택을 받고, 마케팅 비용에 과다한 투자만 하지 않는다면 충분한 이익을 창출할 수 있는 비즈니스 모델이다. 한국의 이베이코리아가 괜히 오랫동안 수백억 원 이상의 높은 영업이익을 기록한 것이 아니다.

마켓플레이스는 아마존과 쿠팡 입장에서는 물류비용 부담으로 인해 쉽게 못 늘렸던 고객 선택권을 확장하는 방법론이 될 수 있다. 아마존과 쿠팡은 빠른 물류만큼 고객 만족도를 위해 중요한 요소로 '상품 선택권'을 주목했다. 마켓플레이스는 두 기업에 셀렉션을 만들 수 있는 방법이 되고, 동시에 리스크가 덜한 새로운 수익모델을 확충했다는 의미가 있다.

물론 두 기업의 마켓플레이스 사업 확장에 부침이 없던 것은 아니었다. 아마존은 1999년 3월 '아마존 옥션'을 시작으로 마켓플레이스 비즈니스 모델을 본격적으로 시작한다. 그리고 대차게 망했다. 불과 론칭 6개월만인 1999년 9월 '지숍'이라는 이름으로 개편됐다. 지숍은 판매가가 고정된 정찰제 옥션을 내세웠는데, 1년 6개월을 버티지 못하고 역시나 망했다.

아마존은 2001년 마켓플레이스에 대한 세 번째 도전을 시작하는

데, 그것이 현재 아마존 마켓플레이스의 원형이다. 이때 아마존 마켓플레이스의 핵심 아이디어는 하나의 상품은 하나의 리스팅만 한다는 단일 상품 페이지 개념이다. 지금의 아마존 '바이박스'가 이 개념을 지지하는 대표적인 시스템이다. 이때 아마존 내부의 반발이 없지 않았는데, 아마존이 직매입해서 유통하는 상품 페이지를 아마존보다 경쟁력 있는 3자 판매자에게 공유하면 매출을 빼앗기는 것이 아니냐는 우려 때문이었다. 내부의 우려에도 불구하고 제프 베조스 아마존 회장은 마켓플레이스를 강행했다. 풍부한 상품 구색이 고객에게 도움이 된다는 생각에서였다.

2016년 시작한 쿠팡 마켓플레이스 '아이템마켓' 역시 부침이 있었다. 쿠팡이 내건 핵심 개념은 '아이템위너'였다. 아마존의 단일 상품 페이지와 마찬가지로 똑같은 상품을 판매하는 판매자 여러 명이 쿠팡에 입점해 있다면 가격, 배송비, 배송 속도 등 알고리즘으로 걸러 낸 가장 좋은 하나의 상품만을 고객에게 노출하는 것이 아이템위너의 개념이다. 쿠팡은 고객 입장에서 여러 판매자의 똑같은 상품을 일일이 조회하고 가장 좋은 조건의 상품을 찾는 것이 스트레스가 된다고 판단했다. 확실히 고객 중심의 시스템이다.

하지만 고객 중심의 아이템위너 시스템이 판매자들에게는 스트레스를 유발하는 시스템으로 평가받았다. 쿠팡 입점 판매자들은 아이템위너를 차지하기 위해 마진율을 낮추며 저가 경쟁을 하기 시작했다. 고객에게는 저렴한 상품을 구매할 수 있어 좋은 일이지만, 판매자에게는 이익률을 낮추는 일이 되기에 분명 괴로워진다. 이 외에도 최종적으로 아이템위너에 선정된 판매자가 그동안 상품 페이지에 쌓인 사진 등 콘텐츠와 고객 리뷰를 모두 가져가는 약관이 문제가 됐다. 그 이전에 아이템위너였던 누군가가 만들어놓은 상품 콘텐츠와 고객 리뷰를 최종 승자 한 명에게 몰아주는 것인데, 당연히 이전 판매자들은 자신이 열심히 만들어놓은 콘텐츠를 뺏긴다는 느낌을 받았다.

더군다나 이렇게 아이템위너가 돼 우선 노출권을 가져간 다른 판매자들이 이전 콘텐츠와 정확하게 동일한 품질의 상품을 배송할 것이라는 보장도 없었다. 알고리즘의 허점을 파고들어 저품질의 상품으로 아이템위너를 가로채는 판매자들이 있었고, 쿠팡은 그들의 어뷰징을 100% 거르지 못했다. 결과적으로 쿠팡의 마켓플레이스를 지탱하는 아이템위너 시스템은 론칭 이후 많은 입점 판매자들로부터 갑질이라는 지적을 받았고, 2021년 7월 한국 공정거래위원회로부터 불공정 행위 시정 조치를 받기에 이른다.

다소의 부침과 논란은 있었으나 쿠팡과 아마존은 마켓플레이스를 시작하여 효과적으로 더 많은 상품 구색을 확장하고 안정적인 수익 모델을 만들 수 있었다. 실제 쿠팡을 보더라도 직매입 유통 사업인 로켓배송은 600~700만 개 정도 선에서 상품 구색 확장을 멈추고, 마켓플레이스 확장에 집중하는 모습을 보였다. 마켓플레이스로 쿠팡이 확장한 상품 구색은 수억 개가 넘는다.

아마존이 모든 것을 판매하는 매장이 될 수 있었던 배경에도 마켓플레이스가 있다. 아마존은 2015년을 기점으로 전체 거래액에서 3자 판매자가 차지하는 비중이 처음으로 50%를 넘었다. 이후에도 계속 성장하여 2019년 기준으로 아마존에서 판매하는 상품의 60% 이상

[그림 2-5] 아마존 제프 베조스의 비즈니스 모델 및 조건

제프 베조스의 꿈의 비즈니스 모델 (2014)	제프 베조스가 밝힌 꿈의 비즈니스의 조건
1. 마켓플레이스(1999) 2. 아마존 프라임(2005) 3. 아마존웹서비스(2006)	1. 고객들에게 사랑받는다 (Customers love it) 2. 성장 가능성이 크다 (It can grow to very large size) 3. 자본 이익률이 높다 (it has strong returns on capital) 4. 지속가능성이 있다 (it's durable in time)

이 마켓플레이스에서 거래될 정도로 큰 성장을 이룩했다. 아마존 마켓플레이스에서 상품을 판매하는 업체들의 숫자는 170만 개가 넘었다. 2019년 기준 20만 개 이상의 3자 판매자가 아마존에서 10만 달러가 넘는 매출을 만들었다. 제프 베조스는 2014년 주주 서한을 통해 아마존의 성장을 만든 3대 비즈니스 모델 중 하나로 이 '마켓플레이스'를 꼽았다.

물론 마켓플레이스가 만병통치약은 아니다. 여전히 마켓플레이스의 태생적인 한계는 극복되지 못했다. 입점 판매자의 물류는 여전히 통제되지 못하고 날뛰었고, 결과적으로 아마존과 쿠팡의 고객 경험은 나빠졌다. 똑같은 사이트에서 구매하는데도 아마존과 쿠팡이 직매입 유통한 상품은 빠르게 오고, 3자 판매자의 상품은 느리게 오는 랜덤 게임 같은 경험을 하게 되는 것이다. 세상에서 가장 고객 중심적인 회사를 자부하는 이 두 기업의 고민은 깊어질 수밖에 없

다. 그 해결책을 알기 전에 짚고 가야 하는 사업 모델이 '유료 멤버십'이다.

유료 멤버십 : 충성고객을 잡아두다

쿠팡과 아마존의 '유료 멤버십'이 직전에 시작한 마켓플레이스 비즈니스와 당장 이어지는 접점은 없다. 유료 멤버십은 오히려 마켓플레이스보다는 처음 시작했던 직매입 유통과 연결되는 비즈니스 모델이다.

앞서 쿠팡과 아마존이 직매입 유통 사업을 위해서 지속적으로 물류센터를 확보했다는 이야기를 했다. 자연히 두 기업은 물류센터를 직접 운영하면서 운영 역량과 물류센터에 들어가는 시스템 역량을 함께 키웠을 것이다. 이건 추측이 아니다. 실제 아마존 제프 베조스 회장은 2014년 주주 서한을 통해 직매입 유통과 아마존 유료 멤버십 아마존 프라임의 상관관계에 대해 다음과 같이 언급했다.

"아마존은 각 상품 카테고리별로 온라인 매장을 운영할 소매팀을 만들고, 재고 보충과 재고 배치, 제품 가격 설정을 자동화할 수 있는 대규모 시스템을 구축했습니다. 정확한 날짜에 배송한다는 아마존 프라임의 약속을 이행하기 위해선 물류센터를 새로운 방식으로 운영해야 했습니다. 아마존의 직매입 재고 유통 사업은 프라임 서비스의 회원을 증가시키는 최고의 수단입니다. 동시에 거래량을 늘리고 판매자를 모집할 수 있는 근간입니다."

아마존과 쿠팡은 직매입 유통으로 확보한 물류 역량을 유료 멤버십에 무제한 공짜 물류로 녹이기 시작했다. 아마존은 2005년 2월 유료 멤버십 아마존 프라임을 시작했다. 론칭 당시 아마존 프라임의 가격은 연 79달러(약 9만 원). 한 달에 6.58달러 정도의 비용으로 '무제한 무료', '미국 전역 2일 내 배송', '무료 반품 서비스'를 받을 수 있었다. 당시 아마존의 배송비는 건당 9.48달러 수준으로 알려졌는데, 단순 계산해서 한 달에 한 번만 아마존에서 상품을 주문하고 배송받아도 소비자에겐 이익이다.

쿠팡 역시 2018년 10월 유료 멤버십 로켓와우클럽을 시작하면서 아마존과 마찬가지로 물류를 멤버십 회원을 위한 혜택에 몰아넣기 시작했다. 물론 쿠팡이 아마존의 멤버십을 그대로 따라 한 것은 아니다. 나름대로 한국 환경에 맞춰 현지화를 진행했다.

그도 그럴 것이 한국과 미국은 물류 환경이 너무나 다르다. 넓은 국토로 기본 배송 속도가 느리고 물류비도 비싼 미국과 달리, 한국은 기본적으로 출고만 빠르게 된다면 익일배송이 기본인 택배가 존재한다. 택배업계의 오랜 저단가 경쟁으로 인해 택배 단가 또한 매우 낮다. 소비자들은 통상 2,500~3,000원의 택배비를 내지만, 사실 판매자들은 물량만 많으면 1,000원대에도 택배를 보낼 수 있는 구조다. 쿠팡이 등장하기 이전부터 이커머스업체들은 경쟁을 위해 무료 배송을 일반적으로 제공하기도 했다. 아마존이 유료 멤버십에 녹여 넣은 '2일 배송'과 '무료 배송'은 한국에서는 오히려 너무나 당연한 것이어서 아마존 수준으로 물류 서비스를 짜면 당연히 쿠팡의 유료 멤버십의 매력도는 떨어질 수밖에 없었다.

그래서인지 쿠팡은 더 낮은 가격에 아마존 이상의 물류를 멤버십 서비스에 녹였다. 로켓와우클럽 멤버십 회원은 아마존 프라임보다 저렴한 월 2,900원의 요금을 지불하면 19,800원의 최소주문금액이 사라진 무료 로켓배송(익일배송, D+1일 배송)을 제공한다.[8] 여기 더해 로켓와우클럽 오픈에 맞춰서 쿠팡이 시작한 새로운 물류 서비스인 '당일배송', '신선식품 새벽배송(로켓프레시)'을 로켓와우클럽 회원에 한정하여 제공했다. 당시 당일배송과 새벽배송은 익일배송을 기준으로 서비스 프로세스를 구성한 택배업체들은 쉽게 따라 하지 못하는 서비스였다. 아마존과 동일한 무제한 반품 역시 로켓와우클럽 혜택에 녹았다. 여기서도 간단히 계산하자면 한국에서 반품 택배를 부치려면 통상 5,000원 정도의 비용이 부가되는데 반품 한 번만 해도 소비자에겐 이익이라는 결과가 나온다.

이후 아마존과 쿠팡은 천천히 유료 멤버십 혜택을 강화하기 시작한다. 멤버십의 핵심 가치였던 물류는 두 기업의 물류 역량과 네트워크가 증가함에 따라서 더욱 강해지고 있다. 아마존은 일부 지역 새벽배송, 당일배송, 2시간 배송 등을 멤버십 혜택에 추가해 나갔고 2019년에는 유료 멤버십 회원을 대상으로 제공하던 미국 전역 2일 배송 기준을 '익일(D+1) 배송'으로 변경하였다.

---

8 원래 쿠팡의 로켓배송은 19,800원 이상 구매 고객에 한정하여 무료였다. 그 이유는 쿠팡의 로켓 배송 차량이 영업용 번호판을 부착한 화물차가 아닌 자가용인 데서 찾을 수 있다. '화물자동차 운수사업법'상 자가용을 이용하여 타인의 상품을 유상 운송하는 것은 불법인데, 쿠팡은 상품을 직접 매입했기 때문에 무상 운송에 자가용 운송이 가능한 것이다.

쿠팡은 2021년 8월 기준으로 멤버십에 포함된 물류 서비스의 극적인 변화는 없다. 하지만 쿠팡이 직접, 혹은 다양한 물류 파트너와 제휴하여 '3시간 이내 배송', '15분 이내 즉시배달' 등 다양한 형태의 물류 서비스 고도화를 시도하고 있다. 더욱 빠른 물류 서비스가 쿠팡 안에 자리매김한다면 이 또한 쿠팡 유료 멤버십 안에 혜택으로 녹아들 가능성이 크다.

아마존과 쿠팡의 유료 멤버십의 혜택 중 빼놓을 수 없는 것이 콘텐츠다. 2021년 기준 아마존 프라임에는 전자책 킨들, 음악 스트리밍 서비스 프라임뮤직, 비디오 스트리밍 서비스 프라임비디오, 게임 콘텐츠를 포함한 트위치프라임 등 다양한 콘텐츠 구독 혜택이 녹아들었다. 2014년 트위치, 2021년 MGM 등 다양한 외부 콘텐츠 역량을 갖춘 기업을 인수합병하면서 지속적으로 콘텐츠 역량을 강화하고 있기도 하다.

쿠팡 역시 콘텐츠 영역에 발을 디뎠다. 2020년 7월 쿠팡이 동남아시아 OTT 플랫폼 '훅'을 인수했다는 소식이 전해지고 얼마 지나지 않은 12월, 쿠팡 로켓와우클럽 멤버십 혜택으로 비디오 스트리밍이 가능한 OTT 플랫폼 '쿠팡플레이'를 론칭했다. 쿠팡플레이 이용요금은 사실상 쿠팡 로켓와우클럽 이용요금과 같은 2,900원이다. 로켓와우클럽 회원들에게는 기존 제공하던 빠른배송뿐만 아니라 쿠팡플레이를 통한 영상 스트리밍 서비스를 추가 요금 없이 제공하기 시작했다. 쿠팡플레이를 신규 구독하는 소비자에게도 쿠팡의 빠른 물류가 덤으로 오는 개념이다.

물론 아직까지는 쿠팡플레이의 콘텐츠 규모, 오리지날 콘텐츠 창작력 등은 넷플릭스나 왓챠와 같은 경쟁 콘텐츠 기업에 비해서 부족하다. 하지만 기존 500만 명 상당의 구독자 규모를 갖춘 로켓와우클럽 멤버십 회원을 그대로 쿠팡플레이 회원으로 만들면서 초기 빠른 성장을 달성했다.[9]

요약하자면 그간 직매입 유통을 위해 깔아놓은 막대한 물류 인프라와 시스템, 운영 역량을 녹여낸 유료 멤버십 비즈니스는 아마존과 쿠팡 모두에 충성고객이라는 선물을 안겨줬다.

소비자의 소비는 무한할 수 없다. 특히 사치품이 아닌 주기적으로 구매해야 하는 생필품과 식료품 영역에서는 더욱 그렇다. 한 달에 김치 한 통을 구매하는 소비자가 있다면 네이버와 쿠팡, 이 둘 중에서 어느 한 곳을 선택해서 구매해야 한다는 뜻이다. 나머지 한 곳은 자연히 도태된다.

아마존과 쿠팡의 유료 멤버십은 소비자가 소액의 비용을 지불하게 하여 지속적인 구매를 위한 일종의 심리적인 책임을 만들고 지불한 비용 이상의 물류 혜택을 제공한다는 공통점이 있다. 더 나아가 콘텐츠를 통해 사람들에게 즐길 거리까지 제공했다. 사람들은 쿠팡과 아마존에 이미 자신의 돈을 썼고, 그 이상의 혜택을 받는다고 생각하기에 멤버십 생태계에 계속해서 머물게 된다.

그 결과는 고객들의 높은 재구매율로 증명됐다. 실제 수치를 보면, 아마존 프라임 회원은 2020년 말 기준 전 세계 2억 명이다. 한

---

9 2021년 7월 사용자가 가장 많은 OTT 앱 조사 결과, '쿠팡플레이'는 선발 주자 왓챠를 제친 172만 명으로 조사됐다. (출처 : 와이즈앱)

[그림 2-6] 국내 주요 이커머스 플랫폼 기업의 매출 및 성장률 (2020년 기준)

	매출	전년대비 매출 성장률	평가
쿠팡	13조 9,236억 원	95%	성장
네이버(커머스부문)	1조 897억 원	37.60%	성장
11번가	5,456억 원	2%	정체
위메프	3,864억 원	−17%	역성장
티몬	1,512억 원	−14%	역성장

국 아마존 글로벌셀링의 발표에 따르면 2019년 말 기준 아마존의 활성화 고객은 3억 명이었는데, 그중 절반 수준인 1억 5,000만 명이 아마존 프라임 회원이었다.

2021년 쿠팡의 상장 신고서를 통해 알려진 로켓와우의 2020년 말 기준 구독자 숫자는 470만 명이다. 같은 기간 쿠팡에서 3개월 내 1개 이상 제품을 구매한 고객이 1,485만 명인데, 그중 32%를 차지하는 숫자다.

더 의미 있는 수치는 경쟁사의 성장세가 정체됐다는 데 있다. 이는 쿠팡이 성공적으로 이커머스 경쟁사의 고객을 빼앗아왔음을 증명하는 지표가 된다. 쿠팡이 멤버십을 본격적으로 활성화한 2020년에 들어서 네이버를 제외한 이베이코리아, 11번가, 위메프, 티몬 등 경쟁 기업들은 성장세 정체를 면치 못했다. 성장하는 네이버조차도 쿠팡의 속도를 따라가진 못했다. 코로나19로 인해 2020년 국내 온라인쇼핑 거래액이 전년 대비 평균 19.1%의 성장률을 기록했지만, 평균 성장률에도 못 미치거나, 오히려 역성장을 기록한 플랫폼도 많았다. 이는 소수의 몇 개 플랫폼, 요컨대 쿠팡과 네이버로 이커머스 시장의 통합이 가속화되고 있음을 의미한다.

결과적으로 아마존과 쿠팡은 유료 멤버십으로 발생한 물류비용 부담을 충성고객을 획득하여 얻을 수 있는 이익으로 치환하여 상쇄시켰다. 이제 풀필먼트를 시작할 때가 왔다.

풀필먼트 : 비용의 외주화

아마존과 쿠팡은 유료 멤버십을 구축한 다음 빠르게 풀필먼트 서비스를 시작했다. 아마존은 아마존 프라임을 론칭하고 다음 해인 2006년 9월에 3자 판매자에게 자사의 물류 인프라를 개방하는 'FBA' 서비스를 시작한다. 쿠팡은 2018년 로켓와우클럽을 론칭한 2년 후인 2020년 7월에 제트배송의 전신인 로켓제휴 서비스를 시작한다.

쿠팡과 아마존이 먼저 시작한 유료 멤버십은 3자 판매자의 풀필먼트 사용을 설득하기 위한 도구로 의미가 있다. 빠른 물류 서비스가 핵심 가치인 쿠팡과 아마존 멤버십에 돈을 내고 가입한 고객은 당연히 멤버십 가입비용을 상쇄하자는 생각에 빠른배송 상품 구매를 선호하게 된다. 예컨대, 아마존에서는 '프라임' 배지가 달려 있는 상품만 노출되도록 검색 옵션에서 선택하게 된다. 쿠팡에서는 '로켓' 배지가 있는 상품을 검색하는 것이 습관화가 된다. 유료 멤버십은 자연스럽게 빠른배송 배지를 부여받을 수 없는 일반 마켓플레이스 판매자들의 상품은 검색 후순위로 도태되도록 만들었다.

이때 쿠팡과 아마존은 판매자에게 슬쩍 이야기를 꺼낸다. 풀필먼트를 이용하면 물류센터 입고 이후의 모든 물류를 대행해준다고.

쿠팡과 아마존의 충성고객인 유료 멤버십 회원에게 보다 쉽게 도달할 수 있게 된다고. 더욱 많은 매출을 올릴 수 있게 된다고.

만약 쿠팡과 아마존이 유료 멤버십을 론칭하지 않은 상태였다면 어땠을까. 쿠팡과 아마존이 기존 3PL업체들의 방식처럼 단순히 저렴한 가격에 물류 대행 서비스를 제공한다고 업체들을 설득했다면 무슨 일이 발생했을까. 일어나지 않은 일을 예측하는 것은 쉬운 일은 아니지만 상당히 고전했을 것이라 생각한다.

대부분의 마켓플레이스 입점 이커머스 판매자들은 어떤 방식으로든 소비자까지 물류를 알아서 처리하고 있다. 소형 판매자라면 자택 발코니를 창고처럼 이용하여 상품을 포장하고 동네 우체국에 직접 방문해서 상품을 배송하고 있을지 모른다. 구매대행, 위탁판매 사업자라면 재고 없이 다른 누군가가 그들의 물류를 대신 처리해주고 있을 것이다. 이런 소규모 판매자의 물류 또한 어찌 보면 작은 의미의 풀필먼트다. 3PL업체에 딱히 돈이 안 되기 때문에 무시당하고 있었을 뿐이다.

대형 이커머스 판매자라면 문제는 더욱 복잡해진다. 이들은 이미 규모 있는 자가 창고를 몇 개씩 운영하고 있을지 모른다. 물량을 담보로 택배업체와 저렴한 가격으로 계약하여 택배를 보내고 있을지 모른다. 하다못해 3PL업체의 물류센터를 함께 이용한다고 하더라도 물동량이 넘쳐나는 대형 화주의 협상력은 상당히 괜찮은 편이다. 손해 보는 장사를 하고 있을 리 없다. 3PL업체에는 이들이 돈이 되지만, 대형 화주사가 쉽게 물류를 바꾸고자 움직이진 않는다.

이런 이들이 과연 아마존이나 쿠팡이 풀필먼트를 한다고 하더라도 움직였을까. 쉽지 않을 것이다. 기존에 이미 설계된 인프라, 시스템, 인력을 버리고 새로운 곳으로 전면 이전하는 것은 많은 위험을 내포한다. 물류와 관련한 여러 파트너와 계약관계 또한 복잡하게 얽혀 있어서 이를 쳐내기도 쉬운 일은 아니다.

이런 상황에서 아마존과 쿠팡이 기존 3PL업체들의 영업 방식처럼 저단가 입찰을 풀필먼트 영업에 사용한다면 어떨까. 단가와 상관없이 '지금도 잘하고 있는데 왜 굳이?'라는 화주사의 의문과 마주할 것이다. 혹여 영업에 성공하더라도 그것은 돈을 버는 물류라고 보기 어렵다. 물량 유치를 통해 규모의 경제에 약간의 도움을 줄 수는 있을지언정, 이익은 포기하는 셈이다. 이미 많은 3PL업체들이 그것을 증명했다.

아마존과 쿠팡의 풀필먼트가 특별한 이유는 앞서 설계한 유료 멤버십이 있었기 때문이다. 정확하게 말하면 유료 멤버십으로 확보한 충성고객 트래픽이 있었기 때문이다. 트래픽은 이커머스 화주사에는 곧 매출이라는 기댓값으로 치환된다. 이 트래픽으로 화주사를 설득한다면 어떻게 될까. 쿠팡과 아마존의 풀필먼트가 아닌 다른 물류를 쓴다면 자연스럽게 플랫폼 노출 후순위로 밀려버리는 알고리즘이 적용된다면 어떨까. 풀필먼트가 매출을 쥐고 흔드는 순간 물류의 갑을 관계는 뒤집힌다.

실제로 한국에 있는 아마존 글로벌셀링은 판매자들을 대상으로 입점 홍보 세미나를 개최하면 이런 이야기를 한다. "아마존의 충성고객인 프라임 회원을 대상으로 노출하기 위해서 풀필먼트는 선택이 아닌 필수다." 그리고 동시에 판매자들이 혹할 수 있는 숫자를

[그림 2-7] 로켓배송 vs 제트배송 vs 마켓플레이스 배송(판매자 배송)

	로켓배송	제트배송	마켓플레이스 배송
물류 수행 주체	쿠팡	쿠팡	입점 판매자
가격 결정권	쿠팡	판매자	판매자
상품 소유권	쿠팡	판매자 (상품 판매 이후 쿠팡이 매입)	판매자
거래 방법	쿠팡이 매입	판매 건당 수수료 지불 (물류비 포함 개념)	판매 건당 수수료 지불
플랫폼 노출 우위	○	○	X

제시한다. 내가 아마존 세미나에 참가하여 기록해둔 숫자만 나열하
더라도 이렇다.

2016년 4분기 기준 3자 판매자 매출 중 55%가 풀필먼트를 통해
발생했다. 풀필먼트 이용 이후 3자 판매자의 판매 수량이 77% 증
가했다. 한국 아마존 글로벌 셀러의 전체 매출 중 93%가 FBA에서
발생한다. 한국 판매자 중 FBA 이용 비중은 80% 이상이다. 어찌
된 것이 아마존은 물류 영업을 하는데 싸게 해준다는 말을 하지 않
는다. 영업의 접근 방식 자체가 다르다.

쿠팡과 아마존 입장에서 풀필먼트는 마켓플레이스로 잔뜩 확보
해둔 상품 구색의 태생적 한계인 배송 속도를 보완하는 비즈니스다.
3자 판매자의 다양한 상품을 아마존과 쿠팡 수준의 빠른 물류로 고
객에게 전달할 수 있게 만들어 준다. 고객에게는 자연스럽게 빠른
배송을 제공하는 상품 선택권이 늘어나는 효과가 있다.

그 유명한 아마존의 '플라이휠' 이야기를 안 할 수 없다. 사실 아

[그림 2-8] 아마존 비즈니스 모델의 핵심축 '플라이휠'

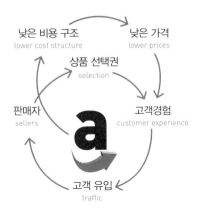

마존의 플라이휠은 마켓플레이스 비즈니스 모델을 설명하는 데 많이 이용됐다. 마켓플레이스로 많은 3자 판매자가 유입되면 자연스럽게 고객의 상품 선택권은 늘어난다. 상품 선택권이 늘어남에 따라 고객 경험은 더욱 좋아진다. 늘어난 고객 경험은 플랫폼의 트래픽을 늘어나게 하고, 다시금 신규 3자 판매자가 유입되는 결과를 낳는다. 이렇게 선순환이 반복되면서 가만히 놔둬도 성장하는 구조가 만들어진다.

많이 사용되는 용례는 아니지만 풀필먼트 비즈니스 또한 아마존의 플라이휠로 설명 가능하다. 풀필먼트는 아마존 플랫폼 안에서 빠른배송을 제공하는 3자 판매자를 늘린다. 자연히 고객을 대상으로 빠른배송을 제공하는 상품 선택권도 함께 늘어난다. 빠른배송 상품 선택권이 늘어남에 따라 고객 경험은 더욱 좋아진다. 늘어난 고객 경험은 플랫폼의 트래픽을 증가시킨다. 자연스럽게 풀필먼트를 이용하는 3자 판매자들을 증가시킨다.

아마존은 이렇게 첫 번째 플라이휠로 만들어낸 선순환을 기반으로 두 번째 플라이휠을 돌린다고 한다. 플라이휠이 만든 선순환은 더욱 저렴한 비용 구조를 만들어내고, 아마존은 그 비용을 회사의 이익보다는 더욱 저렴한 가격 구조에 투자한다. 고객 만족을 이끌어내고 첫 번째 플라이휠은 더욱 빠르게 돌아가기 시작한다.

풀필먼트는 이 두 번째 플라이휠을 돌리는 데도 큰 역할을 한다. 직매입 유통을 할 때까지만 하더라도 아마존과 쿠팡은 그 많은 물류비용을 스스로 감당해냈다. 풀필먼트 사업을 시작하고부터 오히려 아마존은 판매자들에게 물류비를 받고 이익을 남긴다. 사실 직매입 유통이나 풀필먼트나 고객에게 빠른배송을 제공하는 것은 같지만 돈을 쓰는 주체만 아마존에서 판매자로 바뀌었다. 그야말로 '비용의 외주화'라 할 만하다. 아마존은 이렇게 감축한 비용을 고객 만족에 투자하여 더욱 저렴한 가격 체계를 만든다. 고객 만족도는 올라가고 다시 한번 첫 번째 플라이휠이 세차게 돌아가기 시작한다.

아마존이 오랜 적자 기간을 넘어서 결국 북미에서 이커머스 사업의 흑자 전환을 할 수 있었던 배경을 여기서 찾을 수 있다. 만약 아마존이 직매입 유통만을 고집했다면, 마켓플레이스가 없고 풀필먼트가 없었다면 이런 성과를 만들기는 어려웠을 것이다. 북미 이커머스 사업의 흑자는 아마존의 캐시카우라고 불리는 'AWS_{Amazon Web Services}'의 성과를 포함하지 않고 만들어낸 결과라는 것을 감안해야 한다.

쿠팡은 어떨까. 2021년 9월 실제 쿠팡 풀필먼트 제트배송을 사용하고 있는 한 이커머스업체 실무자로부터 이야기를 들을 수 있었

[그림 2-9] 쿠팡이 제시하는 제트배송의 혜택. (출처 : 쿠팡)

다. 그에게 들은 제트배송의 수수료율은 40%로, 10%대인 마켓플레이스 입점과 비교하자면 많이 비싼 편이다. 제트배송의 수수료율에는 사실상 물류비용이 포함된 것이니 그러려니 할 수도 있겠다. 하지만 사실 직매입 유통인 로켓배송의 수수료[10]와 비교해도 별반 큰 차이가 없다. 왜 이 업체는 굳이 상품을 매입해서 사주는 로켓배송을 놔두고, 재고 책임을 스스로 떠안는 제트배송을 선택한 것인지 궁금해서 물었다.

그에게 전해 들은 제트배송을 사용하는 이유는 '밀어주기'였다. 경쟁이 치열한 로켓배송과 달리 제트배송은 아직까지 많은 판매자들이 유입되지 않았다고 한다. 그 때문인지 초기 마케팅을 위해 쿠팡이 제트배송 판매자의 매출을 올리는 이벤트를 다양하게 지원하는데 여기서 나오는 성과가 괜찮다는 것이다. 거기에 더해 제트배송은 시시각각 가격에 개입하는 로켓배송과 달리, 비교적 자유롭게 가격을 변경하며 마케팅을 시도할 수 있는 것이 강점이라고 했다. 요컨대 그 업체는 물류 때문에 제트배송을 이용하는 것이 아니라

---

10   로켓배송은 직매입 유통 사업으로 엄밀히 이야기하면 수수료를 받는 것이 아니지만, 판매자들은 편의상 30~40%대의 수수료를 쿠팡이 떼어간다고 표현한다.

마케팅 때문에 이용하는 것이었다.

때마침 쿠팡 풀필먼트에 불어온 생각지 못했던 호재도 있다. 2021년을 기점으로 판매자와 3PL업체를 불어닥친 택배비 인상의 물결이다. CJ대한통운, 한진, 롯데글로벌로지스 국내 3대 택배업체들이 택배 건당 단가를 100~300원가량 일제히 인상했다. 이는 2020년 10월 국정감사를 통해 논란이 됐던 '택배 분류작업'을 택배업체들이 지원하기로 하면서 그에 대한 비용 상승분을 자연스럽게 택배비에 반영한 것이다.

택배업체와 계약을 통해 물량을 처리하고 있던 판매자들은 난감해질 수밖에 없다. 상품 건당 몇백 원의 이익을 보고 장사를 하는 이커머스업체들에게 그 인상분은 이익에 직접적인 타격을 줄 정도로 치명적이다. 더군다나 판매자들은 당장 치열한 경쟁 환경으로 인해 택배비 인상분을 소비자 판가에 반영하기 어렵다.

더군다나 2021년의 택배비 인상 추세는 서비스 품질 향상을 함께 담보하지 않는다. 해마다 한 번씩 찾아오는 택배기사들의 파업 이슈는 판매자들의 반감을 사고 있다. 힘껏 이벤트를 준비해뒀는데, 게다가 준비한 품목이 유통기한이 짧은 신선식품인데 파업 시즌이 겹친다면 그야말로 재앙이다. 넘쳐나는 CS와 환불, 반품으로 인한 폐기 비용을 택배업체들은 보전해주지 않는다.

만약 택배비 인상 추이가 지금처럼 계속된다면 가만히 있던 쿠팡의 제트배송 같은 풀필먼트 서비스가 반사이익을 얻을 수 있다. 쿠팡의 제트배송은 여타 3PL업체와 달리 고객까지 배송망을 직접 운영한다. 그 때문에 상대적으로 택배비 인상 추세의 타격에서 자유롭다. 앞으로는 어찌 될지 모르지만 아직까지는 직고용 배송기사 운영으로 인해 파업 이슈로부터도 자유로운 편이다. 그동안 저렴한 택배비로 인해 자사 물류보다 비싼 풀필먼트 이용을 굳이 고민할 필요 없었던 판매자들이 상대적으로 저렴해진 쿠팡의 풀필먼트를 고민하게 되는 배경이 될 수 있다는 이야기다.

요컨대 풀필먼트의 본질은 물류가 아니다. 다시 한번 강조하지만 매출을 쥐고 흔드는 물류는 물류 산업을 휘감고 있던 오래된 갑을 관계를 역전시킬 수 있다.

격돌하는 배민과 쿠팡, MFC가 온다

과거부터 현재까지 법이 정하는 물류센터는 일단 규모가 커야 했다. '물류시설의 개발 및 운영에 관한 법률'에 따르면 물류창고업을 등록하기 위해서는 전체 바닥면적의 합계가 1,000㎡, 전체면적 합계가 4,500㎡ 이상인 보관 장소가 필요하다. 최소 수백 평 이상의 공간이 있어야 법적으로 물류센터라 정의될 수 있었다.

하지만 2021년 기준으로 본다면, 법이 요구하는 크기 기준에 미달하는 작은 물류센터가 빠르게 늘어나고 있다. '다크스토어'라 불리는 도심 이면도로의 수십, 수백 평 규모의 오피스 부동산이 마치 물류센터처럼 활용된다. 우아한형제들의 'B마트', 딜리버리히어로 코리아의 '요마트', 쿠팡의 '쿠팡이츠'와 같은 배달 플랫폼뿐만 아니라 메쉬코리아, 바로고와 같은 배달대행 기반 물류업체들이 서울 도심에 매물로 나온 상업용 부동산을 물류센터처럼 확보, 재고를 보관하여 빠른 물류 서비스를 제공하고 있는 사업자들이다.

심지어 기존 물류센터 용도로 사용되지 않았던 지하철 역사, 주차장, 주유소 등지의 유휴 공간을 물류센터처럼 활용하고자 하는 논의도 계속해서 진행되고 있다. 2021년 초 만났던 한 대형 주유소 네트워크 운영사 실무자에 따르면 서울 도심 주요 거점의 주유소를 밀어버리고 도심 물류를 처리하기 위한 물류센터를 올리는 게 타산에 맞지 않느냐는 이야기까지 나온다고 한다.

CJ대한통운은 2021년 8월 SK에너지와 협력하여 주유소 공간을 빠른배송 용도로 활용하겠다는 계획을 발표했다. 일반적인 물류센터가 도시 외곽 지역에 위치한 반면 주유소는 도심 내에 위치해 소비자에게 빠른배송 서비스 제공을 위한 거점으로 활용 가능하다는 게 CJ대한통운의 분석이다. 주유소 거점에 소비자 선호를 예측해 온라인 쇼핑몰 상품을 미리 입고시켜 두고, 순간적으로 폭발적인 매출을 만들어낼 수 있는 라이브 커머스와 결합하여 2~3시간 이내 배송해주는 등의 서비스로 확장한다는 계획이다.

앞서 쿠팡 또한 2019년 현대오일뱅크 주유소를 활용한 사업계획을 발표했다. 주유소가 문을 닫는 늦은 밤과 새벽 시간 이후 주유소 공간이 물류 거점이 되는 방식이었다. 쿠팡의 로켓배송 익일배송 마감 시간은 자정이다. 그리고 로켓배송 상품은 쿠팡 메가물류센터에 재고로 보관돼 있다. 마감 시간 전까지 들어온 주문을 간선 화물차량에 싣고 메가물류센터에서 제휴된 현대오일뱅크 주유소까지 늦은 밤과 새벽 시간을 활용해서 옮긴다. 그 상품을 쿠팡의 배송기사 쿠팡맨이 픽업하여 고객에게 배송한다. 그러니까 쿠팡이 전국에 140개(2020년 11월 기준) 이상 운영하고 있는 지역 물류 거점 '캠프'의 역할을 주유소가 맡는 개념이다.

물류업계에서는 도심지에 위치한 작은 물류센터를 'MFCMicro Fulfillment Center'라 부른다. 그리고 MFC를 활용한 B2C 이커머스 물류 서비스가 마이크로 풀필먼트다. 2021년을 기준으로 봤을 때 쿠팡, 네이버, 우아한형제들, 이마트, 롯데쇼핑, GS리테일, CJ대한통운 등 IT, 유통, 물류를 막론한 수많은 업체가 마이크로 풀필먼트에 관심을 갖고 시장에 뛰어들고 있다.

MFC가 뜨는 이유

MFC에 대한 관심이 커지는 이유는 더 빠른 주문 충족을 위해서다. 도심 거점에 재고를 구비해 두고 당일배송이 가능한 사륜 및 이륜 배송 네트워크를 연계하여 소비자에게 빠른배송을 연결하는 방법이다. 물론 도심지의 소형 물류센터는 거대한 물류센터와 비교하여 한정된 공간으로 인해 보관할 수 있는 상품 수와 제품 구색수에 한계가 있다. 하지만 명확한 한계에도 불구하고 취할 수 있는 속도라는 장점이 이를 상쇄한다.

이런 이유 때문에 도심지에 충분한 공간만 있다면 굳이 마이크로 풀필먼트를 고집할 필요가 없는 것이 맞다. 실제 서울 동대문구에는 작게는 수십 평에서 크게는 수천 평 규모의 패션 상품을 취급하는 물류센터가 다수 있다. 동대문 도매상가에서 소싱(사입)한 상품을 검수, 분류하고 택배로 출고하는 용도로 이 공간들을 활용한다.

소비자와 거리가 가깝다면 이런 업체들이 굳이 익일배송의 택배만을 고집할 이유가 없다. 당연히 당일배송 거점으로도 활용할 수 있고, 실제로도 많이들 그렇게 하고 있다.

특히 최근에는 MFC와 연결되는 라스트마일 물류업체가 유통업체에 제공하는 단가가 저렴해지면서 당일배송을 도입하는 패션, 식품 카테고리를 다루는 이커머스업체들이 점차 늘어나고 있다. 치열한 경쟁 환경으로 인해 적게는 2,000~3,000원대의 단가로 당일배송 서비스를 제공하는 업체들도 쉽게 보이는데, 말 그대로 택배 단가의 당일배송이 현실화되고 있다.

당일배송 단가가 낮아지는 이유는 효율화에 대한 물류업체들의 치열한 고민에서 찾을 수 있다. MFC는 한 공간에 물량을 최대한 보관, 집중화해서 한 번에 배송기사가 픽업하는 물동량을 늘려 규모의 경제를 만드는 수단으로 활용할 수 있다. 물량만 충분하면 종전 하나의 픽업지에서 상품을 픽업하여 하나의 배달지로 바로 이동하는 '포인트 투 포인트Point to Point' 방식의 비효율을 MFC를 허브센터로 활용하여 여러 물량을 한 번에 픽업하여 순회배송하는 방식으로 효율을 만들 수 있게 된다. 물동량이 더 늘어난다면 배송기사에게 보다 좁은 권역의 목적지를 할당함으로 '밀도의 효율화' 또한 가능하다. 배송기사가 방문하는 여러 목적지가 서로 떨어져 있는 것보다는 몰려 있는 것이 당연히 시간당 생산성에 도움이 된다.

물론 소비자에게 있어 MFC를 활용한 당일배송에 대한 니즈가 아직까지 명확하게 관측되는 모양새는 아니다. 2021년 기준, 당일배송은 시장 형성 초기 단계로 평가받고 있으며, 카테고리나 규모 측면에서 눈에 띄는 숫자를 보여주고 있지 못하다.[11] 음식 배달과 같은 특수한 영역을 제외하면 소비자들은 다양한 상품 카테고리에서 당일배송을 충분히 경험하지 못한 것이 그 원인 중 하나로 꼽힌다.

하지만 장차 MFC를 활용한 당일배송, 즉시배달이 물류 서비스의 새로운 기준이 될 것이라는 과감한 예측 또한 함께 존재한다. 김연희 BCG 아시아태평양 유통 부문 대표의 '2021년 대한상의 유통혁신주간 개막 콘퍼런스' 발표에 따르면 BCG는 마이크로 풀필먼트 영역에서 새로운 생필품 구매시장이 나타나고 있음을 눈여겨보고 있다. 아직 규모는 작지만 앞으로 확장할 가능성이 충분히 보인다는 게 BCG의 설명이다. BCG에 따르면 마이크로 풀필먼트는 긴급구매에 적합한 '소포장/낱개 상품 구매' 니즈를 충족시키는 수단이 된다. 다소 상품 가격이 비싸더라도 빠르게 구매하고자 하는 소비자의 니즈가 여기 연결된다.

실제 마이크로 풀필먼트 사업의 대표주자로 꼽히는 우아한형제들의 B마트 매출 성장세가 거세다. 딜리버리히어로의 보고서에 따르면 B마트의 2020년 매출은 1억 700만 유로(한화 약 1,470억 원)로 나타났다. 우아한형제들의 감사보고서에 따르면 B마트 매출이 포함된 상품 매출은 전년 대비 약 328% 증가한 2,187억 원을 기록했다. 2020년 하반기 기준 B마트의 하루 주문처리 건수는 5만 건을 넘었

---

11 오픈서베이가 국내 거주하는 20~49세 여성 1,500명을 대상으로 2021년 1월 조사한 결과에 따르면, 온라인 식료품 구매에 있어서 당일배송을 선호하는 조사 대상자는 31.6%(1+2순위 기준)로 나타났다. 특히 20대의 당일배송 선호도가 36.3%로 가장 높았다.

으며, 이 숫자를 월간으로 치환하면 150만 건이다. B마트가 초기 '누가 편의점 가서 살 상품을 군이 배달비를 내가면서 구매하냐'는 업계의 의문을 정면 돌파하고 시장의 존재를 증명한 것이다.

마이크로 풀필먼트를 위한 최적화

물류센터는 공간만으로 존재하지 않는다. 단순히 상품 재고를 공간에 보관하고 필요할 때 빼서 쓰는 용도로 사용하고 있다면 그 공간은 창고라는 이름으로 족하다. 이커머스 환경에서 매일매일 발생하는 수많은 고객들의 다품종 소량의 합포장 주문에도 꼬이지 않고 원활히 응대할 수 있는 환경을 갖춰야 비로소 그 공간을 '풀필먼트 센터'라 부를 수 있다. 창고 안에서의 원활한 흐름을 만들기 위해서는 적절한 레이아웃 설계뿐만 아니라 하드웨어, 소프트웨어를 포함하여 최적화를 위한 프로세스 구축이 필요하다.

MFC도 마찬가지다. 작은 공간에서 최적의 흐름을 만들 수 있는 설비가 필요하다. 더군다나 MFC는 앞서 언급한 것처럼 물류센터로 설계되어 있지 않은 공간을 물류센터처럼 활용하는 특성이 있다. 오피스가 됐든, 편의점이 됐든, 주유소가 됐든, 주차장이 됐든 애초에 그 공간은 물류 용도로 설계되지 않았다. 이런 공간을 물류 용도로 전환하기 위해서는 그에 맞는 새로운 하드웨어와 소프트웨어 도입을 고민해야 한다. 마이크로 풀필먼트 시장이 아직 형성 단계이듯, 이 시장 또한 형성 단계다. 설비업체들의 입장에서는 기회가 될수 있는 것이다.

실제 MFC를 향한 물류 설비업체들의 최근 움직임이 매섭다. 물류센터 피킹 최적화 시스템인 'DPS_{Digital Picking System}'로 업력이 깊은 설비업체 코텍전자는 마이크로 풀필먼트를 주력 신사업으로 설정했다. 조정길 코텍전자 전무의 2021년 2월 발표에서 발췌한 이야기를 들어보자.

"요즘 추이에 맞춰서 물류를 하기 위해서는 규모가 큰 물류센터 매물을 찾게 되고, 이를 위해서는 결국 신축 건물을 사용해야 합니다. 하지만 신축 건물을 물류센터로 이용하기 위해서는 토지 구매, 용도 변경, 건축 허가, 시스템 구축 등에 굉장히 오랜 시간이 걸립니다. 사실 이제 한국에 그렇게 큰 물류센터를 지을만한 땅덩어리도 많이 남아있지 않은 것 같습니다. 이미 좋은 입지는 다른 업체가 선점하고 있습니다. 이런 상황에서 신생기업, 풀필먼트를 위한 이커머스 물류센터를 구축하고자 하는 기업은 물류센터를 도입하는 데 제한사항이 많습니다. 그래서 우리는 아예 새로운 사업 방향을 모색했습니다. 블루오션인 마이크로 풀필먼트에 집중하는 것이죠."

조 전무는 마이크로 풀필먼트 센터도 공간이 작아졌을 뿐이지 입고, 보관, 피킹, 포장, 출고 등 물류센터 본연의 역할이 필요하다고 이야기 한다. 다만 다른 용도로 사용되던 건물에서의 활용 가능성과 좁은 면적에도 설치 가능한 유연함이 마이크로 풀필먼트 센터에선 필요하다는 설명이다.

코텍전자는 물류센터 운영비용 중에 가장 큰 비중인 55%를 차지하는 피킹, 피킹을 위한 작업 시간 중에서 약 70%를 차지하는 이동(상품을 픽업하기까지 이동하는 시간)과 상품 탐색(선반 근처에서 물건을 찾는 데 걸리는 시간)에서 발생하는 비효율을 줄이는 데 집중했다. 기존에 사람이 했던 이동, 탐색 과정을 작은 물류센터인 마이크로 풀필먼트 안에서도 자동화하는 것이 코텍전자의 방향이다. 쉽게 말해서 작은 물류센터 안에서 상품을 찾아 복도에서 배회하는 사람을 자동화 설비를 통해 사라지게 하는 것이 코텍전자의 목표다.

물류 설비 영역에서 업력이 깊은 LG CNS 역시 마이크로 풀필먼트를 겨냥했다. 2021년 도심지에 드라이브스루 마이크로 풀필먼트 센터를 설치, 확산하겠다는 게 LG CNS의 계획이다. 차에서 내리지 않고 햄버거나 음료를 픽업하는 드라이브스루 매장처럼, 배송인이 차에서 내리지 않고 물류센터에서 상품 픽업이 가능하도록 설계한 작은 물류센터다.

LG CNS의 드라이브스루 물류센터에는 노르웨이 자동화 설비 기업 오토스토어의 기술이 활용된다. 2021년 오토스토어의 김경수 한국지사장과 만나 이야기를 나눈 적이 있는데, 이 기업 역시 코텍전자와 마찬가지로 마이크로 풀필먼트 센터의 요건으로 '유연함'을 강조했다. 극단적으로 본다면 편의점 한편의 3~4평의 공간에 오토스토어를 설치하는 것도 가능하도록 만들었다는 게 김 지사장의 설명이었다. 설치비용 또한 셔틀과 같은 여타 자동화 설비에 비해 훨씬 저렴한 최소 10억 원 정도로, 투자 가능한 선으로 비용 부담을 낮췄다. 모두 마이크로 풀필먼트에 초점을 맞춘 전략이었다.

B마트는 '로켓'이 될 수 있을까

마이크로 풀필먼트는 쿠팡 로켓배송이 증명한 것과 같은 파괴적인 성장을 만들 수 있을까. 실제 마이크로 풀필먼트의 대표주자 B 마트에선 초기 로켓배송에서 느껴졌던 그 느낌이 난다. 단기간에 폭발적인 성장을 만든 것이 그렇고, 폭발적인 적자 역시 로켓배송과 닮아 있다. 로켓배송 때보다는 나아졌다지만, 여전히 업계 일부에서는 '저게 되겠어?'라는 의구심이 있는 것 또한 비슷하다.

2014년 처음 등장한 로켓배송은 상품을 물류센터에 직매입해서 보관하는 방식으로 자정까지 주문하면 익일배송을 보장하며 그 규모를 확장했다. 성장세는 가팔랐지만, 거의 모든 물류, 유통업체들은 그런 쿠팡의 행보를 대단치 않은 것으로 봤다. 그도 그럴 것이 로켓배송은 어마어마한 투자 비용을 수반했고, 수천억 원 단위의 연간 영업손실로 이어졌다.

로켓배송의 대체재가 없는 것도 아니었다. '당일 출고, 익일배송'을 목표로 한 택배. 당일 출고율과 익일배송을 위한 주문 마감 시간이 조금 들쭉날쭉하긴 했지만, 자체적으로 배송기사를 고용하고 직매입을 위한 물류센터 인프라에 투자하는 것보다 훨씬 저렴한 비용으로 익일배송 서비스를 고객에게 제공할 수 있었다. 굳이 택배를 놔두고 돈을 쏟아붓는 쿠팡을 어떤 이커머스업체들도 이해하지 못한 이유다.

그랬던 로켓배송이 어떤 결과를 가지고 왔는지 우리 모두가 알고 있다. 쿠팡은 2021년 뉴욕증시에 상장했고, 잠깐이지만 100조 원의 기업 가치를 넘긴 회사가 됐다. 2021년 2분기 기준 매출 44억 7,800만 달러(약 5조 2,370억 원)를 달성하며 유통 공룡이라 불렸던 롯데쇼핑의 동기간 매출(3조 9,025억 원)을 추월했다. 결국 소비자들은 자기

맘대로 오는 익일배송 택배가 아닌 보장된 익일배송인 로켓배송을 선택했고, 쿠팡은 그것을 증명했다.

물론 마이크로 풀필먼트의 숙제가 없는 것은 아니다. 태생적으로 높을 수밖에 없는 물류비용이 문제로 꼽힌다. 앞서 이런 상황에서도 효율을 만들고 있는 물류업체들의 이야기를 전하긴 했지만, 안타깝게도 당장 마이크로 풀필먼트를 전면에 내걸고 있는 라스트마일 물류업체 중에서 이익을 남기고 있는 업체를 찾아보기는 힘들다. 일례로 카카오커머스, 오아시스마켓 등과 협업하여 마이크로 풀필먼트를 성장의 주요 사업으로 밀고 있는 물류기업 메쉬코리아는 2020년 178억 원의 영업손실을 기록했다. 2019년(122억 원) 대비 45.9% 증가한 숫자다.

누군가는 쿠팡의 로켓배송은 규모와 밀도의 경제를 통해 결국 택배 이상의 효율을 만들어냈다고 지적할 수 있을 것이다. 틀린 말은 아니다. 하지만 적재 공간이 한정적인 오토바이와 같은 도심 물류 인프라를 활용하는 마이크로 풀필먼트의 경우에는 사륜 화물차 수준의 규모의 경제를 만들어내기는 어렵다는 지적이 있다. 태생적으로 싣고 갈 수 있는 화물의 숫자가 제한되며, 한정된 적재 공간으로 인해 화물의 부피와 무게가 단가에 미치는 영향도 비교적 크다. 괜히 포장을 기준으로 가로, 세로, 높이 세 변의 합이 60cm 이하인 소화물만 취급 가능하다고 명기한 물류업체가 있는 게 아니다. 업체들 또한 향후 물동량이 계속해서 늘어남을 가정했을 때 당일배송의 원가 경쟁력이 함께 증가할지에 관한 질문에 반신반의하는 편이다.

여기서 기대를 건다면 마이크로 풀필먼트가 끌어올릴 매출 상승분이다. 빠른배송은 쿠팡을 위시한 여러 업체를 통해서 확실히 소비자를 끌어올 수 있는 무기로 검증됐다. 비용 희생을 감수하고서라도 물류가 '매출'과 '시장점유율'을 끌어올릴 수 있는 무기가 될 수 있다면 마이크로 풀필먼트는 유통업체들에 있어 도입 가능한 충분한 유인이 생긴다.

함께 살펴볼 부분은 마이크로 풀필먼트의 활성화와 함께 조금씩 소비자들에게 전가되고 있는 '물류비'와 늘어나고 있는 '최소주문금액'이다. 모두 물류 효율과 연결되는 지표인데, 소비자의 구매에는 부정적인 영향을 끼치는 지표다. 소비자가 과연 늘어난 물류비와 최소주문금액을 감당하고서도 빠른배송을 선호할지는 고민해야 할 부분이다. 무료에 가까운 배송료 경쟁이 어느 정도 끝난다면 점점 더 많은 물류비가 소비자에게 직접, 혹은 상품 가격에 포함되는 방식으로 전가될 가능성이 있다. 만약 이렇게 된다면 시장은 확연히 양분될지 모른다. 비싼 물류비를 감수하고서도 빠른배송을 이용하겠다는 소비자와 조금 느리지만 저렴한 배송을 이용하는 소비자로 나뉠 것이고, 플랫폼에서도 다양한 배송 옵션을 소비자에게 선택하도록 만들 것이다.

제프 베조스 아마존 회장은 저서《발명과 방황》을 통해 '10년이 지나도 변치 않을 것을 아는 것이 10년 뒤에 어떤 것이 변할지 아는 것보다 훨씬 더 중요하다'고 강조했다. 그에 따르면 빠른배송은 10년 뒤에도 변치 않는 것이다. 10년 뒤에도 아마존 고객들은 빠른배송을 원할 것이다. 그 누구도 배송이 조금 느려져도 괜찮다고 이야기할 고객은 없을 테니 말이다.

이런 제프 베조스 회장의 말에 비추어보면 몇 년 뒤 B마트는 로켓 배송 이상의 영향력을 만들 수도 있겠다는 생각이 든다. 어쨌든 마이크로 풀필먼트는 이커머스가 물리적인 환경에서 제공할 수 있는 가장 빠른 속도를 만드는 수단이다. 3D 프린터 기술의 대약진으로 물류가 사라지는 그날이 오기 전까지는 말이다.

물류센터 아닌 놈과의 조우

MFC의 확산과 맞물리는 중요한 키워드는 '공유'다. 기존 물류센터로 사용되지 않았던 도심의 다양한 공간들이 마치 물류센터처럼 이용되기 시작했다. 애초에 물류센터로 설계되지 않았던 공간이 물류센터로 전환됨에 따라, 해당 환경에 맞는 소프트웨어와 하드웨어 인프라 구축에 대한 필요성이 대두됐다. 당장 이 시장은 아직 형성기이기 때문에 공간의 전환을 지원하는 업체가 있다면 새로운 기회를 찾을 수 있을 것이다. 그러기 위해서 공간의 전환에 따라 발생하는 문제를 먼저 알 필요가 있겠다.

사실 다양한 이종 공간들이 물류센터로 전환되는 이유는 비교적 명확하다. 유휴 공간에 어떤 가치를 부여하고 싶어서다. SK에너지, GS칼텍스와 같은 주유소 네트워크업체들은 화석 에너지의 고갈과 친환경 대체 에너지의 대두, 떨어지는 매출 상황에서 화석 연료 충전 공간인 주유소에 어떻게든 새로운 가치를 만들 방법으로 물류를 주목했다.

대형마트 3사 이마트, 롯데마트, 홈플러스는 코로나19 이후 매장 방문객이 떨어진 상황에서 비대면 배송 서비스를 제공하는 방안으로 매장 거점 활용을 추진하고 있다. 일례로 이마트는 기존의 매장 후방 공간을 물류 거점으로 활용하는 'P.P_{Picking&Packing}센터'에 이어 고객이 오가는 매장 내부에 자동화 설비를 설치해 판매 거점과 물류 거점 역할을 동시에 수행할 수 있는 하이브리드형 물류센터 'EOS_{Emart Online Store}'를 2020년 이마트 청계천점에서 시작한 바 있다. 이마트 매장 일부의 공간을 확충하여 랙을 비치하고 빠른배송 서비스를 연계한 마이크로 풀필먼트 용도로 활용하고자 하는 계획도 2021년 8월 기준으로 진행 중이다.

서울지하철을 운영하는 서울교통공사도 마찬가지다. 도심 권역에서 아무런 가치를 만들지 못하고 텅 비어있는 43만 평 규모의 차량기지 유휴 공간에 물류를 통해서 새로운 가치를 부여하고 싶었다. 러시아워가 지나 한산한 지하철 차량을 배송 수단으로 활용하고자 했다. 지하철 역사에 위치한 무인보관함, 임대 점포는 생활물류를 위한 픽업 거점으로 활용했다. 요컨대 기왕 채워야 하는 공간이라면 놀리는 것보다는 무엇이라도 들여서 가치를 창출하면 좋다고 이종 업체들은 판단했고, 그것이 바로 물류다.

현장은 결코 쉽지 않다

비교적 단순한 업체들의 고민과는 다르게 현실 세계로 들어가면 문제가 꽤 복잡해진다. 문제의 씨앗은 해당 공간이 애초에 물류 용도로 설계돼있지 않은 데서 나온다. 많이 몰랐겠지만 예전부터 법적으로 물류 용도로 사용 가능했던 지하철을 예로 들어보더라도 여객 중심으로 설계됐기에 경험하게 되는 딜레마가 있다.[12] 지하철 엘리베이터는 규정상 화물을 오르내릴 수 없으며, 지하철 내부에도 전용 화물칸은 존재하지 않는다. 결국 사람과 화물이 공존하게 되는 공간에서 목소리를 낼 수 있는 것은 사람뿐이다. 이런 상황에서 지하철 운영사는 불편함을 호소하는 승객들의 민원을 듣게 된다. 물론 서울교통공사는 러시아워를 피한 한산한 시간대에 물류 운영을 한다고 했지만, 이런 상황조차 불편한 누군가의 민원은 언제고 발생할 가능성이 있다.

　비교적 흔하고 과거부터 있었던 매장의 물류센터 전환과 관련하더라도 트러블이 없었던 것은 아니다. 대표적인 문제는 오프라인 매장과 온라인 물류센터가 재고를 공유하는 데서 나왔다. 예를 들어 한 고객이 이마트몰에서 할인 상품을 보고 온라인 주문을 했고, 픽업 담당자는 이마트 오프라인 매장에서 재고를 픽업하기 위해 상품 진열대로 이동하고 있었다고 하자. 그런데 그사이 오프라인 방문 고객이 똑같은 상품을 집어 가서 안타깝게도 해당 상품의 재고가 소진되고 말았다. 품절을 발견한 픽업 담당자는 온라인 구매 고객에게 품절과 재입고 시점을 알렸지만, 상품이 다시 들어온 시점엔 이미 할인 이벤트가 끝나 있었다. 이때 고객의 분노는 누가 감당해야 할 것인가. 온오프라인 재고 불일치도 문제였지만, 매장 레이

12　도시철도법 제2조에 따르면 도시철도 운송사업이란 도시철도시설을 이용한 여객 및 화물운송 사업을 포함한다.

아웃이 물류 용도로 설계되지 않았기에 필연적으로 발생하는 생산성의 하락도 문제로 꼽힌다. 사실 이런 문제들은 대형마트뿐만 아니라 편의점, 슈퍼마켓과 같은 판매 거점을 활용한 물류망 구축에서 공통적으로 발견됐다. 이커머스 주문 충족만을 위한 온라인 전용 물류센터가 나타나게 된 배경이다.

요즘 물류 거점으로 가장 뜨겁게 대두되고 있는 주유소의 경우에도 문제는 있다. 먼저 주유소에 마련할 수 있는 유휴 공간 자체가 그렇게 크지 않다는 것이다. 11톤 간선 화물차량이든, 1.5톤 택배 차량이든 주유소에는 차량을 댈 수 있는 도크가 있지 않다. 그 때문에 상하차 효율이 물류센터 대비 떨어진다는 평을 받았다. 직영점이 아닌 주유소에 대한 통제가 가능할지 의문이라는 의견도 있었다. 가맹 주유소인 경우 주유소 본사가 아니라 가맹사업자가 곧 의사결정권자가 된다. 그런 가맹사업자가 자신의 개인 사업장에 화물차가 드나들고, 상품 박스가 쌓이는 것을 반기지 않는다는 것이다. 괜히 SK에너지가 직영점 중심으로 주유소 물류망을 짜고[13], 쿠팡이 현대오일뱅크 주유소가 문을 닫은 야간 시간을 이용해서 상하차 작업을 한 게 아닐 것이다.

심지어 2021년 어느 날에는 불특정 다수의 '가정집'을 물류센터

---

13 SK에너지, GS칼텍스와 주유소 거점 기반 방문 택배 서비스를 만들었던 업체 홈픽은 주유소 한 편에 재고를 보관할 수 있는 작은 공간을 마련하여 물류 거점으로 활용하고 있다. 이커머스 물류 솔루션 기업 굿스플로는 2020년 홈픽을 합병했고, 2021년 기준으로 SK에너지와 협력하여 주유소 물류 프로젝트를 이어가고 있다.

처럼 활용한 물류 서비스를 기획하고 론칭 준비를 하고 있는 창업자가 있다는 이야기를 유통업계에서 전해 들었다. 애초에 내가 소유한 물건을 발코니에 재고처럼 쌓아두었다가 판매하는 당근마켓이 아닐 바에야 여기선 또 어떤 기상천외한 문제가 발생할지 모른다. 해당 업체는 가정집을 물류센터로 충분히 활용할 수 있는 시스템을 준비했다고 하지만, 장담컨대 생각지 못한 어떤 장벽이 보란 듯이 나타날 것이다.

공유 거점의 가능성

그럼에도 불구하고 공유 거점에 기대하는 가치가 없는 것은 아니다. 과거부터 최근까지 지속적으로 많은 물류업체들이 공유 도심 거점의 시장성을 타진했던 이유는 분명히 존재한다. 대표적인 이유는 도심에 물류를 위한 공간이 없는 것은 사실이기 때문이다. 물론 서울에서 가까운 용인, 이천 등 경기권역에서 물류센터를 운영하는 업체들은 많다. 하지만 이 공간들을 속도전에 활용하기엔 한계가 있다. 마이크로 풀필먼트가 떠오른 이유가 택배의 익일배송을 뛰어넘는 속도라는 점을 다시 한번 상기해보자.

실제로 더 이상 대규모의 수요가 발생하는 소비지 인근에는 물류센터를 지을 마땅한 공간이 존재하지 않는다는 게 업계의 공론이다. 혹여 공간이 있다 치더라도 물류센터를 짓는다고 하면 인근 주민들의 어마어마한 반발에 휩싸일 게 뻔하다. 물류센터는 왠지 모르게 위험할 것 같고, 소음과 분진에 휩싸일 것 같고, 결국에는 인근 주민들의 집값을 떨어뜨릴 것 같은 느낌을 주기 때문이다. 신세계의 스타필드 건립은 환영했지만 신세계의 온라인 전용 물류센터는 일치단결하여 반대하고 결국 계획을 철폐시킨 하남시의 사례를 생각해보자.

정부 또한 이런 현상을 인지하고 있다. 국토교통부는 2020년 8월 공공기관의 유휴 공간을 활용하여 도심 공유 물류센터를 구축하겠다는 계획을 발표했다. 지하철 차량기지 및 지하철 역사, 광역 및 일반철도역 유휴지 및 철도역 하부, 고속도로 고가교 하부 및 폐도 부지를 순차적으로 물류 용도로 전환한다는 계획이었다. 갑자기 뜬금없어 보이는 장소가 물류 거점으로 대두된 배경에는 도심 물류 거점의 부족이 있었다. 코로나19로 인해 생활물류 수요가 크게 늘었지만 높은 지가와 입지 규제 등으로 업체들이 도심 물류 거점을 확보하기는 쉽지 않았다는 게 국토교통부의 설명이다. 사실 마이크로 풀필먼트의 확산을 이끌고 있는 다크스토어도 오피스 부동산을 물류센터처럼 임차해서 활용하고 있는 걸 기억하면 좋겠다.

이커머스 수요가 증가하고, 물류 인프라를 설계할 부지가 부족한 상황에서 공유 도심 거점은 속도전을 치를 수 있는 도심 거점의 유일한 대안처럼 대두된다. 더군다나 배송 속도 경쟁은 점점 치열해지고, 물류 처리를 위한 타임라인이 하루에도 몇 개씩 쪼개지면서 배송 처리를 위한 실질적인 운영 시간이 줄어든 상황이다. 오늘 오후 7시에 오전 7시까지 도착하는 새벽배송을 주문했는데 오늘 오후 11시에 우리 집에 배송되는 쿠팡 로켓배송의 마법이 이런 상황에서 발생한다. 이렇게 한정된 시간에 빠른배송 목표를 처리하기 위해서는 다양한 전진 물류 거점 활용이 필요하다. 전진 거점에 재고만 지속적으로 공급할 수 있다면 '다회전 배송'을 통해서 종전 대비 효율을 증대시킬 수 있다. 공유 거점에서 찾는 가능성이다.

특히 많은 문제점이 물류를 하지 않는 이종과 물류가 한 공간에서 맞닥뜨리는 문화적 충돌에서 발생한다는 점을 고민할 필요가 있다. 이를 위해서 같은 공간에 있는 이해관계자들의 공통 편익을 증대시키기 위한 설득 과정이 선행돼야 할 것이다. 물류가 충분히 이해관계자들의 이익에 도움이 된다는 것을 설득할 수 있다면, 누가 말리더라도 공유 거점은 알아서 확산될 것이다.

그런데도 설득이 어렵다면 공유 거점의 물류를 기존 공간과 분리해서 운영하는 묘가 필요할지 모르겠다. 예컨대 지하철이라면 승객의 눈에 보이지 않는 곳에 화물칸과 적재 작업 공간, 화물 엘리베이터를 별도로 마련할 수 있겠다. 물론 기존 물류를 고려하지 않는 레이아웃에 물류를 우겨넣는 데는 필연적으로 추가 비용이 투입된다. 그러므로 행동에 옮기기 전에 이에 대한 시장성을 타진할 필요가 있다.

이종에서 찾는 MFC의 가치

공유 거점, 더 나아가 마이크로 풀필먼트를 따라다니는 비용이 계속해서 부담된다면 아예 관점을 바꿔보면 어떨까. 물류로 돈을 벌 생각은 잠시 내려두자. 대신 물류 때문에 발생하는 비용을 다른 가치로 치환한다고 생각해보자. 종전의 비용 절감의 물류가 아닌 매출 창출의 물류를 목표로 하자. 만약 물류로 소진하는 비용 이상으로 충성고객을 획득하고 매출을 만들어낼 수 있다면 마이크로 풀필먼트의 효용을 검증할 수도 있을 것이다. 여기서 라이브 커머스가 출동한다면 어떨까.

　라이브 커머스는 2021년을 강타한 주요 이커머스 트렌드 중 하나다. 쉽게 말하면 모바일 환경에서 상품을 소개하는 라이브 영상을 보고, 실시간으로 판매자와 채팅을 통해 소통하고, 원하는 상품을 바로 결제해서 구매할 수 있도록 지원하는 기술이다. 그립, 소스라이브, 보고플레이와 같은 라이브 커머스 전문 플랫폼뿐만 아니라 쿠팡과 네이버, 카카오, 이베이코리아, 11번가, 티몬 등 이커머스 플랫폼, CJ온스타일, GS홈쇼핑 등 홈쇼핑업체, 심지어 배달의 민족 같은 배달 앱까지 2020년에서 2021년을 전후로 라이브 커머스 시장에 진입했다.

　라이브 커머스의 활황은 상대적으로 낮은 도입 비용이 이끌었다. 물류는 아무래도 높은 고정비 투자와 지속적으로 발생할 운영비 때문에 기업들이 적극적으로 도입하기 부담스럽다. 쿠팡 로켓배송을 따라서 11번가, 티몬, 위메프 등 많은 경쟁업체들이 물류 투자를 강행했으나 결국에는 포기하는 노선을 밟은 것만 봐도 알 수 있다. 반면, 라이브 커머스는 기술 도입 이후 고정비 부담이 상대적으로 덜하다. 'AWS_{Amazon Web Services}'와 같은 IT업체들이 라이브 커머스를 위한 기술 구축 도구를 지원하는데, 이미 존재하는 남의 기술을 빌린다면 비교적 손쉽게 서비스를 고도화할 수도 있다.

　라이브 커머스의 수익모델은 대부분 서비스 이용요금과 수수료다. 이커머스 플랫폼은 라이브 커머스를 통해서 일정 규모 이상의 트래픽을 끌어 당겨주고 라이브 커머스 참가업체들로부터 돈을 받는다. 이렇게 참가업체들이 지불하는 비용을 '구좌료'라고 표현하기도 하는데 일종의 광고상품이다. 여기 상품 판매 건당 발생하는 일정 수치의 수수료는 부가 수익이 된다.

라이브 방송 자체를 기획해주고 돈을 받는 업체들도 있다. 그로 인해 라이브 커머스 이용 고객사는 직접 라이브 방송을 기획할 부담이 사라진다. 배달의 민족, 카카오커머스, CJ온스타일과 같은 업체들이 이런 방식을 사용한다. 여기서는 콘텐츠 기획 및 제작에 대한 비용이 라이브 커머스 서비스 이용요금에 추가된다고 보면 된다. 촬영 스튜디오를 잡고 상품에 맞는 쇼호스트를 선정하는 등의 활동이 콘텐츠 기획에 포함된다.

판매자, 브랜드사들이 플랫폼사의 라이브 커머스를 이용하는 이유는 매출 증대 때문이다. 물론 라이브에 맞춘 할인 쿠폰 발행 등으로 이익 측면에서는 손해를 보기도 한다. 하지만 업체들이 이를 감수하는 이유는 상품을 널리 알릴 수 있다는 기대가 있기 때문이다. 사실 라이브 커머스 이전에 홈쇼핑만 보더라도 그랬다. 30%를 전후한 높은 수수료에도 불구하고 홈쇼핑에 입점하는 이유는 영상을 통해 입점 판매자의 상품을 널리 알리는 브랜딩에 대한 기대 때문이었다. 요컨대 라이브 커머스는 트래픽을 끌어당기는 판매채널 역량, 라이브 영상을 제작하는 콘텐츠 역량, 소비자에게 끊김 없는 경험을 제공하는 기술 역량이 종합적으로 결합된 비즈니스 모델이라 볼 수 있다.

이러한 라이브 커머스에 마이크로 풀필먼트를 활용한 물류 역량을 추가한다면 어떨까. 고객과 근접한 도심 거점에 라이브 상영일

[그림 2-10] CJ대한통운 라이브 커머스 효율 (출처 : CJ대한통운 일상생활 리포트 2020)

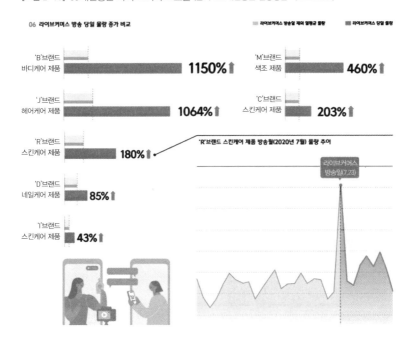

전에 재고를 선입고하여 서비스를 준비하고, 라이브 당일 당일배송을 매출 증대의 무기로 함께 소개하는 개념이다. 식품, 패션, 뷰티 등 당일배송 선호도가 높은 카테고리에서는 꽤 파괴적인 무기가 될 수 있다.

라이브 쇼핑과 연계하여 통합 물류 상품을 만들어 상품 보관부터 배송, 콘텐츠 기반의 판매까지 연결되는 풀필먼트 형태의 물류 서비스 판매도 가능해진다. 이렇게 된다면 그간 자체 상품을 처리하기 위한 비용이었던 물류를 3자 판매자를 끌어당겨 매출을 만드는 수익모델로 전환시킬 수 있다.

더군다나 마이크로 풀필먼트는 거점배송 특성상 배송기사가 여러 상품을 한 번에 픽업하는 형태의 '묶음배달'이 용이하다. 그리고 라이브 커머스의 경우 라이브 당일과 같은 특정 시간에 집중된 고객 주문이 발생하는 특성이 있다. 이 특성을 결합하여 라이더 한 명당 수십 건의 상품을 픽업해서 도심 지역을 순회배송하는 운영이 가능해진다. 규모의 경제가 만들어지기 때문에 즉시배달이 아닌 2~3시간 수준으로 배달 리드타임만 늘린다면 건당 물류비 절감도 가능하다. 충분한 물동량을 전제하여 망을 어떻게 설계하느냐에 따라서 '시간지정배송' 운영도 가능해진다.

실제 마이크로 풀필먼트 센터와 필연적으로 결합될 것으로 예상되는 이커머스 트렌드는 라이브 커머스다. 이미 홈쇼핑업체들의 물량을 중심으로 당일배송을 연계한 도심 물류 서비스를 많은 물류 및 유통업체들이 테스트했다. 일례로 네이버는 2021년 투자한 물류센터 운영업체와 당일배송 네트워크를 보유한 물류기업을 연계하여 네이버의 라이브 커머스 '네이버 쇼핑라이브'에서 방영된 상품의 서울 당일배송을 테스트한 바 있다.

B마트를 운영하는 우아한형제들과 같은 자체 물류 거점, 배송기사 네트워크를 보유하고 라이브 콘텐츠 제작 역량까지 갖춘 사업자라면 당연히 라이브 커머스를 마이크로 풀필먼트에 연계할 것이라 본다. 더군다나 B마트는 PL_{Private Label} 상품을 자체 제작하고 곧잘 판매할 정도의 상품 기획력도 갖췄다. 물류망이 없는 네이버가 여러 외부 물류업체를 연결해서 당일배송이 결합된 라이브 커머스 서비스를 구성했다면, B마트는 자체 네트워크만을 통해 당일배송이 결합된 라이브 커머스 서비스 제공이 가능하다는 뜻이다.

어찌 보면 힌트는 '이종'에 있을지 모른다. 물류를 '물류'로만 본다면 시도할 수 없는 서비스들은 굉장히 많다. 물류기업에 오래전부터 내재 되어 있던 비용 절감이라는 관성이 새로운 서비스에 대한 시도를 가로막을 수 있기 때문이다. 물류기업에는 대개 상품기획, 콘텐츠 조직 자체가 없기 때문에 이를 새로 확충하는 것도 문화적으로 쉬운 일은 아니다. 반면 라이브 커머스와 MFC를 결합하는 것과 같이 물류, 상품, 콘텐츠, 판매채널을 결합한다면 전혀 새로운 수익모델이 나올 수 있다. 물류가 아니라 서비스로 돈을 벌 수 있게 된다.

2021년 어느 날, 한 모델 출신 콘텐츠 회사 대표가 나를 찾아온 적이 있다. 크라우드소싱을 활용한 물류 서비스를 기획하고 있는데 이에 따른 조언을 구하고 싶다는 내용이었다. 그가 운영하는 회사는 이미 광고 사업을 곧잘 하고 있었다. 유튜브에 유명 크리에이터를 섭외하여 브랜드사의 상품을 소개하는 영상 콘텐츠를 대신 만들어 주고 광고비를 받는 비즈니스다. 실제 매출이 발생하면 브랜드사의 물류망을 통해서 고객에게 전달했다.

굳이 크라우드소싱 물류를 할 필요가 있냐는 게 내 답변이었다. 계속해서 잘하고 있는 콘텐츠를 기반으로 광고 사업을 하면서 그 위에 빠른배송 서비스를 슬쩍 올려보라 조언했다. 아마 업체의 광고 상품을 구매하는 브랜드사의 물류망은 대부분 익일배송의 택배망을 기준으로 설계됐기 때문에 당일배송 서비스와 결합된 상품에 흥미를 갖는 업체들이 분명히 있을 것이라 했다.

굳이 직접 물류망을 설계할 이유도 없다고 했다. 마이크로 풀필먼트 서비스를 제공하는 물류업체들은 굉장히 많다. 이들과 협력하여 먼저 시장 가능성을 타진하라고 조언했다. 빠른 물류가 매출 상승에 정말이지 큰 도움이 된다면, 그 이후에 크라우드소싱이든 무엇이든 직접 배송망을 구축하면 된다고 했다. 이 업체는 물량을 만들 수 있는 콘텐츠 역량을 보유하고 있기에, 물류망 설계와 비용 감축도 백지로 시작하는 물류기업에 비해 수월할 수 있다. 다시 한번 강조하지만 물류보다 중요한 것은 물류로 세상을 보는 관점이다.

남의 공간을 제 것처럼 쓰는 녀석들

몇 년 전이었을까. 아마존에 글로벌 판매를 하고 있는 한 브랜드사 대표로부터 흥미로운 소식을 전해 들었다. 아마존이 미국 현지에 물류센터를 운영하고 있는 글로벌 판매자들에게 이메일을 발송하여 그들의 물류센터를 아마존의 풀필먼트 센터처럼 사용하고 싶다는 제안을 했다는 것이다. 이렇게 된다면 아마존과 협력하는 브랜드사의 물류센터 안에는 직전까지 전혀 몰랐던 다른 업체들의 상품이 섞이게 된다.

당연히 세상에 공짜는 없다. 아마존은 물류센터를 공유해주는 판매자들에게 다양한 혜택을 약속했다고 한다. 아마존에 지불하던 물류 처리 비용이 됐든, 입점 수수료가 됐든, 광고를 통한 노출 지원이 됐든 브랜드사 입장에서 아마존으로부터 받을 수 있는 것이 상당히 많다. 블룸버그의 보도를 통해 아마존이 2017년 인도에서 시작한 것으로 알려진 비즈니스 셀러 플렉스 확장의 전조였다. 정확히 이야기하면 아마존은 남의 물류센터를 제3의 판매자에게까지 제공하도록 하는 서비스를 '멀티 셀러 플렉스Multi Seller Flex'라고 부른다.

아마존 입장에서는 당연히 할 수 있는 전략이다. 아마존이 굳이 내 돈 들여서 물류센터에 투자하지 않고도 물류 처리를 위한 공간을 확보할 수 있다. 막대한 물류센터 투자 비용을 절약하면서 공간을 확보하는 방법이다. 공간뿐만 아니라 협의하기에 따라 물류센터 운영 인력 또한 3자 파트너의 것을 활용할 수 있게 된다. 계절성, 이벤트 등 외부 환경 변화에 따라서 물동량의 변동 폭이 큰 이커머스 물류 특성을 고려했을 때 긴급 수요를 감당할 수 있는 공간으로 물류를 유연하게 만들었다.

물류센터를 공유하는 판매자들도 얻을 것은 있다. 아마존이 제휴 파트너에 제공하는 다양한 특전이 그것이다. 이를 배제하더라도 소비자에게 상품을 전달하기까지 소요되는 물리적인 프로세스를 감축할 수 있다. 종전 아마존 물류센터까지 상품을 입고하는 데 드는 물류비용은 입점사들이 부담했는데, 이를 절감할 수 있다는 뜻이다.

사실 셀러 플렉스의 시초를 보자면 2013년 〈월스트리트저널〉의 보도로 알려진 벤더 플렉스까지 내려가야 한다. 당시 보도로 알려진 아마존의 벤더 플렉스 파트너 P&G는 주로 부피가 큰 휴지, 기저귀와 같은 생활용품을 제조하는 회사다. 이렇게 부피가 큰 카테고리는 물류센터 간 이동 시 적재 효율이 떨어지고 물류비가 상승할 수 있는데, 초기 아마존은 그런 상품 특성을 고려하여 공유 물류 파트너사를 선정했다.

물론 판매자들에게 희소식만 있는 것은 아니다. 아마존은 외부 파트너사 물류센터의 운영 품질을 자사가 운영하는 물류센터 수준으로 관리하고자 한다. 예컨대 아마존의 셀러 플렉스 파트너가 되기 위해서는 정시 배송률 99% 이상, 주문취소율 0.5% 미만, 주문의 99% 이상을 아마존 배송 서비스 이용, D＋1일 혹은 D＋2일 배송 목표 달성, SFP Seller Fulfilled Prime 전담 운송업체를 통한 배송 등의 조건을 충족해야 한다. 이런 기준을 맞추는 것은 절대 쉽지 않기에 어느 정도 규모와 물류 역량을 갖춘 업체만이 아마존의 물류 파트너가 될 수 있다는 뜻으로 해석된다.

한국을 덮친 아마존식 '공유 물류'

한국에도 아마존과 유사한 개념의 비즈니스를 도입한 이커머스 플랫폼업체들이 있다. 디테일은 다소 차이가 있더라도 남의 물류센터를 자신의 물류센터처럼 활용한다는 거대한 개념 안에서는 아마존의 벤더 플렉스, 셀러 플렉스와 크게 차이가 없는 서비스들이다.

한국에 공유 물류의 존재를 알린 첫 번째 기업은 2021년 6월 신세계그룹이 지분 80%를 인수하여 이름이 바뀐 이베이코리아다. 이베이코리아는 2021년 4월 부족한 물류센터를 확충하기 위한 목적으로 '셀러 플렉스'라는 이름의 서비스를 론칭했다. 이베이코리아측 설명에 따르면 실제 아마존의 셀러 플렉스를 서비스 기획에 있어 상당 부분 참고했다고 한다. 참고차 덧붙이자면 이베이코리아의 풀필먼트 서비스 '스마일배송' 역시 아마존의 풀필먼트 서비스 'FBA'를 상당 부분 벤치마킹했다.

[그림 2-11] 이베이코리아 셀러 플렉스의 가입 혜택 (출처 : 이베이코리아)

물론 이베이코리아는 쿠팡과 다르게 풀필먼트 서비스 운영에 있어 배송망까지 직접 다루진 않는다. 경기도 화성 동탄에 있는 4만 평 규모의 물류센터 운영과 그에 따라 필요한 기반 시스템 구축이 이베이코리아가 맡아 처리하는 영역이다. 물류센터 출고 이후 과정은 이베이코리아의 배송 파트너사인 CJ대한통운이 처리한다. 아무래도 분절된 운영으로 인해 스마일배송의 주문 마감 시간은 쿠팡 로켓배송의 '자정까지 주문하면 내일 배송'이라는 시스템에 못 미치는 오후 8시까지 주문하면 내일 배송하는 구조다. 이베이코리아의 셀러 플렉스는 판매자들의 물류센터에서 소비자까지 바로 택배로 출고되는 만큼, 택배 허브터미널까지의 이동시간이 포함돼 주문 마감 시간은 오후 6시까지다.

이베이코리아는 셀러 플렉스에 참가하는 판매자들을 택배비 할인으로 유인한다. 이베이코리아 스마일배송 물동량을 무기로 저렴한 단가에 계약한 택배 단가를 셀러 플렉스 입점 판매자들에게도 공유해준다는 것이다.

셀러 플렉스 파트너들은 이 외에도 스마일배송 입점을 통한 마케팅 효과를 기대할 수 있겠다. 스마일배송이 이베이코리아가 집중하고 있는 빠른배송 전용탭인 만큼 이베이코리아가 운영하는 지마켓, 옥션에 단순 입점하는 것에 비해 훨씬 큰 노출 보정을 기대할 수 있다. 실제 셀러 플렉스 파트너로 참가한 업체들 중에서 매출 증가 효과를 봤다는 이들이 나오고 있는 배경이다.

이베이코리아는 셀러 플렉스를 통해 신선식품의 빠른배송 카테고리를 확보했다. 기존 상온 보관센터로 설계된 이베이코리아의 동탄 물류센터는 신선식품을 보관하고 취급하기에는 한계가 있었는데 이러한 한계점을 냉장 냉동 물류센터를 보유한 외부 파트너를 통해 해결한다는 것이 초기 구상이었다. 실제로 이베이코리아는 신선식품을 취급하는 냉장 냉동 물류센터를 보유한 판매자를 중심으로 초기 셀러 플렉스 사용 제안을 했다고 한다.

사실 이베이코리아는 셀러 플렉스 론칭 이전 '벤더 플렉스'라는 이름의 서비스도 제공하고 있었다. 이베이코리아 물류센터를 거치지 않고, 제휴 파트너사의 물류센터에서 바로 소비자에게 출고되는 구조는 벤더 플렉스와 셀러 플렉스 사이에 큰 차이가 없다. 차이점은 누구의 시스템을 사용하는냐에 따라 갈린다. 벤더 플렉스를 이용하는 판매자는 이베이코리아가 자체 개발한 스마일배송의 창고관리시스템을 이용해야 한다. 반면 셀러 플렉스는 판매자가 기존에 이용하던 물류 시스템을 그대로 이용해도 무방하다. 요컨대 셀러 플렉스는 벤더 플렉스와 비교하여 스마일배송의 진입장벽을 더 낮췄다는 의미가 있겠다.

두 번째 기업은 예상했겠지만 쿠팡이다. 쿠팡은 이베이코리아처럼 공식 서비스 발표는 하지 않았지만, 2018년을 전후로 '벤더 플렉스'라는 이름으로 공유 물류 사업을 시작한 것으로 알려졌다. 아마존의 벤더 플렉스와 마찬가지로 브랜드사의 물류센터를 플랫폼인 쿠팡의 것처럼 사용한다는 측면에서 동일하다.

실제 유한킴벌리, 모나리자, 깨끗한나라 등이 쿠팡의 벤더 플렉스 파트너로 알려졌다. 벤더 플렉스 파트너사가 운영하는 공장에서 제조, 보관한 상품을 쿠팡 물류센터를 거치지 않고 곧바로 소비자에게 배송하는 구조다. 벤더 플렉스 협력 파트너는 쿠팡 풀필먼트를 위해 쿠팡의 물류 시스템을 설치, 사용하고 쿠팡은 시스템 교육 인력을 현장에 파견한다. 이후 물류센터 운영을 쿠팡이 지원하기도 하는 것으로 알려졌다.

쿠팡은 브랜드사뿐만 아니라 유센로지스틱스와 같은 물류업체와도 제휴하며 벤더 플렉스 물류망을 확장하고 있는 것으로 확인됐다. 물류업체들이 보유한 물류센터의 유휴 공간을 쿠팡의 상품으로 채우고 물량 운영을 물류업체에 위탁하는 개념이다. 이는 3자 판매자의 상품이 남의 물류센터에 들어간다는 점에서 아마존의 멀티 셀러 플렉스와 가까운 모델이다. 보안 측면에서 경쟁사의 상품이 같은 공간에 뒤섞이는 것을 꺼리는 브랜드사와 다르게 물류업체는 물동량 자체가 매출과 이어질 수 있기에 쿠팡의 물류 파트너로 참가할 유인이 존재한다.

공유 물류의 숙제

역시나 모든 서비스는 이상처럼 아름답게만 돌아가지 않는다. 대형 이커머스 플랫폼을 중심으로 한국 물류센터에 공유가 유행처럼 퍼지고 있는 상황이긴 하지만 이러한 비즈니스가 새로운 것은 아니다. 한국에서는 2015년 '마이창고'라는 이름의 물류스타트업을 시작으로 2020년을 기점으로 공유 풀필먼트 서비스 오픈을 준비했던 '카카오엔터프라이즈'까지 다양한 업체들의 도전이 있었다.[14] 하나의 IT 시스템으로 다른 업체들 물류센터의 유휴 공간을 모아서 물류 서비스를 제공하고자 했던 시도는 계속해서 관측돼왔다.

먼저 공유 물류를 운영했던 사업자들에서 발생했던 문제들의 근원을 따라가 보면 현장과의 갈등과 충돌이 보였다. 공유 물류 플랫폼업체는 자사의 시스템을 물류 현장에 적용하고자 했지만 이미 대부분의 물류센터는 기존에 사용하던 시스템과 그들만의 운영 매뉴

---

14 2022년 1월을 기준, 카카오엔터프라이즈는 'LaaS Logistics as a Service' 부문이라는 이름으로 클라우드 물류 사업을 준비하고 있다. 풀필먼트 사업을 할 것인지 가타부타 밝히지 않았다.

얼이 존재했다. 공유 물류 시스템이 잘 돌아가기 위해서는 플랫폼이 요구하는 새로운 시스템을 현장이 잘 수용하고 바꾸어야 하는데, 그게 쉽지 않았다는 후문이다. 하나의 예를 들자면 시스템은 상품 정보의 정확한 파악을 위해서 현장 작업자에게 특정 위치의 바코드 스캔을 요구하는데, 현장은 시스템의 요구를 무시하고 원래 하던 대로 움직였다는 거다. 시스템과 현장의 정보가 틀어지면서 오히려 생산성 하락이 관측되기도 했다.

어떤 경우에는 공유 물류센터의 시스템과 기존 물류센터에서 사용하는 시스템을 동시에 여러 개 사용하던 업체도 있었다. 왜인지 궁금했는데 기회가 닿아 2020년 한 공유 물류 플랫폼 운영사의 협력 파트너인 물류센터 운영사 대표와 이야기를 나눌 수 있었다. 이 업체 또한 현장에서 여러 시스템을 함께 사용하고 있었다.

그는 "당장은 물량 영업에 도움이 돼 플랫폼이 제공하는 시스템을 사용하고 있지만, 사실 우리는 우리 영업력을 강화하고 우리가 개발한 시스템을 키우고 싶다"는 이야기를 전했다. 그도 그럴 것이 그에게 있어 공유 물류 플랫폼은 영업에 도움을 주는 파트너이지만, 동시에 화주사와 물류업체 사이에서 이익을 취득하는 중간상처럼 보이기도 했다. 장차 더 큰 이익을 위해서는 당연히 공유 물류 플랫폼을 통해 물량을 받는 것보다 자체 영업력과 시스템을 강화하는 게 그에겐 맞는 판단이었다.

이런 문제를 해결하는 쉬운 방법이 있다면 플랫폼이 강해지는 거다. 마치 아마존처럼 막대한 물동량을 기반으로 거부할 수 없을 만한 영향력을 뿜어낼 수 있다면 플랫폼의 시스템, 플랫폼의 운영 방법을 기준으로 물류 파트너들을 통제하는 것이 어느 정도 가능할지 모른다. 아마존을 무섭게 따라가는 쿠팡도 당연히 그렇게 하고 싶을 것이다.

하지만 물류업체들도 바보는 아니다. 왠지 모르게 점차 플랫폼에 종속될 것 같다는 생각을 속으로 품고 있을지 모른다. 당장은 물량이 들어오고 영업에 도움이 되니 공생을 택하겠지만, 속으로는 칼을 갈면서 자체 역량을 강화하고 있을지 모른다. 물동량을 움직일 수 있는 대형 이커머스 플랫폼을 중심으로 빠르게 퍼지고 있는 공유 물류 트렌드가 과연 상생이 될지, 다른 의미에서 적대적 공생이 될지는 앞으로의 향방을 지켜볼 필요가 있겠다.

아사리판에서 만난 현장의 달인들

물류센터가 이커머스업계의 경쟁력 중 하나로 인식된 지는 꽤 오래됐다. 멋들어진 소프트웨어 시스템, 하드웨어 설비가 도입된 물류센터를 뽐내는 기업 사례도 여럿 나왔다. 하지만 이와 같은 화려함의 이면에서는 조금 다른 업계의 목소리도 들린다. "자동화? 데이터? 우리와는 상관없는 이야긴데요."

실제 한국의 물류센터는 2021년을 기준으로 보더라도 노동집약적으로 움직인다. 코로나19 이후에 많은 물류업체가 자동화에 관심을 가지고는 있지만, 많은 경우 그런 행보는 생각에만 그친다. 간혹 행동으로 이어지더라도 부분 자동화에 머문다. 기술의 한계로, 혹은 비용적인 문제로 완전 자동화는 여전히 요원하다는 평가를 받는다.

자동화 설비업체는 몇 년이 지나면 투자에 대한 수익이 나올 것이라고 물류업체를 설득한다. 하지만 그것을 곧이곧대로 믿는 물류기업 담당자는 아무도 없다. 낮은 이익률로 치열하게 경쟁하는 물류기업에 수십, 수천억 원 이상의 비용 투하가 선행되는 물류 자동화 투자는 아무래도 부담스럽다. 물류업계에는 자산을 보유하지 않고 남의 물류센터를 임차해서 운영하는 사업자들이 많은데, 이들에겐 계약기간이 끝나고 물류센터에 설치한 자동화 설비를 도로 빼내야 하는 부담도 크다. 혹여 투자를 한다 하더라도 자동화 기술을 활용할 만큼 매출 성장 추이가 계속될지, 운영 환경에 변화는 없을지 예측이 쉽지 않기도 하다.

노동집약적으로 운영되는 물류의 현실은 거대한 물류센터를 운영하는, 자동화가 잘돼 있다고 뽐내는 업체들 또한 크게 다르지 않다. 홍보용 보도자료에서 강조하는 내용 뒤편에는 현실의 문제가 숨어 있다. 경험상 많은 경우 업체들은 자신들의 물류센터를 외부에 보여주기 싫어한다. 그 이유는 크게 두 가지다. 첫 번째는 너무 잘해서다. 자신들의 노하우를 노출하고 싶지 않은 것이다. 두 번째는 너무 못해서다. 딱히 내세울 만한 강점도 노하우도 없는 것이다.

입고 현장에서 만난 사람들

업체들이 물류센터를 개방하지 않더라도, 현장을 들여 볼 수 있는 방법은 있다. 가장 쉬운 방법은 아르바이트다. 이커머스의 폭발적인 수요 증가로 인해 물류 현장 인력은 항상 부족한 편이다. 언제고 누구든 아르바이트 사이트에 올라온 채용공고를 통해 쉽게 물류센터에 지원하고 일할 수 있다.

2017년 7월, 인천에 있는 한 이커머스업체 물류센터에 아르바이트 지원서를 냈다. 약 4만 평의 규모를 자랑하는 업체였다. 당시 하루 상품 출고량만 40만 개 가까이 됐던 거대한 물류센터다. 이 물류센터에서 내가 맡은 업무는 '입고'였다. 하는 일은 간단했다. 컨베이어벨트를 따라 운반된 상품을 진열대에 진열하는 일이다.

현장의 업무 순서는 이랬다. 그 업체 물류센터에는 자동화 컨베이어가 설치돼 있었다. 작업자가 컨베이어벨트 옆에 서 있으면 상품이 담긴 토트박스가 일정 간격을 두고 작업자의 앞에 떨어진다. 이후의 작업은 자동화가 돼 있지 않았다. 우선 현장 노동자들이 컨베이어를 따라 떨어진 토트박스를 파렛트에 열심히 쌓는다(물류업계에선 '파렛트화(파렛타이징)'라 부르는 업무다). 파렛트 하나에는 대개 10여 개의 토트박스가 올라간다. 토트박스가 적재된 파렛트는 핸드 파렛트 트럭에 싣고 진열 작업을 하고 있는 작업자 근처로 운반한다. 그러면 또 다른 작업자가 그 파렛트를 토트박스 단위로 다시 해체하여 진열 라인 근처에 하나씩 놓아둔다. 그렇게 놓인 토트박스를 진열을 담당한 작업자가 진열대에 진열한다.

쉽게 설명했지만 여러 작업자들이 물류센터라는 한 공간에서 업무를 분업하여 진행하는 일이다. 공간 안에서 효율화에 대한 고민이 없다면 수십만 개에 달하는 물동량을 당일 출고하는 것은 불가능하다.

당시 나는 다른 사람들이 운반해 온 파렛타이징 된 토트박스를 해체하고 진열 담당자 근처에 하나씩 갖다주는 일을 하고 있었다. 그

때 수변에서 수군거리는 소리가 들려왔다. 소리의 근원은 한 진열 라인에서 업무를 수행하던 두 명의 작업자였다. "저쪽 진열 라인에 토트박스가 많이 쌓이는 것 같은데 좀 도와줘야 하지 않을까?" 다른 작업자가 그 말에 답한다. "됐어, 쟤들 아까 일 안 하고 놀던데 뭘."

엿들은 이야기를 통해 재구성한 그들의 사연은 이러하다. 운반을 통제하는 직원들이 물량을 공정하게 배분하지 않고 그 둘이 맡은 진열대 근처에만 특히 많은 토트박스를 가져다 두었다고 했다. 반면 반대편 진열대를 맡은 작업자에게는 오랫동안 토트박스가 운반되지 않았다. 그 둘은 반대편 작업자에게 비해 많은 일을 했다는 것에 불만을 표하고 있던 것이다. 같은 돈을 받는데 더 많은 일을 하다니. 그 사람들 입장에서는 억울할 법하다.

사실 사람 하나 겨우 들어갈 틈을 두고 여러 개의 진열대가 늘어서 있는 이 물류센터에서는 진열 작업을 하는 작업자의 모습이 직관적으로 잘 보이지 않는다. 그래서인지 '조장'이라 불리는 인력 도급업체 관계자는 수시로 현장을 돌며 업무가 부족해 보이는 진열대에 더 많은 토트박스를 운반하라고 지시하곤 했다. 그럼에도 불구하고 조장의 눈을 피해 열심히 농땡이를 치는 작업자들도 있었다. 현장 노동자와 관리자 사이의 묘한 줄다리기는 그렇게 한참 동안 계속됐다.

물론 이 물류센터에서 노동자를 관리하는 데 시스템의 역할이 없는 것은 아니다. 나중에 업체 물류팀에서 일하고 있는 지인에게 물어서 알게 되었는데, 현장 곳곳에 배치된 바코드 스캔을 통해 진열 및 피킹 작업자의 업무 상황 데이터를 수집하고 있다고 했다.

하지만 시스템만으로 작업 환경을 완벽하게 통제하는 것은 어렵다고 했다. 1차적으로 시스템을 통해 작업자들의 업무 현황을 파악한다면, 그다음 현장의 실질적인 통제는 사람이 맡는다. 만약 업무가 제대로 할당되지 않은 작업자가 시스템에 보인다면 업체 물류팀이 인력 도급업체 관계자에게 확인 요청을 하고, 현장을 확인하여 작업자들의 업무를 재분배하는 방식이다.

예컨대 만약 특정 층의 업무가 밀려있고, 또 다른 층에 일이 별로 없어 잉여 인력이 생기면 건수를 확인해서 특정 층에 남는 인력을 보내도록 요청한다. 업무가 제대로 할당되지 않은 작업자가 시스템에 보이면, "이분 일 안 하고 있는데 확인 좀 해달라"고 인력 도급업체 조장들에게 전하는 것이 그 업체 물류팀의 주요 업무 중 하나다.

출고 현장에서 만난 사람들

하나의 물류센터에서 일한 것만으로 현장을 알았다고 하기엔 부족했다. 첫 번째 물류센터에서 일을 하고 얼마 후 나는 서울 송파구 장지동 서울복합물류단지에 있는 또 다른 이커머스업체의 물류센터에 아르바이트 지원서를 냈다. 첫 번째 물류센터에선 입고 업무를 맡았다면 두 번째 물류센터에서 내가 맡은 업무는 '출고'였다.

이 물류센터의 출고 작업은 크게 '피킹'과 '포장'으로 구분할 수 있다. 구체적으로 나는 부피가 큰 휴지와 기저귀와 같은 상품의 피킹을 맡았다. 업무는 어렵지 않았다. 택배 송장에 적힌 상품의 적재 구역을 확인해, 해당 진열대에 가서 송장에 적힌 상품을 픽업하는 것이었다.

이때 휴지와 기저귀 같은 부피가 커서 포장 상태 그대로 출고하는 단건 출고 상품이라면 바로 상품 위에 송장을 붙이면 됐다. 물론 가끔 피킹 장소에 재고가 없을 때도 있었다. 이때는 송장 뒷면에 '재고X(재고없음)'라 쓰고 조장에게 가져다주면 됐다. 한번은 재고가 없어서 돌아가려는데, 지게차 한 대가 어디선가 파렛트에 상품을 가득 싣고 와서는 진열대에 채워 넣는 모습이 보였다. 입고와 출고가 동시에 이뤄진다는 게 이런 걸 두고 하는 말이었나 싶었다.

단건 출고와 다르게 여러 제품을 낱개 별로 합포장하는 경우도 있었다. 이때는 포장된 상품을 해체해 낱개 상품을 픽업해 한데 모아서 그 위에 송장을 살짝 얹혀두고 오면 됐다. 이후 포장 작업자가 해당 상품들을 합포장해야 함을 알아볼 수 있도록 표시하는 것이다.

당시 업무를 지시했던 물류센터 담당자가 나를 포함한 아르바이트들에게 가장 강조한 것은 바코드 확인이었다. 같은 종류의 상품이라도 바코드 번호가 다를 수 있고, 박스 전체의 정보를 담고 있는 박스 바코드와 박스 내부 상품의 정보를 담고 있는 낱개 바코드도 서로 다르다. 때문에, 피킹 시 바코드 확인을 제대로 하지 않으면 오배송이 발생할 수 있다는 것이었다.

예컨대 송장에 '낱개 바코드'와 '2개'라고 적혀 있다면 포장된 박스를 뜯어서 상품 2개를 따로 빼내서 피킹해야 했다. 박스 바코드와 헷갈려서 박스 2개를 들고 오면 검수 과정에서 한 소리를 듣게 된다. 현장 조장은 작업에 들어가기에 앞서 아르바이트들에게 "조금 느려도 되니 정확하게 확인해 달라, 모르겠으면 허투루 하지 말고 직원에게 물어보라"고 신신당부했다.

쉬운 업무는 오전까지였다. 현장 관리자의 지시로 파렛트 채로 상품을 보관하는 작업장으로 이동했는데, 이곳은 별세상이었다. 오전 작업장에는 진열대에 위치 정보가 붙어 있었다. 송장에 적혀있는 진열대 위치 정보를 기반으로 상품을 비교적 손쉽게 찾을 수 있었던 이유다.

그런데 새롭게 옮긴 작업장에는 바닥에 위치 정보가 프린트돼 붙어 있었다. 문제는 바닥을 쓸고 지나가는 지게차 때문에 프린트가 정상적으로 붙어 있는 장소가 거의 없었다는 거다. 주변에 남아있는 프린트의 흔적을 추적하여 상품 보관 위치를 어찌어찌 찾아도 그 장소에 마땅히 있어야 할 상품 대신 다른 상품이 보관되어 있는 경우가 허다했다.

나는 말 그대로 대혼란에 빠지고 말았다. 찾아야 할 상품을 못 찾고 현장을 한참 동안 헤매고 있는 나를 본 몇몇 현장 작업자들이 딱하다는 투로 "뭐 찾으세요?"라고 물었다. 그놈의 기저귀는 같은 브랜드 안에서도 무슨 종류가 그렇게 많은지. "하기스 24개들이 남아용 기저귄데…"

그들은 왜 헤매는지 모르겠다는 표정으로 "그거, 저기 가면 찾을 수 있어요"라며 바로 정확한 상품 보관 위치를 나에게 알려줬다. 바코드에 적힌 위치와 실제 보관 위치 정보가 다른데도 정확한 상품 보관 위치를 알고 있었다. 시스템을 초월하는 현장의 관록이다.

시스템의 구멍을 메우는 사람들

시스템의 역할을 부정하려고 이 글을 쓴 것은 아니다. 효율적인 업무를 위해서, 특히나 늘어난 물동량과 작업자들을 잘 관리하기 위해서 시스템은 분명히 필요하다. 필수라고 해도 과언이 아니다.

예컨대 첫 번째로 방문한 물류센터만 하더라도 작업자들의 입출고를 지원하는 시스템 '랜덤 스토우Random Stow'를 사용했다. 아마존 물류센터에서 도입한 시스템으로 이름이 알려진 랜덤 스토우는 작업자가 상품을 넣는 장소가 그 상품의 진열 위치가 된다. 통상 상품을 진열할 고정 위치를 지정하는 일반 물류센터의 방식과는 다르다. 물류센터 진열 작업자가 상품을 보관할 때 상품 바코드와 함께 진열대 바코드를 스캔하는데, 이때 해당 상품의 위치 정보가 해당 위치에 저장되는 방식이다. 추후 출고를 담당하는 작업자는 시스템에 저장된 위치를 기반으로 상품을 찾을 수 있다. 얼핏 보면 상품이 규칙 없이 뒤죽박죽 섞여 있는 것 같은 물류센터가 나름대로 질서 있게 관리될 수 있는 이유가 이 시스템이 있기 때문이다.

랜덤 스토우는 거대한 물류 현장에서 불필요한 작업자의 동선을 줄일 수 있는 방법론이 된다. 작업자가 굳이 멀리 떨어진 곳까지 이동하여 상품을 입출고하지 않아도 된다. 시스템이 최적의 빈공간에 상품을 입고하도록, 혹은 작업자와 가까운 최적의 위치에서 출고할 수 있도록 가이드하기 때문이다.

하지만 랜덤 스토우 역시 만능은 아니다. 2017년 당시 이 업체는 엄청나게 빠른 성장을 하고 있었고, 물류센터의 처리량이 밀려드는 주문량을 감당하지 못했다. 어느 날은 보관 한도를 초과한 입고 물량이 물류센터에 몰려들었는데, 이때부터 비극이 시작됐다고 한다. 물류센터에 더 이상 마땅히 진열한 공간이 부족해져 진열 작업자의 동선에 비효율이 생기기 시작한 것이다. 심지어 어떤 작업자들은 시스템이 지정한 입고 위치를 무시하고 아무 곳에나, 심지어 바닥에까지 입고 상품을 뒀다고 한다. 현장에 있는 작업자들은 항상 시스템을 설계한 이의 의도대로 움직이진 않는다는 것을 기억할 필요가 있겠다.

이렇게 된다면 랜덤 스토우는 그야말로 혼돈을 만들어 버린다. 출고 작업자가 시스템이 지정한 장소에 픽업을 갔는데 정작 찾는 상품이 없는 상황이 벌어진다. 가뜩이나 뒤죽박죽인 물류센터에서 어디에 놓인 지도 모르는 상품을 찾는 것은 절대 쉬운 일이 아니다. 이럴 때는 그나마 근처 어딘가에서 상품을 찾을 수 있을 것 같은 '고정 로케이션' 방식이 오히려 더 나은 솔루션을 줄지도 모르겠다.

이런 일을 해결하는 것도 결국 사람이다. 업체 물류팀은 지속적으로 물류센터에 남아있는 공간을 찾아서 혼란한 상품 재고를 이동시키는 업무를 한다. 시스템이 상품의 부피와 개수를 파악해서 해당 공간의 적재율이 얼마나 되는지 표기해주는데 이를 기반 데이터로 활용한다.

물론 여기서도 문제는 없지 않다. 물류팀 직원들이 현장에 가면 시스템에 기록된 숫자와 실제 재고 상황이 안 맞는 일이 왕왕 발생한다. 실제 현장에서 발생한 사람과 사물의 움직임, 변수를 시스템이 추적하지 못했기 때문에 생긴 일이다. 정물 일치가 이렇게 어려운데, 전산 데이터와 현실 재고의 불일치를 재조정하는 일도 결국 사람이 한다.

시스템과 사람은 공존한다

내가 첫 번째로 일한 물류센터는 쿠팡의 인천 메가물류센터다. 한때 물류업계에서 아사리판 물류 운영의 표본처럼 비웃음당했던 쿠팡의 물류는 이제 그 누구도 쉽게 무시할 수 없는 역량을 갖췄다고 평가받는다. 2014년 이후 쿠팡이 물류를 하며 쌓아왔던 수많은 경험과 실패가 쿠팡의 물류 운영을 더욱 단단하게 만들었다. 뒤늦게 물류를 고도화하기 시작한 후발 경쟁자들은 아마 쿠팡이 했던 어떤 실패를 그대로 반복하고 있을지도 모르겠다. 이러한 실패비용에 대한 걱정 때문인지, 쿠팡의 물류가 배워야 하는 레퍼런스가 돼 쿠팡 출신 물류 실무자들의 몸값이 오르고 있다.

그리고 두 번째로 아르바이트를 했던 곳은 티몬의 장지동 슈퍼마트 물류센터였다. 티몬이 직매입 유통 기반 빠른배송을 만들기 위해 확충한 물류센터였지만, 아쉽게도 높은 비용을 감당하지 못하고 결국 슈퍼마트 서비스 철수와 함께 사라졌다. 그렇다고 티몬에 축적된 경험들이 공중으로 분해된 것은 아니다. 그때 티몬의 슈퍼마트를 담당했던 이들은 흩어져 어딘가에서 또 다른 물류를 고도화하고 있을 것이다. 2020년 네이버의 투자를 받은 풀필먼트업체 파스토(구 에프에스에스)의 창업자 홍종욱 대표가 당시 티몬의 슈퍼마트를 이끌던 사람이었다.

쿠팡과 티몬의 물류센터에서 일을 마치고 얼마 후 나는 한 이커머스 스타트업의 물류센터를 방문했다. 이 업체의 물류센터는 고작 200평으로, 앞서 방문한 업체들의 1/100도 안 되는 수준이었다. 이 업체는 시스템도 없이 엑셀만으로 물류 현황을 정리, 관리하고 있었다. 시스템도 없는데 거창한 자동화 설비 같은 것은 있을 리가 없었다.

이 업체가 시스템과 자동화에 대한 고민이 없었던 것은 아니다. 조만간 창고관리 시스템 도입을 앞두고 있다고 했다. 작지만 자동화 설비도 비치했다. 현장 작업자들이 손수 박스를 접는 수고로움을 덜기 위해 2,400만 원을 들여 사온 제함기(박스접이기계)가 바로 그것이다. 이곳에는 포장 작업 과정을 영상으로 촬영해 저장하는 '리얼 패킹'이라는 이름의 소프트웨어도 도입했다. 다양한 상품군을 합포장할 때 검수 용도로 사용하면 오포장 비율을 상당히 줄일 수 있어서 좋다고 했다. 이 스타트업의 물류 팀장은 나에게 이렇게 말했다.

"우리 같은 작은 업체에 시스템이나 자동화 설비 도입은 분명 고민이에요. 고정 투자비를 회수하려면 1~2년 이상의 시간을 바라봐야 하는데, 고객의 니즈나 회사의 운영 방향은 너무나 빠르게 변하거든요. 그래서 자동화 설비나 시스템을 넣는다면 전체가 아닌 일부분에만 도입하려고 해요. 조금씩이라도 변화해 나간다면 매일 야근 하는 직원들이 조금이라도 빨리 집에 갈 수 있는 날이 오지 않을까 생각해요."

스타트업의 이름은 미팩토리다. 훗날의 일이지만 2018년 12월 미샤로 유명한 뷰티 브랜드업체 에이블씨엔씨가 324억 원에 인수하여 엑싯에 성공한다.

'4차 산업혁명', 'DX Digital Transformation'라는 말이 식상해질 정도로 정보화와 기술의 중요성이 전 산업에서 대두되고 있다. 오랫동안 아사리판으로 남아있었던 물류현장도 디지털을 고민하고 있다. 그럼에도 불구하고 완전 자동화 물류센터 도입과 확산은 아직까지도 멀게만 느껴진다. 기계와 사람이 공존하는 물류센터 안에서 빛나는 것은 결국 사람이다.

마켓컬리의 원시 물류센터는 탁월한가

아사리판 물류센터 이야기가 나왔으니 '마켓컬리' 이야기를 안 할 수가 없다. 마켓컬리의 성장세를 부정하는 것은 아니다. 마켓컬리는 2018년에서 2019년을 전후하여 시작된 신세계, 롯데, GS 등 오프라인 기반 유통 대기업의 새벽배송 대공세를 성공적으로 방어해냈다. 새벽배송 경쟁사였던 우아한형제들의 새백배송 '배민찬'이 2019년 2월 대기업의 시장 진입으로 인한 경쟁 격화를 이유로 서비스를 종료한 상황에서도, 마켓컬리는 견고한 매출 성장세를 유지했다.

마켓컬리는 2021년 3월 기준으로 하루 9~10만 건의 주문을 처리하고 있으며, 박스 기준으로는 22만 개 정도의 물동량을 처리했다. SSG닷컴의 온라인 전용 물류센터에서 처리하고 있는 물량은 2020년 말 기준 약 8만 건이고, 이 중 약 2만 건이 새벽배송으로 전달되는 것으로 알려졌는데 그보다 많은 숫자를 마켓컬리가 처리하고 있다. 물론 새벽배송의 복병으로 등장한 쿠팡이 마켓컬리의 물동량을 추월했지만, 최소한 신세계와 롯데의 공세는 성공적으로 방어한 것으로 평가받는다.

[그림 2-12] 마켓컬리 2017~2020년 실적 현황 (자료 : 기업공시시스템)

	2017	2018	2019	2020
매출	466억 원	1,571억 원	4,290억 원	9,530억 원
영업이익(손실)	−124억 원	−337억 원	−986억 원	−1,163억 원

물론 마켓컬리의 숙제가 없는 것은 아니다. 엄청난 비용이 가장 큰 문제다. 마켓컬리의 2020년 영업손실은 1,162억 원으로 2019년 영업손실(986억 원) 대비 176억 원 가까이 증가했다. 물론 2019년 까지만 해도 매출 증가율과 거의 동일한 비율로 치솟던 영업손실에 브레이크를 걸긴 했지만, 여전히 증가하고 있는 적자는 마켓컬리에 큰 부담으로 작용한다. 마켓컬리의 적자 원인은 역시나 운반비, 포장비 등으로 대표되는 물류비용의 증가다. 어찌 보면 마켓컬리는 물류에 막대한 비용을 투자하여 서비스 품질을 올린다는 측면에서 식품 카테고리와 새벽배송에 특화한 작은 쿠팡처럼 보인다.

자동화와 거리가 먼 물류센터

다시 한번 아사리판 이야기로 돌아간다. 마켓컬리의 물류센터는 자동화와 거리가 먼 것으로 평가받는다. 외부의 평가도 평가지만, 마켓컬리 내부에서도 그렇게 이야기했다. 2021년 김포 물류센터가 오픈하기 전에 마켓컬리 대부분의 물동량을 담당했던 장지동 물류센터에는 자동화 설비라고 할 만한 것이 피킹 업무의 효율을 지원하는 'DAS Digital Assorting System'밖에 없었다. DAS는 등장한 지 20년도 더 된 시스템으로 도입 비용이 비싸지도 않고, 최신의 기술이 적용되지도 않았다. 'DPS_{Digital Picking System}'와 함께 중소 물류센터에서 흔히 볼 수 있는 시스템이다.

DAS는 다른 말로 '총괄 피킹 시스템'으로 불린다. 피킹 작업자들이 주문 별로 할당된 물동량을 일괄적으로 바구니에 담아서 DAS가 설치된 지역(DAS존)으로 컨베이어벨트를 이용하여 올려보내는데 이 과정을 '총괄 피킹'이라 부르기 때문이다. DAS존에서는 고객 한 명한 명에게 배송될 물동량을 미리 배치한 바구니에 노동자들이 분류한다. 총괄 피킹해서 올려보낸 바구니에 담긴 상품 바코드를 찍으면 해당 상품이 들어갈 수량이 DAS존에 배치된 바구니 아래 점멸등을 통해 나타난다. 이때 해당 상품을 바구니에 다 넣고 점멸등을 누르면 완료 처리돼 다음 상품을 바구니에 넣을 수 있는 구조다.

이 분류작업은 굉장히 치열하다. 마켓컬리의 경우 오늘 오후 11시까지 들어온 고객 주문에 따라 상품들을 다음날 새벽 7시까지 배송해야 한다. 새벽배송 차량 출차 전이라는 한정된 마감 시간 안에 작업을 마무리하기 위해서 물류센터는 여유로울 시간이 없다. 노동자들이 진열대와 진열대 사이의 좁은 통로를 이리저리 뛰어다녀야 한다. 당연하게도 그들 옆에선 작업을 독려하기 위한 현장 조장들의 닦달이 있는데, 실제 잡플래닛에서 마켓컬리를 검색해보면 아르바이트를 했던 작업자들의 처절한 후기를 확인할 수 있다.

마켓컬리가 멋들어진 자동화를 하고 싶지 않아서 안 한 것은 아니다. 초기 마켓컬리에는 아쉽게도 돈이 없었다. SSG닷컴의 온라인 전용 물류센터에 설치된 자동화 셔틀 로봇 같은 것은 꿈도 못 꿨다. 마켓컬리는 2021년 쿠팡이 도입하기로 발표한 오토스토어의 그리드 로봇과 같은 시스템을 알아보기도 했다. 다만 비싸서 못 썼을 뿐이다. 2019년 만났던 강성주 마켓컬리 오퍼레이션 리더(2021년 기준 '오늘의 집' 오퍼레이션 헤드)는 이런 이야기를 전했다.

"이따금 물류센터에 취재 방문한 기자들이 이런 이야기를 해요. '유튜브에서 본 아마존 물류센터랑 마켓컬리 물류센터랑 조금 다른 것 같은데요?', '우리나라에는 1,000억 원, 2,000억 원 들여서 대단한 물류센터를 지은 업체들이 많은데, 여긴 왜 이런가요?' 제 생각에 물류센터 자동화에 정답은 없는 것 같아요. 마켓컬리는 나름의 논리와 비전을 가지고 투자를 했고, 돌이켜보면 이게 잘못이었다고 생각하지 않아요. 사실 우리가 똑똑해서 자동화 투자를 덜했다기 보단 1,000억 원, 2,000억 원씩 투자할 돈이 마켓컬리에 없었어요. 우리가 가진 돈으로 어떻게든 해야 했죠."

어찌 됐든 마켓컬리가 노동집약적인 DAS 방식을 사용한 이유는 새벽배송 마감 시간인 오후 11시 즈음해서 새벽배송 주문의 약 30%가 휘몰아쳤기 때문이다. 여기선 로봇을 쓰기보다는 사람을 늘리는 것이 비용 측면에서 효율적이고 유연한 대응이 가능하다고 판단했다. 로봇의 생산성은 어느 정도 선에서 고정돼 있는데 사람은 이와 달리 규모만 미리 확충해두면 비교적 유연한 생산성을 만들 수 있기 때문이다.

자동화 없이 생산성 끌어올린 마법
이렇게 노동집약적인 마켓컬리 물류센터에선 초기 별다른 돈을 투자하지 않고 생산성을 끌어올린 기가 막힌 방법이 하나 있었다고 전해진다. 그 수치를 마켓컬리 내부 관계자에게 전해 들었는데 무려 10%나 올릴 수 있었다 한다.

그 방법은 김슬아 마켓컬리 대표를 물류센터에 부르는 것이다. 그러면 김 대표는 20여 명의 MD와 함께 직접 장지동 물류센터에 방문해서 몇 시간 동안 물류센터 작업자들과 함께 포장 작업을 한다고 했다. 현장의 증언에 따르면 김슬아 대표는 숙련된 포장 작업자보다 1.5배 정도 빠른 속도로 포장을 한다고 했다. 그것도 장장 6시간을 화장실도 가지 않고 땀을 뻘뻘 흘리면서 말이다. 물류센터 작업자들은 바로 옆에서 회사의 대표가 일하고 있는 것에 큰 부담을 느꼈을 것이다. 실제로 대부분의 작업자들이 김 대표 옆에서 일하는 것을 꺼렸다고 한다. 그런데 놀랍게도 생산성은 높아졌다. 김 대표가 물류 현장을 떠난 이후에도 생산성 향상은 이어졌다. 그 여운이 2주는 갔다고 했다. 그래서 마켓컬리 물류팀에서는 김 대표를 한 달에 한 번은 물류센터에 불렀다는 후문이다.

김 대표는 사실 물류 말고 다른 것도 열심히 했다고 전해진다. 그건 고객의 클레임을 듣는 것이다. 'VOC_{Voice Of Customer}'를 지금까지 직접 듣고 관리하고 있다고 한다. 직원들은 "이제 회사도 크고 직원들도 많이 늘었는데 대표님이 굳이 그렇게까지 하지 않아도 될 것 같다"고 이야기하는데도 막무가내라고 한다. 고객의 불만을 0에 가깝게 만들고자 하는 것. 때때로 완벽주의에 가까운 김슬아 대표의 성격 때문에 피로를 호소하는 직원들도 있었지만, 어찌 됐든 마켓컬리는 계속 성장하고 있다.

실제 마켓컬리의 서비스 정확도는 98~99%에 달한다. 부족한 1~2%에는 폐기율, 미출, 오출, 배송 지연(오전 7시 이후 배송) 등이 영향을 줬다. 완벽하지는 않다고 하지만, 오히려 멋들어진 로봇 자동화 시스템을 도입한 '오카도'와 같은 업체들의 배송 지연율보다 마켓컬리의 수치가 더욱 좋게 나타난다. 내가 만난 마켓컬리 실무자들은 현직자, 퇴사자를 막론하고 그들의 원시 물류에 자부심을 갖고 있었다.

첨단 자동화는 필수인가

2021년 어느 날 대한상의가 주최한 제9회 '유통혁신주간 콘퍼런스'에서 흥미로운 발표를 들었다. '첨단 자동화 물류센터는 필요 없다'는 다소 발칙한 제목의 발표 내용이었다. 발표를 한 사람이 첨단 자동화 물류센터를 운영해보지 않았던 사람이었다면, 그냥 그러려니 넘어갔을 수도 있겠다. 하지만 발표자의 약력이 눈길을 끌었다. 마종수 한국유통연구원 교수. 그는 롯데쇼핑(롯데마트) SCM 부문장 출신으로 2015년 김포에 롯데쇼핑 온라인 전용 물류센터 오픈을 주도했던 사람이다. 그에 따르면, 김포 물류센터엔 알리바바, 아마존 등 당대 글로벌 최대 규모 이커머스업체 물류센터에서 활용되고 있는 첨단 자동화 설비가 가득 들어갔다. GTP_{Goods To Persons} 방식의 OSR_{Order Storage & Retrieval} 셔틀, AS/RS 미니로드와 같은 설비가 가득 들어섰고, 1,000억 원 상당의 비용이 이 물류센터에 투하됐다. 롯데마트 김포 물류센터는 SSG닷컴 김포 물류센터와 함께 한국 물류업계에선 첨단 자동화 물류센터의 대표주자로 꼽힌다. 그런 물류센터를 설계한 그였기에 그의 발언을 허투루 들을 수 없었다.

마종수 교수가 '첨단 물류센터는 필요 없다'는 주장의 근거로 제시한 업체가 마켓컬리였다. 그는 마켓컬리가 대기업과 같은 방식으로 첨단 자동화 물류센터를 구축했다면 'CAPEXCapital expenditures(미래 이윤을 위해 투자한 비용)'를 못 버티고 진즉에 망했을 것이라 평가했다. 실제로 마켓컬리가 성장하던 시기 롯데마트가 새벽배송의 시장성을 타진했는데, 도저히 말이 안 되는 게임으로 보였다고 한다. 그전에 롯데마트가 매장 인프라를 활용한 당일배송, 시간지정배송망을 운영하지 않았던 것은 아니지만, 새벽배송에 맞추기 위한 포장비, 배송비가 답이 안 나왔다는 것이다.

그런데 마켓컬리는 운영 최적화로 그 말도 안 되는 일을 해냈다. 더 나아가 원시 물류센터로 첨단 자동화 설비를 도입한 대기업 이상의 생산성을 만들어냈다. 예컨대 1,000억 원을 들여 자동화 설비를 구축한 롯데쇼핑의 김포 물류센터는 하루 최대 1만 건의 물량을 배송했다. 그런데 마켓컬리는 원시 물류센터로 그보다 훨씬 많은 9~10만 건의 주문을 처리했다. 마 교수는 이런 마켓컬리의 운영 방법을 기꺼이 존경할 만하다고 평가했다.

물론 단순히 물류센터 운영 하나만으로 마켓컬리의 성과를 설명하긴 어렵다. 마 교수는 마켓컬리의 운영 효율은 공급망 전체를 바라보는 'SCM' 관점에서 찾아볼 수 있다고 했다. 물류센터 안에서 운영 효율을 도모해 생산성을 늘리는 것만 중요한 것이 아니다. 물류센터 앞단에서 마케팅을 통해 고객 매출을 만들고, 물류센터 뒷단에서 수요예측을 통해서 적정량의 재고를 예측하여 폐기율을 줄이

[그림 2-13] 마켓컬리 김포 물류센터 QPS

는 등의 관리 노하우가 종합돼야 한다.

이를 위해서 필요한 기반 역량은 결국 데이터다. 물류센터 앞단에서는 '다이나믹 프라이싱Dynamic Pricing(가변적 가격 책정)'에서 하나의 예를 찾을 수 있다. 다이나믹 프라이싱을 통해 유통기업은 구매 의향이 높지 않은 고객에게 마진을 희생해서 조금 더 저렴한 가격에 판매할 수 있다. 반대로 구매 의향이 높은 고객에게는 조금 더 높은 가격에 판매할 수 있다. 이는 유통기업이 서로 다른 고객 데이터를 알고 타깃할 수 있기에 가능한 방법론이다. 궁극적으로 매출을 끌어올릴 수 있게 된다.

물류센터 뒷 단에서도 SCM 관점의 예시는 찾을 수 있다. 오랫동안 신선식품을 취급하는 유통기업이 두려워했던 것은 폐기다. 마

교수에 따르면 롯데마트만 하더라도 폐기율은 4%가 넘었다고 한다. 이는 1년에 1,000억 원이 넘는 상품이 버려졌다는 이야기로 해석된다.

그러나 마켓컬리 김슬아 대표에 따르면, 창업 초기부터 2021년 3월까지 여전히 1% 이내로 폐기율을 관리하고 있다. 데이터를 활용하여 어떤 상품 구간에서 매출이 나오는지 파악해서 발주량을 조정한 것이 폐기율 관리의 묘수다. 적량 발주도 중요하지만, 혹여 발주해둔 상품이 안 팔릴 것 같다면 상품을 할인하고 쿠폰을 발행해서라도 폐기율을 줄이고 매출을 끌어올리는 운영의 묘를 발휘한다. 여기서 앞서 이야기한 다이나믹 프라이싱이 연결된다.

물론 이러한 데이터 기반 공급망 관리는 아무나 할 수 없다. 무엇보다 소비자와 맞닿은 앞단을 확보해야 한다. 고객 데이터가 결국 뒷단의 운영 효율을 만드는 재료가 될 수 있기 때문이다. 이는 마켓컬리뿐만 아니라 네이버와 같이 고객 접점의 데이터를 대량 확보한 기업들이 장차 물류 운영에서도 높은 효율을 만들 수 있을 것으로 예상되는 이유다.

마지막으로 마켓컬리의 원시 물류센터는 이제 옛날이야기일지도 모르겠다. 마켓컬리는 2021년 2월 오픈한 김포 물류센터에 약 300억 원을 투자하여 GTP 방식의 자동화 시스템 'QPS Quick Picking System'를 도입했다. 장지동에 도입된 DAS와 비교하자면 물류 현장 작업자가 상품을 픽업하기 위해 지속적으로 이동하는 동선이 줄어드는 것이 가장 큰 차이다. 마켓컬리에 따르면 자동화 설비 도입으로 인해 종전보다 20% 적은 숫자의 인력을 투입하더라도 같은 주문 건수를 처리할 수 있게 됐다. 현장 노동자들의 피로도 종전 DAS 방식에 비해서는 줄어들 것으로 전망된다.

그렇다고 마켓컬리 물류센터에서 사람이 완전히 사라진 것은 아니다. 여전히 많은 영역의 마켓컬리 물류센터 업무에서 사람은 남아있다. 자동화 설비를 도입한 물류센터라고 문제가 발생하지 않는 것은 아니다. 김포 물류센터 오픈 이후에도 마켓컬리 물류센터는 잊을만하면 한 번씩 문제가 발생하고 있다. 마켓컬리 물류센터엔 여전히 김슬아 대표가 필요할지 모르겠다.

쿠팡 덕평 물류센터 화재가 남긴 숙제

2021년 6월 17일 쿠팡 덕평 메가물류센터가 화마에 휩싸였다. 불길은 5일이 지난 22일이 돼서야 진화됐다. 뼈대만 남은 수만 평의 건물, 수천억 원의 재산피해, 무엇보다 소중한 사람의 목숨을 앗아간 사고였다. 쿠팡은 덕평 물류센터 화재로 인해 2021년 2분기 역대 최대의 영업손실액을 기록했다. 쿠팡 측에 따르면 2021년 2분기 영업손실 5억 1,493만 달러(약 5,957억 원) 중에서 화재 관련 비용은 2억 9,500만 달러(약 3,414억 원)다.

쿠팡은 덕평 물류센터 화재 이후 여론의 융단폭격을 받았다. 공교롭게도 덕평 물류센터 화재 발생 당일 쿠팡 김범석 의장이 의장 직위 및 등기이사에서 사임한다는 소식이 쿠팡 공식 보도자료를 통해 전해졌기 때문이다. 일부 노동계와 언론에서는 김범석 의장이 2022년

1월 27일 시행될 예정인 '중대재해 처벌법'의 처벌을 피하고자 꼼수를 부린 것이라 비판했다. 쿠팡은 이에 대해 김범석 전 의장의 사임 결정은 화재 발생 이전에 결정된 사안이라며 반박했다.

김범석 의장의 중대재해 처벌법 회피 논란의 사실 여부와는 별개로 쿠팡에는 악재가 계속됐다. 덕평 물류센터 화재를 전후로 쿠팡의 열악한 물류센터 및 배송 노동 환경, 입점 판매자를 대상으로 한 갑질 이슈가 사회의 도마에 올랐다.

연이은 부정적인 이슈는 결국 쿠팡에 대한 소비자 불매 운동까지 번졌다. 모바일 데이터 플랫폼 아이지에이웍스의 발표에 따르면 덕평 물류센터 화재가 발생한 이후 4일 동안 쿠팡 이용자 숫자 47만 명이 감소했다. 한때 100조 원에 달했던 쿠팡의 시가총액은 화재 이후 60조 원 규모까지 곤두박질쳤다. 쿠팡에는 기업의 사회적 책임이라는 새로운 숙제가 주어졌다.

쿠팡만의 문제가 아니다

쿠팡 입장에서는 논란의 중심에 선 것이 조금 억울할 수 있겠다. 쿠팡이라는 기업의 화제성으로 인해 대중에게 부정적인 소식이 널리 알려졌지만, 사실 물류센터의 열악한 환경은 쿠팡만의 문제가 아니기 때문이다.

쿠팡의 덕평 물류센터 화재 이전부터 물류센터의 화재 사고는 해마다 한 번씩은 발생하던 이슈였다. 물류센터는 박스, 부자재 등 인화물질이 많고 폐쇄적이고 복잡한 구조로 인해 화재 발생 시 대형 참사로 이어지는 경우가 많다는 평가를 받는다.

당장 2020년 한익스프레스 이천 물류센터 신축공사 현장에서 화재 사고가 발생해서 38명이 사망했다. 쿠팡에 비해 재산피해 규모는 작았지만, 인명 피해는 훨씬 컸던 사고였다. 진보당의 조사에 따르면 2014년부터 2018년까지 물류센터 화재로 사망한 노동자는 1,500명에 달한다.

화재 사고가 끝은 아니다. 우리는 2018년 CJ대한통운 대전 허브 터미널에서 컨베이어 라인 누전 사고로 사망한 상하차 노동자를 기억한다. 같은 해 같은 장소인 대전 허브터미널에서 상하차 작업을 하던 CJ대한통운 하청업체 직원이 트레일러에 치여 사망한 사건을 우리는 기억한다. 2020년 쿠팡 인천 물류센터 화장실에서 심정지 상태로 발견된 50대 남성 노동자를 우리는 기억한다. 모두 물류센터에서 일어난 사망 사고라는 공통점이 있다.

실제 물류센터 안팎에는 안전 위험 요소들이 산재해 있다. 밖에는 거대한 차량이 수시로 드나들고, 내부에선 지게차와 컨베이어벨트가 굴러간다. 여러 위험 요소들로 인해 현장에서는 크고 작은 사고가 수시로 발생한다. 어찌 보면 물류센터를 둘러싼 죽음의 행렬은 새삼스러운 일이 아니다. 과거에도 있었고 최근에도 있었고, 언제고 다시 일어날 수 있다.

일본 물류센터에서 만난 것

2017년 어느 여름 날의 일이다. 우연찮게 일본 도쿄 근교의 물류 센터를 견학할 기회가 생겼다. 사실 별다른 기대를 하지는 않았고, 실제로 만난 물류센터도 그 기대를 크게 벗어나지 않았다.

[그림 2-14] 일본 물류센터 내부

도쿄 근교의 항구도시 요코하마시에 위치한 첫 번째 물류센터는 한국 서울 장지동의 서울복합물류와 크게 다르지 않았다. 수십 년 역사를 자랑하는 이곳은 곳곳에 세월의 흔적이 남아 고풍스럽기까지 했다. 혹시나 기대했지만 첨단 자동화 설비는 당연히 없었다.

그런데 겉보기에 한국 물류센터와 별반 다를 바 없던 요코하마 물류센터 내부에서는 묘한 위화감이 느껴졌다. 지나치게 깔끔했다. 한국 물류센터에서 흔히 굴러다니는 테이프, 박스와 같은 부자재, 핸드카트는 전혀 눈에 보이지 않았다. 눈에 들어오는 것은 오와 열을 맞춰 정렬한 박스와 파렛트의 군단이었다. 깔끔함은 물류센터에 정렬한 화물차에서도 느껴졌다. 영화 〈트랜스포머〉에 나오는 옵티머스프라임이라고 해도 믿을법한 번쩍거림을 자랑했다.

생각해보니 일본 거리와 도로에서 만난 대부분의 차들이 세차장

[그림 2-15] 일본 물류센터의 샤워부스

에서 막 나온 듯이 깨끗했다. 놀라서 SNS에 관련 사진을 올렸는데, 일본에 거주하고 있는 한 업계 지인이 전한 사연이 인상 깊었다. 그는 언젠가 도쿄에서 후쿠오카까지 야간 고속도로 주행을 하다 한 화물차의 뒤를 따라가게 되었다고 한다. 그런데 너무 깨끗한 차량으로 인해 전조등이 반사돼 운전하기 힘들었다고 한다. 일본의 깔끔함은 어찌 보면 문화처럼 보였다.

　요코하마 물류센터에 이어 방문한 도쿄 근교의 또 다른 도시 사가미하라의 물류센터는 나에게 또 다른 놀라움을 전해줬다. 근로자의 복지와 안전을 위한 디테일들이 곳곳에 숨어 있었기 때문이다. 첫 번째 놀라움은 개인 샤워부스다. 100엔(한화 약 1,000원) 동전을 넣으면 5분 동안 이용할 수 있는 시설이다. 견학을 도와준 일본 물류센터 관계자의 설명에 따르면 장거리 주행을 마친 화물차 운전기사들이 땀을 씻기 위해 이용한다고 한다.

사실 물류센터에서 일을 하다 보면 자연히 땀이 온몸을 적신다. 최소한 내가 가본 한국 물류센터 중에는 에어컨이 있는 곳은 없었다. 그냥 거대한 선풍기 몇 대 놓고 굴리는 정돈데 여름에는 이걸로 더위가 감당될 리가 없다. 물류센터에서 8시간 정도 아르바이트를 끝마치고 퇴근 수속을 밟고 나면 '아, 그냥 집에 가서 씻고 싶다'는 생각밖에 안 든다. 샤워장? 최소한 내가 방문했던 물류센터에는 그런 시설이 없었다.

사가미하라 물류센터에는 근사한 카페테라스도 있었다. 이곳은 현장 근로자들의 쉼터로 사용된다고 했다. 자판기의 나라인 일본답게 근로자들의 먹거리를 챙길 수 있는 자판기 여러 대가 놓여있었다. 특히 자판기의 코드를 연결하는 콘센트가 자판기 상단에 노출돼 있는 것이 눈에 띄었다. 콘센트 주변 역시 매우 깔끔했다. 기기 내부에 쌓이는 먼지로 인한 합선 및 화재 방지 측면의 노력으로 보였다. 문득 한국에서 매년 여름이면 보도되는 먼지로 인한 에어컨과 선풍기 화재 사고 보도가 생각났다. 실제 쿠팡 덕평 물류센터 화재도 물류센터 2층 내부 콘센트에서 스파크가 튄 것이 원인이 됐다.

마지막으로 눈에 뜨인 것은 층마다 하나씩 비치된 흡연장과 금속 재떨이였다. 심지어 실내 흡연실이 따로 있는 경우도 있었다. 옥상 한 편이나 지상 1층에 달랑 한두 개의 흡연장을 운영하는 한국 물류센터와는 또 다른 모습이다. 서울복합물류만해도 물류센터에서 일하다가 담배 한 대 태우고 오면 15분 가까이 지났던 생각이 났다. 15분이 어떤 시간이냐면 왔다 갔다만 해도 휴식 시간이 끝나는 시간이다.

물류센터 관계자는 "흡연장 설치는 단순히 노동자 복지 차원을 넘어 화재 예방에도 도움이 된다"고 말했다. 한국 물류센터 같은 경우 흡연장에 쓰레기통 같은 것을 대충 함께 두는 경우가 많은데, 화재로 연결되는 요인 중 하나라고 한다. 물류센터에 제대로 된 흡연장만 만들더라도 화재가 발생할 확률은 상당 부분 감소한다는 게 그의 설명이었다.

토요타의 '3정 5S'의 교훈

뜬금없이 일본 물류센터 이야기를 한 이유는 그들의 현장에서 우리가 배울 것이 있다고 생각해서다. 기술과 설비 측면에서는 일본 물류센터가 우리나라보다 무엇이 더 나은지는 사실 알아차리지 못했다. 하지만 문화라고 해야 할까. 물류 현장을 대하는 자세에서 본다면 일본 물류센터에선 한국에 없는 것들이 보였다.

학창 시절 배웠던 토요타의 생산관리 시스템 '3정正 5S'가 기억난다. 사실 말이 시스템이지 그 속을 들여다 보면 작업장을 열심히 치우고, 물건을 제 위치에 정리하는 관념 규범에 가깝다. 5S 중 '정리(Seiri)', '정돈(Seiton)', '청소(Seiso)', '청결(Seiketsu)', 네 가지 요소는 모두 '깔끔함'이라는 키워드와 관련돼 있다. 하나 남은 S인 '습관화(Shitsuke)' 또한 앞서 언급한 4개의 요소를 지킬 수 있는 현장 규율을 만들고, 작업자의 습관에 내재화시키자는 내용이다. 심지어

3정(정품, 정량, 정위치)은 5S의 하나인 '정돈'을 지원하는 표준화 방법론이다. 요컨대 토요타의 3정 5S를 한마디로 표현하면 '깔끔함의 습관화'라 해도 과언 아니다.

이런 깔끔함에 집착하는 문화는 내가 만난 일본의 오래된 물류센터에서도 찾을 수 있었다. 깔끔함은 그 자체로 작업자의 만족도, 근무 환경을 개선시키는 요인이 된다. 전기 설비에 쌓인 먼지 등으로 혹여나 발생할 수 있는 화재 가능성도 크게 줄여준다. 더 기대해본다면 3D 업종의 대표주자처럼 보이기도 하는 물류 산업의 이미지를 조금이라도 긍정적으로 바꿀 계기가 될지도 모른다.

깔끔함은 현장 근로자의 사기뿐만 아니라 실제 생산성에도 영향을 준다. 큰 이벤트가 오기 전에 제때 제 위치에 물건을 위치시키는 것만으로도 물류센터의 생산성을 크게 높였다는 무용담은 한국에서도 들은 적이 있다. 동남아 최대 마켓플레이스 쇼피의 한국 물류 파트너인 풀필먼트업체 리브 이명범 대표의 이야기다.

"마켓플레이스에서는 매출을 끌어올리기 위한 여러 이벤트를 진행하죠. 물류업체 입장에선 이벤트 기간에 맞춰 물동량 폭증이 예측되는 것인데요. 우리는 이벤트가 열린다고 하면 그 전에 창고 재고를 최대한 정리합니다. 있어야 할 공간에 재고가 있도록 최대한 정리 정돈하는 거죠. 만약 이벤트가 시작됐는데 공간 배분이 비효율적이면 생산성에 큰 악영향을 줍니다. 피킹을 해야 할 때 피킹이 안 되는 등의 사고가 발생하죠. 그런 요소가 발생할 가능성을 사전 준비를 통해 제로로 만들어놓습니다. 일종의 최적화입니다. 재고가 있어야 할 자리에 있도록 정리만 사전에 잘해도

30~40% 이상의 생산성 차이를 벌리는 것 같습니다."

함께 일본 물류센터를 견학한 물류 인프라 컨설팅업체 디오로지
텍의 손병석 본부장은 나에게 이런 말을 했다. 현시점 일본 물류센
터와 국내 물류센터의 물류 인프라의 격차를 비교하는 것은 사실상
큰 의미가 없다고. 어차피 한국 물류센터 대부분이 진열대와 같은
설비 대부분을 직접 개발하지 않고 수입하며, 단가경쟁에만 매몰돼
있다고. 이런 상황에서 기술적인 부분의 차이를 이야기하는 것은
별 의미가 없다고.

대신 일본 물류센터가 한국에 주는 교훈은 '근로자의 복지'와 '안
전설계'에 대한 고민에서 찾을 수 있을 것이라 했다. 한국은 물류센
터 인프라를 구축하는 데 자산운용사, 투자사, 물류센터 임대사, 인
력 도급업체 등 다양한 주체가 연결된다. 안타깝게도 이 중 물류센
터 근로자를 위한 복지 투자에 굳이 나서는 업체는 찾아보기 힘들
다. 안전관리의 주체를 제도적으로 명확하게 한 일본과는 달리 한
국은 안전관리를 신경 쓰며 돈을 쓰는 주체가 정해져 있지 않았기
때문이라고 그는 분석했다. 저단가 경쟁이 일반화된 한국 물류업계
의 상황은 물류센터 노동자의 근로환경 악화로 이어지기도 한다.
최저임금 수준의 고용이 아니라면 기업이 생존할 수 없기에, 더 나
은 미래를 위해 자동화나 근로환경 개선에 투자할 여건 또한 당연
히 없어진다는 설명이었다.

정말로 현장 복지에 대한 투자가 기업의 이익과는 전혀 연결되
지 않는 생뚱맞은 일인 것일까. 최근의 분위기를 보자면 물류를 품

은 기업도 물류센터가 죽음의 공간으로 인식되는 현실을 방관하면 안 될 것 같다. 늘어나고 있는 기업의 사회적 책임에 대한 기대로 ESG[15]가 산업을 막론한 트렌드로 대두되고 있다. 쿠팡의 덕평 물류센터 화재처럼 소비재를 판매하는 기업이라면 얼마든지 소비자의 불매운동이라는 결과를 맞닥뜨릴 수 있다. 사회적 이슈는 결국 기업의 매출을 흔들고, 노동자를 원활하게 수급하는 데 악영향을 끼칠 수 있다. 결국 노동 환경에서 절감하려던 비용 이상의 피해를 부담할 수 있다. 앞서 강조한 전체 가치사슬의 최적화라는 목표와 부합해서 보더라도 이는 기업의 성장에 부정적인 이슈로 작용한다.

이쯤에서 생각해보자. 물류센터 근로자에 대한 수요가 늘어나고 있고, 많은 물류센터가 인력난을 겪는 것은 업계 모두가 공감하고 있는 문제다. 이런 상황에서 왜 근로자들이 물류센터 근무를 기피할까. 최저 수준의 임금에 에어컨 하나 없는 근무환경, 땀을 뻘뻘 흘려야 하는 현장 까대기. 택배 상하차만큼은 아니더라도 그 이유는 많다.

우리나라 물류센터의 환경은 지금 어떠한가. 그 안에서 일하고 있는 노동자는 어떠한가. 그리고 물류센터를 통해 돈을 벌고 있는 것은 누구인가. 최소한 노동자는 아닌 것 같다. 그렇다고 과연 인력 도급업체와 3PL업체는 돈을 많이 벌고 있을까. 그것도 아닌 것 같다.

물류 부동산이 뜨고, ESG가 뜬다고 하는 지금. 조금은 진지하게

---

15 기업의 비재무적 요소인 '환경(Environment)', '사회(Social)', '지배구조(Governance)'를 뜻하는 말

고민해 보자. 일본 물류센터의 병적인 깔끔함을 막연하게 받아들이자고 주장하는 것은 아니다. 정작 배워야 할 것은 따로 있다. 물류현장을 바라보는 인식, 관점의 전환이다.

당근마켓에서 만난 '공유 물류'의 궁극체

2021년 9월 기준 1,600만의 MAU_{Monthly Active Users}(한 달 동안 해당 서비스를 이용한 순수한 이용자의 수). 쇼핑 앱 기준으로 쿠팡에 이어 국내 2위의 트래픽. 중고거래 앱 중에서 1위. 2020년 기준 하루 평균 앱 체류시간 16분, 월평균 방문 빈도 20일. 국내 쇼핑 앱 중에서 1위.

2021년 7월 기준 각 지역에 거주하는 20~64세 인구수 대비 당근마켓의 이용자 비중. 서울 강남구 106.5%, 세종시 104.1%, 경기 하남 98.9%, 경기 김포 94.9%, 부산 강서구 93.8%, 제주시 92.2%, 서귀포시 91.3%. 그야말로 압도적인 침투율. 당근마켓을 따라다니는 여러 숫자들입니다.[16] 그야말로 무서울 정도입니다.

당근마켓은 중고거래 앱이지만 중고거래를 하려고 사업을 시작한 업체가 아닙니다. 하고자 하는 것은 지역 기반 커뮤니티입니다. 중고거래는 커뮤니티를 활성화하기 위한 수단 중 하나일 뿐이죠. 그래서 당근마켓이 집중해서 보는 수치도 쇼핑 앱에서 주로 살펴보는 '거래액'이나 'MAU'가 아닙니다. 커뮤니티 앱에서 주로 살펴보는 '체류 시간'과 '방문 빈도'입니다.

---

16 당근마켓은 MAU 기준 쿠팡에 이어 국내 2위 쇼핑 앱이다. 기존 2위 쇼핑 앱이었던 11번가의 트래픽을 2020년 4월 추월했고, 1년 사이 큰 격차를 벌렸다.

[그림 2-16] 쇼핑 앱 사용자수 당근마켓 (출처 : 아이지에이웍스, 2021년 7월)

당근마켓은 물류를 하지 않습니다. 하지만 물류를 하고 있기도 합니다. 아!
2021년 시범 테스트를 시작한 '당근배송' 서비스가 있긴 합니다. 하지만 당
근배송 이야기를 여기서 하려는 것은 아닙니다. 당근배송 이전에도 당근마
켓에는 물류가 있었습니다.

당근마켓은 '물류 없는 물류'를 할 수 있는 플랫폼입니다. 당근마켓에는 물
류는 없지만 공간과 이동, 그리고 연결이 만들어내는 가치가 녹아 있습니다.
상품을 보관할 물류센터요? 집에 남는 유휴 공간, 자택 선반과 발코니가 창
고가 됩니다. 상품을 배송하는 택배기사요? 우리가 배송기사가 됩니다. 우리
이웃이 픽업 기사가 됩니다. 우리가 이동하는 시간과 경로에 새로운 가치가
녹아듭니다.

당근마켓 가치사슬 안에는 보관도, 픽업도, 배송도 녹아 있습니다. 그런데

이 중에서 누구도 물류비를 받는 이가 없습니다. 받을 생각조차 안 합니다. 당근마켓에서 픽업 거래를 하면서 물류비 4,000원을 청구하는 사람이 있던 가요? 보관료 평당 5만 원을 청구하는 사람이 있던가요? 사람들은 스스로 보관과 픽업, 배송에 소요되는 비용을 감당합니다. 자가용 기름값이든, 대중교통 요금이든 쓰는 것을 마다하지 않습니다.

돈을 받는 경우가 없는 것은 아닙니다. 만약 당근마켓에서 혼자 옮기기에 버거운 부피가 큰 상품을 구매한다면 앱상에서 자동으로 지역에 있는 용달차주를 추천해주는 알람이 뜹니다. 하지만 그것을 선택하는 건 우리의 몫입니다. 연결된 용달차주 또한 우리가 모르는 대형물류업체가 아닙니다. 지역의 이웃입니다. 화물운송업계에 만연한 다단계 주선이 아닙니다. 이웃과의 직거래입니다.

당근마켓은 새벽배송과 당일배송을 대체합니다. 20~64세 제주도민의 90% 이상이 당근마켓을 이용합니다. 거의 모든 사람이 이용한다고 볼 수 있습니다. 이들이 마트 당일배송이나 온라인 새벽배송으로 살 것을 당근마켓에서 구매하고 나눕니다. 10개 들이 스팸 선물 세트가 들어오면 먹을 만큼 먹고 나머지는 당근마켓에 판매합니다. 산지에서 바로 캐낸 전복, 관광객이 낚시로 잡은 다금바리를 지역 주민과 함께 나눕니다. 상품을 거래하는 과정에서 대화를 나누다 보면 서로 친해져서 카톡방이 만들어집니다.

당근마켓은 중고거래 수수료를 받지 않습니다. 받을 생각도 없습니다. 2021년 10월 당근마켓의 유일한 수익모델은 지역 기반 광고입니다. 심지어 지역 특색이 없으면 당근마켓 광고를 이용하지도 못합니다. 오프라인 거점이 없는 순수 온라인업체는 당근마켓에 광고를 못 합니다. 돈을 준다는 이들도 쳐내니 앞으로 당근마켓이 어떻게 돈을 벌지 걱정될 정도입니다. 돈보다는 커뮤니티에 가치를 둔 당근마켓의 시도입니다.

당근마켓에는 공유경제의 궁극체가 보입니다. 공유경제라는 키워드를 뒤에 업은 여럿 플랫폼들이 위기에 직면한 이유는 플랫폼에서 일하는 노동자가 전업화되었기 때문이라 봅니다. 유휴 공간과 유휴 경로의 공유가 아니라 돈을 위해 모든 시간을 투하하여 일하는 사람들이 늘어났습니다. 제도권에서 보호받지 못하는 또 다른 택시가, 또 다른 화물기사가 나타났습니다. 기존 제도권에 있던 이들과의 사회적 갈등으로 번졌습니다.

공유경제가 망가진 이유는 공유가 추구하는 가치는 사라지고 경제만 남게 되었기 때문입니다. 그래서 아름다운 공유경제는 공짜에서 나온다는 미친 생각을 해봅니다. 공짜라면 전업화된 업자가 들어오기 힘듭니다. 공짜라면 경제는 사라지고 공유의 가치가 극대화 됩니다.

당근마켓 생태계 안에는 여러 공짜 물류가 녹아 있습니다. 그런데 누구도 그것을 물류라고 생각하지 않습니다. 업자라면 울분을 토했을 공짜 물류를 누구도 이상하게 생각하지 않습니다. 바로 여기에 물류비 제로를 만들 파괴적인 비즈니스 모델의 힌트가 있을지 모르겠습니다.

Chapter 3

이동의 가치

물류는 이동을 통해 새로운 가치를 만든다. 과거의 우마차부터 근대의 열차, 현대의 대형 선박과 항공기, 미래의 자율주행차까지. 이동을 만드는 수단은 물류의 역사와 함께 진화한다. 하지만 이동의 본질은 바뀌지 않는다. 어떤 물건을 빠르고, 안전하고, 정확한 시간에 새로운 장소로 이동시킴으로 가치를 만드는 것이 물류 관점에서 본 이동의 본질이다. 그 때문에 이동 수단이 무엇이냐는 그렇게 중요하지 않을 수 있다. 법적으로 물류 운송 수단으로 인정받는 화물차든, 법적으로 물류로 인정되지 않는 도보 배달원이든 무슨 상관이겠는가. 중요한 것은 방법이 아니다. 이동의 본질을 충족시키는 것이다.

쿠팡플렉스가 '선망의 대상'이 되기까지

안 될 비즈니스다. 투자가 궁하니 별짓을 다 한다. 또 저렇게 돈만 팡팡 쓰다가 그만두겠지. 아마존 비즈니스 모델을 어디까지 따라 하나 보자.

2018년 8월, 일반인을 배송인으로 활용한 공유 물류 서비스 '쿠팡플렉스'가 등장한 이후 업계의 평가들이다. 쿠팡에 대한 소프트뱅크 비전펀드의 20억 달러 추가 투자가 발표되기 전, 공유 물류의 성공 사례가 존재하지 않았던 시점에서, 이름도 비슷한 아마존플렉스가 2015년 서비스를 시작하고 뒤따라 나타났다는 이유에서. 쿠팡플렉스에 대한 업계의 이런 평가가 나올 법도 했다.

초기 쿠팡플렉스는 업계의 예측처럼 되는 듯했다. 곳곳에서 운영 문제가 터져 나왔다. 쿠팡 입장에서는 쿠팡플렉스로 업무를 수행하는 일반인들이 정직원으로 고용한 배송기사 이상의 효율을 낼 수 있기를 바랐을 것이다. 하지만 그러지 못했다. 파트타임으로 일하는 일반이기 때문에 발생하는 미숙함, 무책임이 있었다.

대표적인 문제가 오배송, 오분류, 분실이다. 쿠팡이 관련된 건수를 공식적으로 발표하진 않았지만 초기 오픈카톡방으로 운영하던 쿠팡플렉스 캠프 관리자 공지 사항을 보면 그 건수가 적지 않음을 짐작할 수 있다.

당시 기록을 들춰보면 그야말로 격변의 하루하루가 스쳐 갔음을 알 수 있다. '길 가다가 쿠팡 상품이 들어있는 상자를 주웠는데 어떻게 처리해야 되느냐?', '상품이 파손됐는데 어떻게 해야 하냐?', '목적지가 시장이고 수취인이 부재중인데 대체 어디다 상품을 놓아야 하냐?', '자가용에 실리지 않는 과적 화물을 할당받았다는 이유로 물건을 두고 가는 이들이 속출했다는 관리자의 경고' 등 수많은 질문과 문제들이 채팅창을 가득 메웠다.

초기 자가용 플렉스 배송인과 함께 모았던 아파트 단지 도보 배송인 서비스에도 문제가 발생했다. 아파트 단지에 배송하는 쿠팡플렉스 도보 배송인은 롤테이너에 담긴 쿠팡 상품을 인계받아 해당 단지 내 고객에게 배송하는 일을 했다. 배송인이 자리를 비운 사이 롤테이너를 지키는 사람이 없어 도난 위험이 상존했다. 결국 이 서비스는 빠르게 자취를 감춘다.

쿠팡플렉스 배송인 참가를 신청하고도 배송 현장 캠프에 나오지 않는 노쇼 문제도 많았다. 쿠팡은 노쇼로 인한 인력 부족을 해결하고자 그때그때 문자 알림을 보내며 부족한 쿠팡플렉스 배송인을 확충했다. 그래도 안 된다면 정규직 배송기사인 쿠팡맨을 동원하여 물량을 처리했다. 이 또한 쿠팡이 감당한 비용 중 하나이고, 정규직 배송기사 쿠팡맨의 업무 가중을 이끈 요인이기도 하다.

쿠팡은 운영 측면에서 발생하는 여러 문제를 해결하기 위해 다양한 방법을 시도했다. 배송인들의 물량 할당을 줄이거나 업무 자체를 막아 버리는 '블랙리스트'가 대표적인 조치였다. 쿠팡이 대외적으로 블랙리스트 시스템을 운영한다는 것을 밝히진 않았지만, 쿠팡플렉스 배송인들은 모두가 이 블랙리스트의 존재를 알고 있었다. 쿠팡플렉스 관리자들도 공공연히 카톡방에서 블랙리스트의 존재를 언급했다.

마켓컬리가 2021년 물류센터 노동자 블랙리스트 운영 논란으로 곤혹스러웠던 것을 생각하면, 2018년의 쿠팡은 생각보다 블랙리스트 이슈를 조용히 잘 넘겼다. 사실 이런 문제가 마켓컬리와 쿠팡만의 문제는 아니다. 노동집약적인 물류 현장에서 흔히 일어나는 관리 이슈 중 하나다. 플랫폼 노동에 대한 관심과 논의가 많아지면서 밖으로 불거졌을 뿐이다. 블랙리스트 운영을 옹호할 생각은 없지만, 운이 나쁘게 여러 업체 중 마켓컬리가 걸린 것은 맞다. 마켓컬리 입장에선 좀 억울할 법하다.

법을 위반한 서비스라고요?

엎친 데 덮친 격으로 쿠팡플렉스가 '화물자동차 운수사업법'을 위반했다는 논란까지 이어졌다. 쿠팡플렉스는 일반인의 자가용을 활용한 배송 서비스인데, 화물운송업계에선 이것이 화물자동차 운수사업법의 '유상운송금지' 조항을 위반한 것이라 지적했다. 블랙리스트와는 다르게 이 뉴스는 많은 언론에 보도되어 큰 이슈가 되었다.

논란이 되던 법을 살펴보면 이렇다. 화물자동차 운수사업법 제2조

(정의)에 따르면 '화물자동차 운송사업이란 다른 사람의 요구에 응하여 화물자동차를 사용하여 화물을 유상으로 운송하는 사업'을 말한다. 화물자동차 운수사업법 제56조(유상운송의 금지)에 따르면 '자가용 화물자동차의 소유자 또는 사용자는 자가용 화물자동차를 유상(그 자동차의 운행에 필요한 경비를 포함한다)으로 화물운송용으로 제공하거나 임대하여서는 아니 된다'고 규정하고 있다.

쿠팡은 과거 로켓배송에서 같은 논란을 정면 돌파했던 경험이 있다. 관심 있게 본 사람이라면 알겠지만 쿠팡의 로켓배송 차량은 자가용 화물차다. 노란색 영업용 번호판이 아닌 하얀색 자가용 번호판이 달려 있다.

이때 쿠팡이 로켓배송을 합법이라 주장한 논리는 두 가지였다. 첫째, 쿠팡 로켓배송은 직매입을 하기 때문에 다른 사람의 요구에 응하여 화물자동차로 배송하는 것이 아니다. 화물의 주인은 쿠팡이다. 둘째, 쿠팡 로켓배송은 최소주문금액은 있지만 무료 배송이다. 소비자에게 받는 배송비가 없기 때문에 유상운송이 아니다. 그래서 쿠팡의 로켓배송은 화물자동차 운송사업이 아니라는 주장이었고, 쿠팡의 이런 주장은 법원에서 받아들여졌다.

새롭게 불어 닥친 쿠팡플렉스의 위법 논란은 조금 달랐다. 여전히 쿠팡은 직매입한 상품을 쿠팡플렉스 배송인에게 인계하기 때문에 다른 사람의 요구에 응하여 화물자동차로 배송하는 것은 아니라고 볼 수 있다. 하지만 유상운송에서는 조건이 있다. 쿠팡플렉스 배송인은 쿠팡으로부터 건당 배송에 대한 돈을 받는다. 여기서 새로운 논란이 발생했다. 하지만 쿠팡플렉스는 이 논란 또한 정면 돌파했다. 이번에 쿠팡이 가지고 온 논리는 '자동차관리법'이었다. 자동차관리법 제3조(자동차의 종류)에 따르면 '화물자동차는 화물을 운송하기에 적합한 화물 적재 공간을 갖추고, 화물 적재 공간의 총적재 화물의 무게가 운전자를 제외한 승객이 승차공간에 모두 탑승했을 때의 승객의 무게보다 많은 자동차다'라고 규정한다. 쿠팡의 논리는 쿠팡플렉스가 화물자동차가 아닌 자가용만을 유상운송에 활용한다는 것이었다.

실제 쿠팡플렉스는 화물자동차의 운송을 엄격히 금지하고 있다. 자동차관리법상 화물자동차로 분류되지 않는 자가용만 쿠팡플렉스 배송인으로 참가 가능하다. 자가용 번호판을 장착한 화물차, 적재함을 개조한 차량, 승합차 번호판 8, 9로 시작되는 화물 스타렉스(밴), 택배 전용 '배'자 번호판이 부착된 차량의 쿠팡플렉스 배송인으로 유입은 금지했다. 이는 쿠팡이 쿠팡플렉스가 위법 소지가 없다고 주장하는 배경이 됐다.

효율을 올리기 시작한 쿠팡플렉스

쿠팡은 여러 우여곡절을 뚫고 수십만 명의 배송 네트워크를 구축하여 쿠팡플렉스를 활성화시켰다. 쿠팡플렉스는 쿠팡에 있어 예측 불가능할 정도로 쏟아지는 물동량을 유연하게 처리할 수 있는 '긴급배송 네트워크'가 됐다. 이커머스 수요의 급증을 일반인들에게 할당하여 고정비를 절감했다.

쿠팡에 따르면 2021년 7월 기준 누적 수십만 명 이상의 일반인들이 쿠팡플렉스 배송기사에 참여했다. 사실 이 숫자는 과소 포장된 듯

하다. 2018년 12월 쿠팡이 밝힌 쿠팡플렉스 누적 배송 건수가 30만 건이다. 2019년 1월에 쿠팡 측에 확인한 결과, 하루 평균 4,000명 이상의 배송인이 활동하고 있다고 했다. 대충 계산해 봐도 2019년 연간 활동 쿠팡플렉스 배송인력이 146만 명은 넘는다는 이야기다. 코로나19 이후로 더욱 늘어났을 공급자의 유입을 감안한다면 그 숫자는 더 커질 것이다.

더군다나 쿠팡플렉스는 변동비의 효율까지 만들어내기 시작했다. 쿠팡플렉스 초기만 하더라도 건당 1,000~3,000원 상당의 높은 건당 비용을 지급하여 배송인을 모집했는데, 이 수치가 2021년 10월 기준으로 보면 건당 700~800원 수준으로 떨어졌다. 수도권에서 활동하는 CJ대한통운 택배기사가 받는 건당 수수료가 대략 이 정도다.[17] 더군다나 쿠팡플렉스는 택배처럼 익일배송 서비스만 처리하지 않는다. 새벽배송, 당일배송 현장에도 투입된다. 쿠팡플렉스는 이러한 빠른배송 건들도 1,000원 안팎의 비용으로 처리한다. 기존 시장에 존재하던 단가표가 뒤흔들릴 정도의 파급이 여기서 나온다.

예를 들어 새벽배송 같은 경우 업체마다 조금씩 다르긴 하지만, 배송인에게 270만 원 정도의 월급을 지급한다. 거기에 일정 배송 건수를 초과하면 건당 인센티브를 추가 지급하는 방식이 공식화됐다. 이를 건당 기준으로 환산하면 대략 2,000~2,500원 수준이다. 그런데 쿠팡은 새벽배송을 쿠팡플렉스 배송인을 통해 건당 1,000~1,200원

---

17 배송 밀도가 떨어지는 지방의 택배기사가 받는 건당 배송비는 더 높다.

에 처리하고 있다.

당일배송 영역으로 넘어가면 더하다. 1시간 이내 즉시배달 서비스를 제공하는 배달대행기사는 건당 3,000~4,000원의 돈을 받는 게 시장 가격이다. 2~3시간을 초과하는 당일배송 영역에서도, 많이 내려간 시장 가격을 고려하더라도 3,000~4,000원 정도를 받는다. 그런데 쿠팡은 이를 건당 1,000원 내외로 처리하고 있다. 이 모습을 보면서 높은 비용을 들여 저온 새벽배송 차량을 수급하여 물류를 처리하고 있는 마켓컬리나 이마트 물류 담당자는 어떤 생각을 했을까. 망할 것 같았던 비즈니스 모델 쿠팡플렉스가 업계 몇몇 이들에게 선망의 대상이 된 배경이다.

물론 쿠팡 입장에서는 배송기사에게 지급하는 비용이 전부는 아니다. 신선식품 새벽배송에 있어선 냉매와 같은 포장 부자재에 많은 돈을 썼다. 빠른배송을 만들 수 있는 기반 인프라 마련에도 막대한 투자비와 운영비용을 소모했다. 그렇기에 쿠팡플렉스를 단순히 배송 단가의 효율로만 판단할 수 없다. 쿠팡이 종전 투자했던 여러 물류 인프라를 조립하여 서비스를 최적화 시켰기 때문이다.

쿠팡플렉스의 배송 단가가 떨어진 이유

쿠팡플렉스의 배송인 지급 단가가 택배 수준으로 떨어졌다는 것은 쿠팡 입장에선 분명한 효율이다. 하지만 쿠팡플렉스에 참가하는 공급자 입장에서는 이보다 기분 나쁜 것이 없다.

쿠팡플렉스 단가가 빠른 속도로 떨어지던 시점은 2019년 상반기다. 이 시점부터 건당 800~1,000원 수준의 가격이 보이기 시작했다. 2019년 쿠팡플렉스를 유튜브에서 검색해보면 당시 수많은 배송인들의 불만을 확인할 수 있다. 그만큼 많은 이들이 쿠팡플렉스를 이탈했고, 계속해서 일하고 있는 이들의 불만도 여러 커뮤니티를 통해 관측됐다.

그 이후 2년이 지난 지금 쿠팡플렉스의 배송 단가 평균은 2019년 보다 더 떨어졌다. 대체 왜 이런 일이 일어났을까. 일단 전제 조건은 수많은 배송인들의 불만에도 불구하고 더 많은 공급이 쿠팡플렉스로 유입됐다는 것이다. 쿠팡플렉스가 수요와 공급량에 따라 가격이 수시로 바뀌는 다이나믹 프라이싱 시스템을 운영하기 때문이다. 당연히 수요(물량)에 비해 공급(쿠팡플렉스 배송인)이 많으면 단가는 떨어진다. 더 많은 공급자가 쿠팡플렉스로 유입된 것이다.

그 이유에 대해 쿠팡은 공식적인 입장을 밝히지 않았다. 하지만 몇 가지 정보를 기반으로 추측해볼 수는 있다. 첫 번째는 쿠팡플렉스 배송인의 노하우 증가다. 특정 지역, 아무래도 거주 지역 근방에서 반복 활동하는 쿠팡플렉스 배송인 특성상 업무를 반복할수록 실력이 늘어난다. 자주 가던 배송지가 익숙해지고 길눈이 트인다. 이에 따라 시간당 처리할 수 있는 생산성이 증가한다. 단가가 떨어지더라도 시간당 벌어가는 돈은 그대로, 혹은 더 많아질 수 있다. 물론 업무 강도는 종전보다 늘어날 수 있다는 함정이 있긴 하지만 말이다.

사실 택배기사도 처음 시작을 하고 몇 개월의 수익은 종전의 절반 수준으로 형편없다. 시간이 흐를수록 노하우가 늘어난다. CJ대한통운이 2018년 기준 택배기사의 평균 연 소득이 6,937만 원, 순소득은 5,200만 원(월 433만 원)이라고 밝혔는데 이 숫자에는 함정이 있다. 조사 표본이 1년 이상 일을 한 택배기사다. 생산성이 어느 정도 높아진 경력 택배기사를 표본으로 했기에 당연히 평균 수익이 높게 잡힌 것이다. 그럼 생초보 택배기사는 얼마나 벌까. 이에 대해서는 CJ대한통운 파주대리점 윤성구 점장의 말로 갈음한다.

"택배를 전혀 모르는 생짜 택배기사가 우리 대리점에 들어온다고 해보죠. 그러면 그 사람이 죽어라고 해서 한 달에 벌 수 있는 돈이 한 달에 260~270만 원 정도에요. 이렇게 일하면 그 택배기사 몸무게가 한 6kg 빠져요. 그렇게 통장에 꽂히는 순이익은 220~230만 원 정도에요. 워낙 힘드니까 이 시점이 되면 택배를 계속해야 하나 고민합니다. 그 고민을 버티고 몇 달이 더 지나야 순이익 300만 원이 넘어가요. 그러니까 택배도 경력과 노하우가 필요해요. 주먹구구로 하면 분실이나 오배송 같은 사고가 많이 날 수밖에 없어요. 시간이 지나면 하루하루 배송하는 루트가 눈에 들어오기 시작해요. 벌이 또한 점점 많아지고요."

단순히 배송인의 실력증가도 있겠지만, 여기에 쿠팡의 운영 노하우가 더해진다. 앞서 언급한 블랙리스트와 같은 시스템을 통해 실력이나 책임감이 없는 쿠팡플렉스 배송인은 자연스럽게 네트워크에서 배제시킨다. 실제 쿠팡은 쿠팡플렉스를 처음 하는 초보자에게 많은 물량을 배분하지 않는다. 30건 이하의 소규모 물량을 먼저 배분하고, 이후 이들의 노하우가 쌓이면 50~100건까지 더 많은 물량을 배분하는 식이다. 모두 그간 쿠팡의 실패 경험이 축적된 결과다.

두 번째 이유는 쿠팡 새벽배송의 규모와 밀도의 효율이 상승했기 때문이다. 쿠팡플렉스 론칭 이후 얼마 지나지 않은 2018년 10월에 시작한 새벽배송은 빠르게 성장했다. 불과 1년도 안 돼서 하루 출고량 9만 건을 넘어섰다. 같은 기간 종전 새벽배송 1위였던 마켓컬리의 하루 출고량 4만 건을 큰 폭으로 상회했다. 코로나19로 변곡점을 맞이한 쿠팡 새벽배송 물동량은 이후 더 빠른 속도로 치고 올라온 것으로 전해진다. 바꿔 말하면 쿠팡의 새벽배송을 이용하는 고객의 규모(고객 숫자)와 밀도(배송지의 밀집도)의 효율이 높아졌다는 이야기다.

　실제로 쿠팡플렉스 초기 배송인들은 새백배송에 대해 높은 단가(2,000~3,000원)를 주는데도 불구하고 배송을 꺼렸다. 그 이유는 시간당 벌이로 보면 새벽배송이 주간배송보다 오히려 수익이 떨어졌기 때문이다. 쿠팡플렉스 배송인들이 상품을 픽업하여 방문하는 목적지들 사이의 거리가 멀어서 시간당 생산성이 떨어졌다는 증언이 나온다. 하지만 지금에 와선 주문 밀집도에 대한 불만은 눈에 띄게 사라졌다. 대신 낮은 단가에 대한 불만이 그 자리를 차지했을 뿐이다.

　세 번째 이유는 쿠팡플렉스에 일반인이 아닌 업자가 합류하기 시작했기 때문이다. 2019년을 즈음해서 지역에서 용달차를 운영하고 있는 화물운송기사, 택배기사가 남는 시간을 활용하여, 혹은 화물차에 남는 공간을 활용하여 쿠팡플렉스의 물동량을 처리하기 시작했다는 이야기가 업계 곳곳에서 들리기 시작했다. 낮에는 마트배송을 하고 새벽 시간을 활용해 쿠팡플렉스 업무를 하는 화물차주도 나타났다.

업자에게 쿠팡플렉스는 쿠팡의 물량을 받아서 같은 시간에 더 많은 돈을 벌 수 있는 수단이 된다. 그들에게는 경우에 따라 쿠팡플렉스가 지급하는 건당 800~1,000원의 수익이 나쁘지 않을 수도 있다. 택배기사 입장에서 본다면 그들이 기존에 받던 돈보다 쿠팡플렉스 물량을 받아 처리하는 건당 수익이 더 높을 수 있기 때문이다.

쿠팡은 이렇게 유입되는 전업 노동자들을 인식했는지 2019년 3월 하루 단위가 아닌 월 단위 근로 계약을 하는 '플렉스플러스'라는 시스템을 새로 만들었다. 기존 물류업을 하는 노란색 영업용 번호판을 가지고 있는 화물차주를 안정적으로 쿠팡플렉스 네트워크로 편입시키기 위한 정책이다. 그 결과 일반인 배송기사는 기존 화물운송업자와 물량을 경쟁하게 됐다.

네 번째는 코로나19다. 코로나19는 이커머스의 수요를 끌어올리기도 했지만 동시에 물류 공급자의 숫자를 비약적으로 끌어 올리는 원인이 됐다. 당장 생계의 문제에 직면한 오프라인 기반 사업자들이 쉽게 단기 노동을 할 수 있는 물류 현장에 유입되기 시작했다. 현장에서는 임대료를 감당하기 위해 손님이 없는 가게 문을 닫고 물류 노동자를 택한 이들의 늘어났다. 그로 인해 공급이 증가했고, 단가는 떨어졌다. 그 수혜는 쿠팡플렉스의 것이었다.

미친 공유의 시대를 바라보며

2021년 기준, 쿠팡플렉스는 물류업계 곳곳에서 공유 물류 열풍을 만들었다. 2019년 7월 우아한형제들의 크라우드소싱 물류 네트워크 '배민커넥트'가 시작됐다. 불과 반년이 지난 2020년 2월 배민커넥터의 숫자는 1만 4,730명으로 늘어나며, 동시대 존재하던 전업 배달기사 2,283명을 뛰어넘었다.

2020년 8월 GS리테일이 '우딜(우리동네 딜리버리)'을 시작했고, 2021년 6월에는 카카오모빌리티가 '카카오T 퀵'을 공식 론칭했다. 모두 일반인 기반 배송망을 활용한다. '디버', '오늘의 픽업', '퀵커스'와 같은 공유 배송을 기반으로 한 스타트업들도 규모를 만들며 성장하기 시작했다. 심지어 플렉스 배송을 검토하고 있는 택배업체가 있다는 말까지 들린다.

모바일인덱스에 따르면 2021년 7월 배민커넥트 앱을 이용하는 월간 활성 사용자 숫자 MAU는 20만 명을 넘었다. 마찬가지로 플렉스 배송으로 배달 서비스를 제공하는 쿠팡이츠 배달 파트너 앱의 2021년 7월 MAU는 49만 명을 넘겼다. 그야말로 미친 공유의 시대다.

공유 물류의 활성화로 더 많은 사람들에게 물류는 가까워졌다. 자신이 원하는 시간을 활용해 짬짬이 자유롭게 일을 할 수 있게 됐다. 본업에 집중하면서 남는 시간을 활용해 돈도 벌 수 있다. 우리 모두에게 N잡 시대가 열렸다. 생활 속에 물류가 들어왔다. 플랫폼 노동의 효용이다.

하지만 더 많은 사람에게 물류가 가까워졌다고 그들이 물류에 대한 긍정적인 감정을 품은 것은 아니다. 물류 일자리는 단기적으로 돈을 버는 곳으로 의미가 있을지언정 여전히 오랫동안 일하고 싶은 일자리는 아니다. 누군가에게 내세우고 싶은 일자리도 아니다. 더군다나 공유 물류 일자리는 기존 특수형태 근로종사자를 둘러싼 부정적인 논란을 그대로 함의, 계승하고 있다. 자유로운 일자리는 바

[그림 3-1] 우아한형제들의 전업 배달기사(배민라이더)와 공유 배달기사(배민커넥터)의 증가 추이

(출처 : 우아한형제들)

배민라이더 수

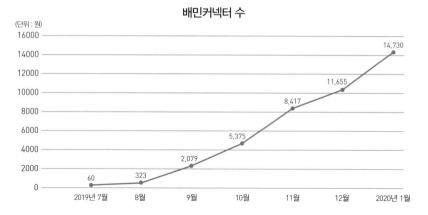

배민커넥터 수

꿔 말하면 해고되기 쉬운 일자리이기도 하다. 플랫폼 노동이 만든 비극이다.

카카오의 물류 침공

2020년 6월의 일이다. 전국경제인연합회(전경련)가 모빌리티 산업 활성화를 위해서 '택시 활용 물류서비스'의 법적 기반을 만들 필요가 있다고 발표했다. 전경련에 따르면 국내외를 막론하고 모빌리티업계는 승차 공유 서비스를 넘어 디지털 기술을 접목한 물류 서비스로 빠르게 확장하고 있다. 반면 한국은 아직도 이런 비즈니스에서 글로벌 기준을 따라가지 못하고 뒤쳐져 있다. 규제 때문이다.

물론 국내에도 택시를 활용한 물류 서비스를 검증하고자 한 시도는 있었다. 한정된 범위에서 사업을 영위할 수 있도록 규제를 풀어주는 '규제 샌드박스'에 들어가서다. 하지만 업체의 심의 결과는 1년이 지나도록 감감무소식이었다. 여객 운송 수단의 물류 진입으로 인한 시장 가격 교란을 우려한 물류업계 이해관계자들의 반대에 부딪쳤기 때문이다.

그런데 세계적으로는 물류와 여객의 융합은 당연시 되고 있다. 실제 북미 최대 모빌리티 플랫폼 '우버', 중국 최대 모빌리티 플랫폼 '디디', 동남아시아 최대 모빌리티 플랫폼 '그랩'까지. 이 모든 플랫폼들은 여객뿐만 아니라 화물운송, 라스트마일 물류를 아우르는 서비스 포트폴리오를 지니고 있다.

최근 몇 년에 사이에 전 세계적으로 택시 물류의 허용 사례가 늘어나고 있다. 일본 국토교통성은 2020년 4월 택시의 음식 배달을 9월까지 한시적으로 허용했다. 2020년 10월부터는 한시적인 허용이 전면 허용으로 바뀌었다. 비슷한 시기 독일과 미국 뉴욕시에서도 택시 물류를 허용했다. 코로나19 이후 택시기사의 매출 감소를 화물운송을 허용해주는 방법으로 일부 보전했다. 이런 상황을 봤을 때 우리나라도 현실을 고려하여 새로운 사업을 할 수 있는 법적 기반을 마련해줘야 한다는 게 전경련의 주장이었다.

유휴 시간의 공유

전경련의 주장이라는 현상이 중요한 것은 아니다. 그보다는 왜 글로벌 모빌리티 플랫폼들이 여객을 넘어 화물을 품는지 그 이유를 아는 것이 더 중요하다. 기본적으로 화물과 여객은 한창 바쁜 시간과 한가한 유휴 시간의 차이가 있다. 예컨대 택시는 오전 출근 시간과 저녁 퇴근 시간, 술자리가 끝나는 오후 10시 이후 심야에 수요가 몰린다.

수요가 넘치는 피크 타임에 택시기사들은 좋은 콜을 골라잡는다. 수요가 몰리는 한정된 시간에 최대한의 많은 수익을 올리기 위해서다. 택시 소비자인 우리가 코로나19로 셧다운된 오후 10시 거리에서 단거리 이동 택시를 좀처럼 잡기 어려운 이유다.

물류의 예를 들어보면 음식 배달은 기본적으로 음식을 주문하는 오전 11시~오후 1시 사이 점심 식사 시간과 오후 6시~8시 사이 저녁 식사 시간에 맞물려 주문이 몰린다. 택시가 한창 바쁜 오전 시간에는 오히려 주문이 큰 폭으로 떨어진다. 음식 배달뿐만 아니라 다양한 물류 운송 수단이 화물의 특성에 따라 저마다의 유휴 시간과 피크 시간을 갖는다.

여러 산업에서 발생하는 다양한 이동의 유휴 시간을 교차해서 공

[그림 3-2] 코로나19 이후 음식 배달 주문 수행량의 시간대별 변화 (출처 : 바로고)

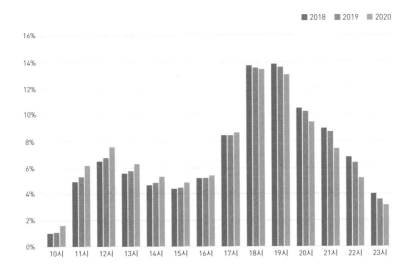

급이 부족한 다른 산업의 피크 타임에 투입하면 어떨까. 예컨대 한창 배달 수요가 몰리는 점심 식사 시간은 택시기사의 유휴 시간이다. 공급이 부족한 배달 현장에 택시기사를 투입하는 그림이 가능하다. 코로나19로 인해 늘어난 음식 배달 수요를 코로나19로 승객이 감소하여 시름이 깊어진 택시를 공급자로 투입해 처리할 수 있다.

유휴 시간의 공유는 여러 산업에서 이미 관측되고 있다. 늦은 저녁부터 심야까지 업무를 하는 대리운전기사에게 낮 시간은 유휴 시간이다. 그들은 이 시간을 활용해 렌터카 차량을 특정 위치에 재배치하는 탁송 업무를 한다. 출근과 퇴근 사이 중간 시간은 지하철의 유휴 시간이다. 법률상 무임승차가 가능한 65세 이상 노인들이 이 시간을 활용해 지하철로 화물을 나른다. 어떤 배달대행업체는 음식 배달의 유휴 시간에 놀고 있는 라이더들을 활용하여 공유 전동킥보

[그림 3-3] 여객에서 물류로 확장한 콘티넨탈의 자율주행 플랫폼 '큐브' 컨셉 (자료: 콘티넨탈)

드 배터리 교체 업무를 수행하기도 한다. 서로 다른 산업의 유휴 시간과 피크 타임을 공유하여 더 높은 효율과 생산성을 만들 수 있는 방법이다. 여객과 화물은 자연스럽게 섞였다.

이 때문인지 자율주행을 기반으로 한 미래 모빌리티에서는 처음부터 이동 수단의 유휴 시간을 고려했다. 예컨대 독일 시장점유율 1위의 타이어 제조업체 콘티넨탈은 2017년 9월 독일 프랑크푸르트 모터쇼에서 자율주행 택시 '큐브'를 공개했다. 큐브는 도시의 특정 노선을 가로지르는 자율주행 셔틀이다. 현대 도시의 교통 체증 문제를 해결하기 위해 개발됐고, 사람을 태우는 여객 운송 수단이다.

이 큐브가 2019년 1월 화물 운송 수단으로 새롭게 CES 2019 행사장에 등장했다. 콘티넨탈의 구상에 따르면 하나 또는 여러 개의 화물을 얹은 배송 로봇이 자율주행 셔틀 큐브에 탑승한다. 자율주행 셔틀이 화물을 수취하는 고객 인근 목적지까지 도착하면, 배송 로봇이 셔틀 안에서 튀어나와 고객의 집 앞까지 라스트마일 물류를 마무리한다.

군이 큐브가 여객에 물류를 얹힌 이유도 화물과 여객의 유휴 시간 차이 때문이다. 무인 셔틀은 사람들의 이동 수단으로 주로 출퇴근 시간에 이용된다. 출퇴근 시간을 제외한 시간의 무인 셔틀은 비어 있고, 이 시간에는 공차율로 인한 비효율이 발생한다. 콘티넨탈은 그것을 물류로 채워 넣고자 했다. 물류 업무는 주로 사람들이 출근한 사이에 일어나는 것을 보고 착안한 아이디어다.

그러고 보니 현실 세계의 새벽배송만 하더라도 빠른배송이라는 마케팅적 요소를 제외하면 사람이 적은 새벽 시간을 활용하여 주간 교통 체증을 피하고 속도를 내 운영 효율을 끌어올린 방법론이다.

여객과 화물이 섞이지 않는 이유

물론 전경련의 발표처럼 한국에서 모빌리티 플랫폼의 물류 진출은 흔한 일은 아니었다. 대부분의 모빌리티 플랫폼들이 여객에 초점을 맞춰서 사업을 키웠다. 2021년에 들어서야 몇몇 대형 모빌리티 플랫폼을 중심으로 물류에 대한 도전이 막 시작된 시점이다.

그렇다고 물류를 향한 모빌리티업계의 소극적인 행보가 이해가 안 되는 건 아니다. 몇 가지 이유가 있다. 먼저 한국의 법은 '여객자동차 운수사업법'과 '화물자동차 운수사업법'을 분류하고 있다. 그리고 여객과 화물 양자가 서로의 시장에 뛰어드는 것을 규제한다. 기본적으로 여객 수단의 물류 활용은 법의 예외인 고속버스 택배와 같은 특수 상황을 제외하면 불법이다. 반대로 여객자동차 운수사업법에서도 사업자가 아닌 자가용 자동차의 유상운송을 명백히 금지한다.

더군다나 화물이든, 여객이든 기본적으로 정부에 의해 신규 증차가 규제되는 인허가 사업이다. 오랜 증차 규제로 인해 택시 영업용 번호판과 화물 영업용 번호판은 수천만 원 상당의 프리미엄이 붙어서 거래된다. 물론 증차가 규제된 상황에서도 새로 시장에 진입하는 사람들은 있다. 하지만 그들이 시장에 진입하기 위한 방법은 누군가가 보유하고 있던 기존의 번호판을 양도받는 것밖에 없다. 시장 경제의 원칙에 따라 수요가 나타났고 공급은 부족하니 자연히 번호판에 가격이 매겨진다.

가격이 매겨진 번호판에는 그 자체로 자산 가치가 있다. 그 때문에 자산을 보유한 이는 그 가치를 지키고자 번호판의 가격이 내려갈 수 있는 요인에 저항한다. 우리는 2018년 카카오모빌리티의 카풀 시장 진출에 반대하고자 분신자살까지 감행했던 택시기사들을 기억한다. 곧바로 이어진 택시업계와의 갈등 속에 결국 2020년 4월 서비스를 종료한 VCNC의 '타다 베이직'을 기억한다. 이방인의 등장에 업계가 극렬한 반대 의사를 표출했던 이유고, 새로운 시도를 하는 기업이 이 영역에 쉽게 나타나지 못했던 이유이기도 하다.

물류라고 이런 것이 없었을까. 택시의 화물운송 시장 진출을 누구보다 반대했던 것이 화물연대로 대표되는 물류업계다. 심지어 택시가 화물연대 소속 차주들의 주 활동 영역인 중대형 화물운송과 큰 접점이 없는 소화물 배송을 타깃하고 등장했음에도 말이다. 물류업계에선 그들의 헤게모니를 뒤흔들 거대한 변화로 이어질 수 있는 일말의 가능성도 차단한 모습이다.

그래도 시장은 움직인다

쉽게 변하지 않는 정부의 규제와는 별개로 시장은 알아서 움직이고 있다. 사람들은 누가 시키지 않아도 이익이 되는 방향으로 가치사슬을 최적화해 나간다. 유휴 시간을 채우고 더 많은 돈을 벌기 위해서 열심이다.

언젠가 강남 청담동에서 한 인천 택시기사를 만났다. 어디 계셨냐고 물어보니 근처에서 손님을 기다리고 있었다고 했다. 왜 인천 택시가 한적한 주택가인 청담동에서 손님을 기다리고 있는지 이해가 되지 않았다. 내 상식선에서는 택시가 더 많은 콜을 잡으려면 심야 이동 수요가 밀집된 강남이나 이태원을 가야 하는 게 맞았다. 그것도 아니라면 재빨리 인천으로 돌아가서 그쪽에서 출발하는 손님을 받는 것이 맞지 않나 싶었다. 궁금해서 그 이유를 물어보니 이런 답이 돌아왔다.

"청담동에 고급 룸살롱들이 꽤 많아요. 그리고 거기서 일하는 아가씨 중에는 인천에서 출퇴근하는 분들이 있는데, 대개 새벽 2~3시 쯤이면 일을 마치고 우르르 나옵니다. 옛날에 카카오택시가 없을 때는 아가씨들이 단골 택시를 불렀어요. 특정 택시기사의 서비스가 마음에 들면 번호를 받고 집에 들어가는 시간에 맞춰서 부르는 거죠. 우리는 그분들 전화를 받으면 목적지까지 가서 기다립니다. 택시비 말고 대기료도 받고, 주차료도 받습니다. 그날 수익이 좋고 서비스가 만족스러웠다면 팁도 두둑하게 챙겨주는 손님도 있습니다. 만약 손님 콜이 안 떴으면, 그분들 나오는 시간까지 기다렸을 거에요."

물류 또한 택시기사의 유휴 시간을 채우고 수익을 늘리기 위한 영업 수단 중 하나였다. 오랜 취재를 하면서 택시기사가 얼마나 많은 화주와 영업망을 텄는지에 대한 이야기를 들을 수 있었다. 양재 꽃시장에는 꽃을 배달하는 택시기사가 있다. 인천의 어떤 음식점에선 가맹점에 보낼 식자재를 택시를 통해 운송했다. 심지어 관공서인 어떤 군부대에서는 가까운 부대까지 택시를 불러 서류 배송을 의뢰했다.

생각해보니 더 있다. 타다 베이직이 서비스를 종료하기 전 11인승 카니발인 타다 베이직을 불러 이사 용도로 사용한 사람이 있었다. 용달차보다 타다를 부르는 것이 싸게 먹힌다고 했다. 대림에서 만난 또 다른 택시기사는 택시를 불러 캐리어 4~5개를 집어넣는 사람을 만났다고 했다. 이사하는 사람이었다고 했다. 코로나19 시대에는 쿠팡이츠 라이더로 등록해 음식 배달을 하는 택시기사까지 등장했다. '택팡'이라는 별명까지 붙었다.

2016년 〈CLO〉에 근무하던 시절. 나는 진짜 택시 물류가 가능한지 궁금했다. 카카오택시로 호출한 한 택시기사에게 서울 관악구에서 금천구까지 이동하는 서류 운송을 부탁했다. 사람은 안 타지만 목적지에 도착해서 누구에게 전화를 하면 픽업을 나올 것이라 했다. 택시기사는 너무나 흔쾌히 내 요청에 수락했다. 심지어 놀라지도 않았다. 그때 그가 전한 말이 기억에 남는다. "사람을 태우든 화물을 태우든 돈만 받는다면 상관 없어요. 사람이 잘 안 타는 시간에 화물콜 자주 나오는 곳으로 이동해서 물류 업무를 하는 기사님도 있는걸요."

왜 택시기사들이 물류를 할까. 이유는 단순하다. 더 많은 돈을 벌 수 있기 때문이다. 누가 시키지 않더라도 알아서 한다. 불법이든 아니든 관심없다. 불법이더라도 '그게 뭔 상관이냐'라고 생각한다. 시장은 알아서 움직이고 있다. 이미 공유의 시대다.

모빌리티의 물류 침공

2021년, 한국에서도 모빌리티 플랫폼의 물류 진출이 관측되기 시작했다. 국내 1위 모빌리티 플랫폼 카카오모빌리티는 2021년 7월 퀵서비스인 '카카오T 퀵'을 론칭했다. 비슷한 시점에 물류업체 한진과 제휴하여 택배 서비스를 카카오T 플랫폼에 내재화했다.

국내 2위 모빌리티 플랫폼 티맵모빌리티 또한 2021년을 기점으로 본격적인 물류 진출 행보를 보이고 있다. 티맵모빌리티는 2021년 4월 특허청에 '티맵 유어퀵'이라는 상표를 출원하면서 퀵서비스 중개 플랫폼 진출 가능성을 시사했다. 2021년 5월에는 화물운송업체 YLP를 인수하면서 화물운송 솔루션사업 진출 계획을 밝혔다. 카카오모빌리티 류긍선 대표의 말을 들어보자.

"카카오모빌리티는 내비 API를 물류 산업에 제공하면서 사물의 이동과 관련한 빅데이터를 수집했습니다. 이 데이터를 바탕으로 사람의 이동을 최소화하는 것을 넘어 사람의 이동을 사물이나 서비스의 이동으로 전환하고자 합니다. 그로 인해 이런 일이 일어날 것입니다. 사람 대신 필요에 맞게 사물이나 서비스를 이동시킴으로써 우리가 이동하는 데 드는 불필요한 시간과 고민은 줄어듭니다. 우리 삶에 더 집중할 수 있게 됩니다. 예를 들면 여러분이 직접 이동하지 않아도 카카오T를 이용하여 사무실을, 유명한 카페를, 피트니스 센터를, 그리고 영화관을 원하는 곳으로 부를 수 있게 됩니다. 만약 여러분이 사고 싶은 가방이 있다면 기존 카카오택시를 이용하듯 원하는 시간과 장소에 택시가 아닌 가게를 불러서 상품을 고르고 결제할 수 있게 됩니다. 사람들은 굳이 백화점에 가거나 택배기사를 오래 기다릴 필요가 없어질 것입니다. 요컨대 카카오T는 이동 서비스를 넘어서 사용자가 원하는 서비스와 사물도 이동시켜주는 플랫폼이 될 것입니다."

카카오가 만난 미증유의 물류, 그리고 숙제

물론 카카오모빌리티가 물류 사업을 하는 데 있어 숙제가 없지 않다. 기존 카카오모빌리티가 잘했던 대리운전, 택시와는 다르게 물류는 기업고객이 대부분이다. 개인(법인)택시와 개인 고객이 직거래로 연결되는, C2C에 가까운 시장인 택시와 다르다. 플랫폼이 '공급자'와 '소비자'만 연결하면 끝이 아니다. '물량'이라는 변수가 따라온다.

물류의 시작점은 물량을 보유한 기업 '화주'다. 심지어 개인 고객을 잇는 것처럼 보이는 라스트마일 물류 네트워크인 퀵서비스만 하더라도 매출의 70% 이상이 고정물량을 보유한 기업고객으로부터 나온다. 이 때문에 B2B든, B2C든 기업 영업이 필수다. 그런데 기업고객이 가지고 있는 물량은 누군가가 이미 처리하고 있을 가능성이 높다. 내 물량으로 만들기 위해서는 더 높은 가치를 주고 빼앗아 와야 한다. 요컨대 카카오모빌리티는 기존 여객 중개 플랫폼에서는 경험하지 못했던 '기업 영업'이라는 새로운 숙제를 떠안게 됐다. 기업 물류는 소비자 시장과는 달리 단순히 앱 사용성이 좋다고 쉽게 바뀌지 않는다.

이때 카카오모빌리티는 빠른 성장을 위해 기존 물류기업에 대한 투자와 M&A 전략을 활용할 수 있다. 물류는 태생적으로 네트워크를 키우며 확장했다. 카카오모빌리티 이전 CJ대한통운이, 글로벌 물류기업인 DHL이 그랬다. 피인수 물류기업이 특정 지역에서 보유한 물류 공급자 네트워크와 화주사 영업 네트워크를 동시에 끌어안아 물량과 공급자 네트워크의 규모를 만드는 방법이다.

새롭게 퀵서비스 사업에 진입한 카카오모빌리티는 기존 지역 퀵서비스업체들이 보유한 영업망, 라이더망이 모두 탐날 수 있다. 특히 영업망이 만드는 물량은 더 많은 라이더를 카카오모빌리티 플랫폼으로 끌어올 수 있는 기반이 된다. 이것이 실제로 카카오모빌리티가 업계를 돌면서 다양한 퀵서비스, 배달대행업체에 대한 투자, 인수합병을 논의하고 있는 배경이다.

물론 M&A가 만병통치약은 아니다. 카카오모빌리티가 표적하는 지역 마이크로 물류 영역에서 M&A를 잘못했다가 피해를 본 업체들의 사례는 많은 곳에서 찾을 수 있다. 지역 기반의 소형 물류업체, 예를 들어 퀵서비스나 배달대행업체들은 태생적으로 라이더 네트워크와 영업망에 대한 구속력이 약하다. 배송인력들에 대한 직접 고용을 하지 않기 때문이고, 영업망은 대형 기업이라기 보단 소상공인에 머문다.

이런 네트워크는 기업보다는 사람과 관계에 따라 움직이는 경향이 있다. 지역 배달대행업체를 몇억 원 주고 인수했는데, 바로 옆에 피인수 기업의 대표자가 새로운 업체를 창업하고 기존 영업망과 라이더 네트워크를 이전해버릴 수 있다. 인수기업은 결국 돈 들여 껍데기만 인수한 셈이 된다. 거짓말 같은 이런 이야기가 퀵서비스, 배달대행업계에선 흔히 발생했다. 먼 데서 찾을 필요 없이 KGB택배를 인수한 KG로지스가 2017년 대리점연합회 유엘에 매각되고, 얼마 지나지 않아 KGB택배가 부활한 사건을 떠올려 보자. 당시 업계에서는 KGB택배를 죽어도 죽지 않는 피닉스라 불렀다.

앞으로 카카오모빌리티의 물류 확장에 더 큰 걸림돌이 하나 있다. 빅테크 플랫폼을 대상으로 한 여론의 뭇매다. 2021년 10월에 열린 국정감사의 주인공이 된 기업을 단 하나만 꼽자면 단연 카카오였다. 소상공인이 운영하는 시장에 대형 플랫폼이 진입했다는 이유로 여야를 막론한 국회의원들의 융단폭격을 맞았다. 국감장에 출석한 김범수 카카오 의장은 쏟아지는 포화에 거듭 "죄송하다"고 밝혔다. 골목상권 침해 논란에 대해서는 "앞으로 논란이 있을 사업에는 절대로 진출하지 않겠다"고도 했다.

그 결과 카카오모빌리티는 카카오T 플랫폼 안에 내재화한 꽃배달, 간식배달, 도시락배달 등을 중개하는 서비스를 철수하기로 결정했다. 언젠가 카카오모빌리티가 운영하는 '카카오T 퀵'에 물량 제공처가 될 수 있는 네트워크였다. 아직 카카오모빌리티의 퀵서비스는 살아있지만, 종전의 적극적인 분위기는 한풀 꺾였다. 여객과 화물간 융합의 필요성과 사업의 타당성은 둘째치고, 신경 쓰고 눈치 봐야 할 곳이 한두 곳이 아니다. 앞으로 카카오가 뚫고 가야 할 과제다.

배달대행과 퀵서비스의 모호한 경계

배달대행과 퀵서비스는 엄연히 다른 업종이지만 비슷한 점이 많다. 겉으로 보면 똑같이 오토바이로 어떤 상품을 배달하는 일이다. 법적인 분류도 같다. 2021년 7월 시행된 '생활물류서비스산업발전법'으로 인해 퀵서비스와 배달대행 모두 '소화물 배송 대행 서비스 사업'에 포함됐다. 공통점이 없는 것도 아니다. '특수형태 근로종사자'로 건당 임금을 받는 오토바이 라이더가 업무를 수행한다는 점, 앱에 노출되는 주문을 서로 경쟁하여 먼저 주문을 터치하는 사람이 해당 주문을 수행하는 '전투콜' 구조로 운영된다는 점, 지역 화주(음식점) 영업과 라이더 네트워크 관리를 담당하는 사업자(배달대행지사, 퀵사)의 연합과 프로그램 공급사로 생태계가 구성된다는 점, 오랫동안 무법 지대로 방치돼 정확한 산업 통계가 잡히지 않는 '회색 지대'라는 점 등이 유사하다.

같은 듯 다른 업종

하지만 세세히 뜯어보면 배달대행과 퀵서비스는 다른 점이 참 많다. 이런 특성 때문에 두 업종은 과거부터 호환되는 듯 호환되지 않는 모습을 보였다. 그 차이점을 가르는 것은 '화주사의 물량'과 '라이더의 업무 특성'이다.

먼저 배달대행업체의 화주사는 음식점이다. 조리 음식을 픽업하여 배달하는 특성으로 인해 주문 한 건당 30분~1시간 이내의 빠른 배달을 요구받는다. 배달 라이더는 통상 1.5~3km 이내 단거리 주문을 수행한다. 수도권을 기준으로 통상 3,000~4,000원의 건당 운임을 받는다.

배달 라이더는 기본적으로 한정된 시간에 더 많은 돈을 벌기 위해서 '묶음배달'이란 것을 한다. 여러 음식점에서 나오는 주문을 동시에 잡고, 픽업하고, 배달한다. 한 음식점에서 여러 목적지로 가는 음식을 동시에 픽업하거나, 비슷한 경로에서 주문이 나온 여러 음식점을 경유하면서 음식을 배달하는 방식이다. 이렇게 라이더 한 명이 처리하는 물량은 역량에 따라 다르지만 한 시간에 5~7건 정도다.

퀵서비스의 화주사는 일반적으로 배달대행에서 다루는 조리 음식을 다루지 않는다. 전통적으로 휴대전화의 대리점 공급, 패션용품 샘플이나 서류의 긴급배송 등을 주로 처리했다. 통상 시와 시, 구와 구를 오가는 10km 이상의 장거리 주문을 수행한다. 이동하는 거리가 길어짐에 따라 운임도 한 건당 최소 6,000~7,000원 이상, 평균 1만 원 이상으로 배달대행에 비해 높다. 이동 거리가 길어짐에 따라 배달 한 건당 소요되는 시간도 몇 분이 아닌 몇 시간 단위로 움직인다.

[그림 3-4] 배달 퀵서비스 임금 비교 (출처: 한국교통연구원, 2018년)

(단위 : 원/km)

년도	초경량화물		경량화물		중량화물		전체	
	운임	운송거리	운임	운송거리	운임	운송거리	운임	운송거리
2014	8,720	7.8	12,921	13.5	15,598	11.7	11,531	10.9
2015	11,227	11.7	11,385	10.6	14,405	8.9	10,813	10.7
2016	10,546	8.9	12,423	10.6	N/A	N/A	11,363	9.4
2017	10,525	9.1	12,554	11.4	15,346	10.4	12,365	10.4
2018	**10,409**	**10.5**	**13,489**	**12.5**	**10,719**	**8.6**	**11,913**	**11.2**

※ • 초경량화물 : 서류 등   • 경량화물 : 일반 박스(상자) 물품 등

  • 중량화물 : 화분, 원단, 다량의 의류 등   • 기타화물 : 식품, 전자제품, 이사화물 등

　　그렇다고 퀵서비스 라이더가 '묶음배달'을 안 하는 것은 아니다.[18] 이유는 배달 라이더와 동일하게 한정된 시간에 더 많은 돈을 벌기 위해서다. 다만 모세혈관처럼 지역별로 촘촘하게 화물을 묶어가는 배달 라이더와 달리, 퀵서비스 라이더는 장거리 이동 경로 중간에 드문드문 있는 추가 주문들을 확인하여 픽업한다. 묶음배달을 하더라도 세부적인 특성은 조금 다르다.

　　현장으로 넘어가면 배달대행과 퀵서비스, 두 물류의 특성은 확실히 달라진다. 장거리를 뛰면서 한 건에 몇만 원씩 돈을 받던 퀵서비

18　묶음배달 때문에 퀵서비스업계에 생긴 서비스가 '급송'이다. 애초에 빠른배송인 퀵서비스에 더 빠른배송인 급송이 왜 생겼는지를 생각해보면 답이 나온다. 이건 퀵서비스 기사들이 묶음배달을 하지 않도록 하여 고객에게 더 빠른배송을 해주는 방식이다. 당연히 고객은 더 많은 돈을 지불한다.

스 라이더에게 3,000원짜리 음식을 배달하라고 하면 이런 걸 어떻게 하냐는 이야기가 나오곤 했다. 배달 라이더에게도 이런 상황은 크게 다르지 않았다. 퀵서비스 물량은 음식에 비해 부피가 크고 무거운 상품이 왕왕 나오는데, 이런 상품을 배달 라이더 사이에서 '똥짐'이라 불린다.

퀵커머스가 만든 경계 붕괴

서로 달랐던 배달대행과 퀵서비스의 경계는 빠르게 무너지고 있다. 두 서비스의 경계를 무너뜨리는 직접적인 원인이 된 건 이커머스의 성장이다. 정확히 이야기하면 MFC를 기반으로 한 퀵커머스의 확산이다. 기존 택배 인프라로 구축하기 어려웠던 당일, 시간 단위의 빠른배송이 이커머스의 경쟁력으로 대두됨에 따라 수많은 이커머스업체들이 퀵커머스 도입을 시작했다. 물리적인 공간에 조리 음식이 아닌 상품을 보관하고, 출고하여 배달대행 라이더에게 인계하는 방식의 빠른 물류 서비스가 빠르게 성장하고 있다.

배달대행업체에는 화주사가 되는 배달 플랫폼을 기점으로 퀵커머스를 향한 첫 번째 확장 신호가 관측됐다. 그간 음식점과 소비자만 연결했던 배달 플랫폼들이 직접 유통 영역, 퀵커머스 시장에 뛰어들었다. MAU[19] 기준 국내 TOP3 배달 앱 배달의 민족, 요기요, 쿠팡이츠가 모두 2018년을 기점으로 퀵커머스에 발을 담갔다. 우아한형

---

19 와이즈앱의 2021년 6월 조사에 따르면, 월순사용자수(MAU) 기준 국내 TOP3 배달 앱 이용자 수는 '배달의민족(1,263만 명)', '요기요(564만 명)', '쿠팡이츠(367만 명)'다.

제들은 2018년 11월 'B마트(당시 배민마켓)'를, 요기요는 2020년 9월 '요마트'를, 쿠팡이츠는 2021년 7월 '쿠팡이츠마트'를 론칭했다.

물론 이중 요기요는 요마트 사업 철수를 발표했다. 하지만 그렇다고 요기요가 퀵커머스 기조를 포기했다고 볼 수 없다. 딜리버리히어로로부터 요기요의 지분 30%를 인수한 전략적 투자자 GS리테일의 오프라인 유통거점을 기반으로 퀵커머스 사업을 재편할 뿐이다. GS리테일은 요기요 인수 이후에도 MFC와 퀵커머스를 미래 성장 방향으로 강조하고 있다.

GS리테일뿐만 아니라 이마트, 롯데마트 등 공간과 재화를 보유한 다양한 유통업체들이 퀵커머스 사업에 관심을 갖고 뛰어들었다. 기존 빠른 배달을 수행하던 물류 네트워크 배달대행은 오프라인 거점과 재화를 보유한 업체들에 우선적인 연결을 검토할 수 있는 기간망이 됐다. 괜히 롯데마트가 롯데리아의 이륜차 라이더망을 활용하여 상품을 배송하는 '바로배송' 서비스를 시작한 게 아니다. 괜히 네이버가 인성데이타(생각대로)[20]에, 11번가가 바로고에, GS리테일이 메쉬코리아에 투자한 것이 아니다. 카카오모빌리티 또한 배달대행업체 공유다연합(만나플래닛)에 대한 투자를 검토했다고 알려졌다.

물류까지 이어진 변화

물동량을 뽑아내는 화주사의 적극적인 퀵커머스 진출은 배달대행

---

20 인성데이타 자회사 로지올이 배달대행 브랜드 '생각대로'를 운영한다.

업체에도 영향을 줬다. 음식 배달대행 네트워크로 성장한 기업 로지올(생각대로), 바로고, 메쉬코리아(부릉)와 같은 업체들이 2021년을 즈음하여 너도나도 마이크로 풀필먼트 센터 사업을 강화하겠다고 나선 배경이다. 실제로 이들 배달대행업체에는 음식이 아닌 상품 물류 의뢰가 속속 들어오기 시작했다. 생각대로와 함께 국내 1, 2위를 다투는 배달대행 플랫폼 바로고 이태권 대표가 2020년 인터뷰에서 전한 말이다.

"바로고에서 발생하는 전체 콜 수 중에서 조리 음식이 차지하는 비중은 95%로 압도적입니다. 하지만 동시에 비 조리 음식 카테고리의 비중이 굉장히 빠르게 치고 올라오는 모습이 보입니다. 사실 2019년까지만 하더라도 비 조리 음식 카테고리 배달이 가능한지 묻는 화주는 거의 없었습니다. 그런데 2020년 들어서는 한 달에 20~30개 이상의 업체가 우리에게 물류 문의가 들어왔습니다. 식품, 화장품, 반려동물 용품 등 업체들이 다루는 카테고리도 굉장히 다양합니다."

배달대행업체들이 비 조리식품 카테고리 배달에 뛰어든 이유는 비교적 명확하다. 음식 배달에는 태생적으로 발생할 수밖에 없는 유휴 시간에 가치를 불어넣기 위해서다. 오전 시간과 점심과 저녁의 중간 시간은 대표적인 배달대행 라이더의 유휴 시간이다. 이 안에 비 조리 음식 카테고리를 추가한다면 라이더들이 종전 놀고 있던 시간을 활용하여 배달을 하고, 추가적인 돈을 벌 수 있게 된다.

자동차 부품을 나르는 배달대행사

2020년 나의 눈길을 끌었던 제휴 사례가 있었으니 현대모비스와 배달대행업체 슈퍼히어로의 협력이다. 자동차 부품을 다루던 현대모비스가 음식을 배달하던 슈퍼히어로와 손을 잡은 것은 얼핏 보면 상상이 가지 않는 조합이었다. 우연찮은 기회로 슈퍼히어로 고위 관계자에게 그 배경에 대한 이야기를 전해 들었는데 일순 이해가 됐다.

현대모비스는 종전 퀵서비스업체와 제휴하여 자동차 부품 보충 물류를 하고 있었다. 현대모비스의 전국 1,200여 개의 부품 대리점 망을 대상으로 소형 부품을 긴급 충족하는 일이었다. 커다란 부품은 화물차로, 작은 부품은 오토바이로 배달했다. 여기서 퀵서비스가 맡았던 프로세스를 배달대행업체인 슈퍼히어로가 서울을 시작으로 확장하게 됐다는 설명이었다.

슈퍼히어로 입장에서 이번 제휴는 단순 대화주 물량 영업 외의 의미가 있었다. 여기서 나오는 키워드도 유휴 시간이었다. 현대모비스 대리점망 물류는 배달기사의 유휴 시간을 채워주기 좋은 운영 흐름을 갖고 있었다고 한다.

예컨대 기본적으로 배달 주문은 저녁 시간에 가장 많은 주문이 들어온다. 하지만 현대모비스 대리점은 주중 오후 6시까지만 운영한다. 주문이 많이 나오는 시간은 당연히 오후 6시 이전이다. 또 월요일은 슈퍼히어로에겐 음식 배달 주문이 많지 않은 날이라 했다. 그런데 현대모비스 부품 공급 물류 수요는 월요일이 가장 많았다. 반대로 토요일은 배달대행업체가 가장 바쁜 날이지만, 토요일은 현대모비스 대리점이 평소보다 한산하다. 한 시간 일찍 문을 닫기도 한다. 라이더들이 한가한 날과 시간에 자동차 부품 물류로 부가 수익을 얻을 수 있다는 구상이다. 이 또한 공유다.

퀵서비스의 역습

배달대행의 퀵서비스 영역 침공은 퀵서비스업계에 있어선 썩 기분 좋은 이슈가 아니다. 물론 퀵커머스 시장이 성장하면서 새로운 물량이 퀵서비스업계에도 유입됐다. 하지만 종전 음식점과 비 음식점 화주를 영업하여 부딪치지 않았던 배달대행업체가 같은 화주사를 놓고 경쟁하는 상황은 눈앞에 다가온 현실이 됐다.

퀵서비스업계도 움직이기 시작했다. 여기서도 MFC의 공간이 등장했다. 기존 픽업한 상품을 곧바로 소비자에게 배송하는 '포인트 투 포인트' 방식의 퀵서비스를 MFC를 활용해 변경시켰다. MFC에 당일배송을 하고자 하는 여러 화주사의 상품을 당일 픽업하여 한번에 모아 고객에게 여러 차례 회차 배송하는 프로세스를 만들었다. 택배의 허브앤스포크 프로세스를 로컬에서 재연한 방법이다.

이로써 퀵서비스 라이더는 한 공간에 위치한 여러 개의 상품을 많게는 수십 개씩 묶어서 배달할 수 있게 됐다. 시간당 생산성은 늘어났고 물류 원가는 낮아졌다. 덩달아 배달대행 수준인 3,000~4,000원대 단가에 퀵서비스가 맞춰지기 시작했다. 퀵서비스 회사를 운영하다가 MFC를 활용한 허브앤스포크 방식을 도입해 효율을 만든 체인로지스 김동현 대표의 말이다.

"요즘 당일배송 서비스를 검토하는 화주사들은 배송비를 퀵서비스업체와 비교하지 않습니다. 대부분은 택배업체 단가와 비교하죠. 물동량이 많은 화주사라면 2,000원도 안 되는 저렴한 가격에 택배비를 이용할 텐데 말이죠. 빠른배송, 저렴한 가격에 더해 사은품, 샘플을 추가해서 배송하는 것과 같은 부가 서비스를 요구하는 고객사도 많아졌습니다. 이런 이야기를 현장에서 듣다 보면 결국 승부는 '배송 단가'에서 날 것이라는 판단이 섰습니다. 우리가 원가 효율을 만든다면 지금보다 더 낮은 배송비도 만들 수 있고, 그렇게 할 것입니다."

여기에 더해 퀵서비스에서 배달대행까지 영역을 확장해버린 업체도 있다. 국내 1위 퀵서비스 플랫폼 인성데이타 이야기다. 인성데이타는 2016년 배달대행 자회사를 설립하고 가맹망을 모아 전국 단위 서비스로 확장했다. 인성데이타의 구상은 그들이 가지고 있는 퀵서비스 가맹점과 라이더 네트워크를 배달대행과 혼용하는 것이었다. 배달대행과 퀵서비스의 서로 다른 피크시간을 조합하면 높은 효율을 만들 수 있다고 판단했다. 그렇게 탄생한 것이 2021년 월 주문처리 건수 기준 1위 배달대행 플랫폼 '생각대로'다.

규칙을 바꾸는 이종의 습격

여러 이야기를 전했지만 여전히 퀵서비스와 배달대행은 다르다. 하지만 이런 상황 또한 시간이 해결해줄 문제다. 기존 퀵서비스와 배달대행을 경험하지 않았던 일반인들, 플렉스 노동자가 업계로 물밀듯 밀려오고 있기 때문이다. 일반인들은 몸만 오는 것이 아니라 전에 없었던 인프라를 들고 시장에 합류한다. 오토바이가 기준점이었던 퀵서비스와 배달대행 시장에 사륜 자가용, 전기자전거, 전동킥보드, 심지어 도보 인프라가 섞였다.

새롭게 배달시장에 유입되는 노동자들은 오랫동안 퀵서비스와 배달대행 라이더로 활동한 이들이 당연시하는 관성이 없다. 음식 배달을 하든, 상품 배달을 하든, 그들에게는 그 업무가 이상하지 않다. 한 예로 B마트 주문만 하더라도 기존 음식 배달을 많이 수행하던 라이더들에게는 화물의 부피와 무게가 큰 상품 주문이 많아 '똥콜'이라는 평가를 받았다. 그러나 배민커넥트로 합류한 일반인 라이더들에게는, 특히 적재 공간이 큰 자가용을 활용하는 라이더 중엔 오히려 B마트 주문을 환영하는 이도 있다. 한 번에 많은 주문을 묶으면 짧은 시간에 더 많은 돈을 벌 수 있고, 차량에 적재할 공간도 넉넉하기 때문이다. 이종이 뒤섞이며 경계는 계속해서 흩어진다.

현장에서 배운 '물류 공동화'

2020년 어느 날의 일이다. 평소처럼 택배 알림톡이 도착했다. 얼마 전 쇼핑몰을 운영하는 지인의 부탁으로 구매한 '물 빠짐 야채접시'가 롯데택배를 통해 오늘 배송된다는 내용이었다. 항상 그렇듯 크게 신경 쓰지 않았다. 언제나처럼 자연스럽게 아파트 경비실, 혹은 집 문 앞에 택배상자를 두고 가겠지. 그런데 그날은 평소와 달랐다. 일상처럼 택배 알림톡이 왔고, 일상처럼 택배기사로부터 부재

중을 묻는 전화가 온 것까지는 같았다. 그런데 배송 시간을 안내하는 기사님의 멘트가 이상하다. "안녕하세요, 로젠택밴데요. 오늘 택배 배송 가는데 집에 계신가요?" 난 분명히 롯데택배를 통해 배송 알림을 받았는데! 나에게 연락 온 사람은 롯데택배 기사가 아닌 로젠택배 기사였다. 귀를 의심하며 혹시나 내가 잊어버린 온라인 주문이 있나 찾아봤다. 당장 내가 온라인에서 주문한 상품은 '물 빠짐 야채접시' 하나뿐이었다.

나는 사건의 진상을 추적하기 시작했다. 먼저 쇼핑몰을 운영하는 지인에게 전화를 걸었다. "형님, 롯데택배 대리점이랑 계약한 거 아니었어요? 저번에 주문한 접시 오늘 배송된다고 연락이 왔는데 롯데택배가 아니라 로젠택배 기사한테 전화가 왔어요." 지인도 놀란 눈치였다. 그는 롯데택배 대리점과 계약을 한 것이 맞고 딱히 계약을 변경하지도 않았다고 했다. 로젠택배가 롯데택배 대신 배송을 해준다는 이야기는 그조차도 금시초문이었다. 지인도 궁금증이 동했나 보다. "나도 왜 그런지 궁금하네. 롯데택배 대리점에 전화해서 알아보고 연락줄게."

물량 품앗이

선배에게 돌아온 답은 이랬다. 서로 다른 업체 소속으로 일하고 있는 택배기사들이 '물량 품앗이'를 한다고 했다. 롯데택배 기사가 어쩌다 배송 효율성이 떨어지는 물량을 택배업체 본사로부터 할당받으면 해당 지역을 담당하는 다른 택배업체 친한 기사에게 물량을 넘긴다는 것이다.

예를 들어 인천 계양구 배송을 담당하는 기사가 어쩌다가 연수구 물량까지 받았다고 치자. 이 택배기사가 몇 안 되는 연수구 물량을 처리하기 위해서 동선을 우회한다면 배송 처리 건당 시간이 늘어나고, 시간당 수익은 떨어질 수밖에 없다. 이때 효율이 떨어지는 물량을 연수구 물량을 처리하는 다른 택배기사에게 맡긴다는 거다. 대신 나중에 물량을 받은 친한 택배기사가 어쩌다 계양구 물량을 할당받는다면 이런 물량은 역으로 공유받기도 한다.

한국에서 택배기사는 대부분 개인 사업자나 다름없는 특수형태 근로종사자로 분류된다. 택배기사의 수입은 본사의 허브앤스포크 시스템을 통해 지역 대리점으로 할당되는 물량을 배송하여 나오는 건당 수수료와 택배기사가 택배가 필요한 지역 화주사에 집화 영업을 해서 벌어드리는 건당 수수료로 나뉜다. 뭐가 됐든 건당 돈을 받기 때문에 택배기사는 일한 만큼 돈을 번다. 고정급을 받는 이들이 아니다. 그렇기에 택배기사들은 배송을 함에 있어 한정된 시간 안에 최대한 돈을 많이 벌 수 있는 선택을 한다.

롯데택배에서 알림톡을 받았는데 로젠택배 기사가 배송을 온 배경에는 이런 정황이 숨어 있다. 물량을 공유하는 두 택배기사 모두 효율성 측면에서 같은 돈을 벌더라도 좀 더 빠르게, 혹은 같은 시간을 투자하더라도 좀 더 많은 돈을 벌 수 있는 선택을 한 것이다. 최대한 배송 밀도를 좁히고, 배송지를 가깝게 배치하도록 하는 택배기사들의 '공유 물류'다.

세상 어디에나 있는 공유 물류

택배차보다는 조금은 거대한 중대형 화물운송업계에선 이런 일이 없을까. 예측했겠지만 당연하게도 있다. 화물차주들은 알음알음 서로 친한 차주끼리 모여 네이버 밴드로 커뮤니티를 만든다. 이 커뮤니티에서 그들은 서로 당장 쳐내기 어려운 주문들을 친한 차주들과 공유한다. 차주들은 커뮤니티를 운영하는 차주를 '대장기사'라고 부른다. 그들 나름대로 쳐내지 못하는 주문을 나누고 받는 '품앗이 망'이다.

택배차보다 조금은 작은 퀵서비스업계에는 이런 일이 없을까. 여기도 당연히 있다. 네이버의 투자를 받기도 한 퀵서비스 1위 플랫폼 인성데이타의 성장을 만든 것이 2010년 구축한 '공유망'이다. 공유망이란 같은 프로그램을 사용하고 있는 퀵서비스업체가 주문과 배달기사를 공유하는 시스템이다. 현재 인성데이타는 일 퀵서비스 물동량의 40% 이상을 공유망으로 처리하고 있는 것으로 알려졌다.

공유망의 효용은 이런 것이다. 예를 들어 강북에서 10명의 퀵서비스 기사를 운영하고 있는 퀵서비스업체 A가 있고, 이 업체에 퀵 주문이 들어왔다고 하자. 그런데 만약 이 업체의 모든 퀵서비스 기사가 배송업무를 하고 있거나, 픽업을 가기엔 시간이 오래 걸리는 지역에 있다면 해당 주문을 처리할 수 없는 상황이 올 수 있다. 이때 A업체가 공유망에 해당 주문을 올리면, 인성데이타 프로그램을 쓰고 있는 여력이 있는 다른 퀵서비스 기사(업계에선 이런 기사를 '공유 기사'라고 한다)들에게 주문이 노출돼 주문을 처리할 수 있게 된다. 반대로 강남에 있는 B업체가 수행하지 못하는 주문을 받았을 때도 공유망에 주문을 공유하여 처리할 수 있다.

　개별 퀵서비스업체 소속 기사 수에 한계가 있고 주문량 또한 천차만별인 상황에서 기사와 주문 수의 불균형을 공유망을 통해 해결한다는 게 인성데이타의 설명이다. 같은 프로그램을 쓰고 있는 퀵서비스업체들이 품앗이 개념으로 주문과 퀵서비스 기사를 공유한다. 인성데이타의 공유망 시스템은 현재 퀵서비스 프로그램업계의 대세로 자리 잡았다.

　퀵서비스의 공유망과 유사한 시스템은 특수고용직 노동자가 서비스 공급자가 되는 생태계에서는 일반적으로 보인다. 대리운전업계의 '연합망', 화물운송업계의 '정보망' 등이 퀵서비스 공유망과 조금씩은 다르지만 유사한 구조를 보이는 다른 예다.

　그러고 보니 몇 년 전 CJ대한통운 대리점을 운영하는 지인에게 이런 이야기를 들었다. "엄 기자님, 재밌는 이야기 하나 해드릴까요? 요즘 택배기사들이 부업으로 쿠팡플렉스를 뛴대요."

　하긴. 택배기사 입장에서 시간이 없고 물량이 터져 나오는 상황이 아니라면 굳이 본사가 건네주는 물량 처리만 고집할 이유는 없다. 어차피 화물차에 비어있는 공간은 있을 것이고, 쿠팡 물량이나 CJ대한통운 물량이나 같은 권역을 돈다. 쿠팡의 물량과 CJ대한통운의 물량이 동시에 도착하는 집도 분명히 있을 것이다. 택배기사는 어차피 이동하는 경로에 쿠팡플렉스의 물량으로 부가가치를 입혀서 더 많은 돈을 버는 셈이다.

　거창한 공유 물류 트렌드를 들이대기 한참 전부터 현장의 사람들은 공유하고 있었다. 그들 나름대로 돈을 더 버는 방법을 효율적으로 구상했다. 그렇게 본다면 공유 물류는 그다지 새로운 트렌드가 아닐지도 모른다. 원래부터 서로 물류를 공유하고 있었으니 말이다. 물류학 교과서에서는 그것을 '물류 공동화'라고 부른다. 아마 현장을 뛰는 사람들은 그런 용어를 쓰진 않을 것이다. 그냥 같은 시간을 투자하더라도 돈을 더 많이 버는 방법 중 하나로 인식할 것이다.

'택배 없는 날'에 숨어 있는 노동

2020년 8월 14일은 대한민국 건국 최초로 지정된 '택배 없는 날'이다. 전국택배연대노동조합(택배노조)의 오랜 요구를 국내 주요 택배업체들이 회원사로 있는 한국통합물류협회가 받아들인 결과다. 문재인 대통령은 7월 18일 택배 없는 날이 정해진 것에 축사를 보냈다. 이후 별달리 참가 의사를 표명하지 않았던 우정사업본부도 위탁배달원에 한정하여 택배 없는 날 참가를 표명했다. 이에 따라 8월 14일부터 16일까지 국내 택배 시장의 85%를 점유하고 있는 5개 기업 택배기사가 일제 휴일에 들어갔다.

택배 없는 날이 이번이 처음은 아니다. 2019년 8월 16일에도 '택배 없는 날'은 있었다. 다만, 이때는 업체 차원의 참가를 이끌어내지 못했다. 일부 택배노조 조합원들의 참여로 진행된 택배 없는 날이었고, 그렇기 때문에 물류는 멈추지 않았다. 택배 없는 날은 하루 12시간 이상 주 6일씩 장시간 노동을 해온 택배기사들에게 처음으로 찾아온 휴일이라는 측면에서 의미가 있다.

택배 없는 날의 의미

택배기사는 '특수형태 근로종사자'로 분류된다. 한국에서 택배기사는 대부분의 경우 택배회사가 직접 고용한 직원이 아니다. 택배회사는 대리점과 운송위탁계약을 맺는다. 그렇기 때문에 택배기사는 노동법이 보장하는 유급휴가를 제공받지 못했다. 혹여 아파서 출근하지 못하는 상황이 발생하더라도 대체할 기사(일명 '용차')를 알아서 구해야 한다.

서울노동권익센터가 2017년 6월 한 달간 서울지역 택배기사 500명을 대상으로 진행한 조사에 따르면 조사 대상자인 택배기사의 74.1%가 몸이 아파도 출근한 경험이 있다고 했다. 하루를 쉬면 하루 수입과 용차 비용을 포함해서 20~30만 원의 손해가 발생하기 때문이다.

이런 상황에서 택배 없는 날은 오랫동안 제대로 쉬지 못하고 일을 했던 택배기사에게 특별한 휴식의 의미가 있다. 택배가 멈추고 느려지는 것은 필연인 상황에서 우리 눈에 보이지 않던 택배 노동의 소중함을 국민들이 함께 공감할 수 있는 계기가 됐다는 의미 또한 존재한다.

택배 없는 날의 실효성

하지만 항간에는 택배 없는 날의 실효성에 의문을 표하는 목소리도 존재한다. 택배 없는 날이라고 택배기사가 유급휴가를 제공 받는 것은 아닌 게 첫 번째 이유다. 여전히 택배기사가 특수형태 근로종사자로 분류되는 상황에서 택배 없는 날은 돈을 벌고 싶은 일부 택배기사의 자율권을 침해하는 일이 된다는 것이다. 누군가에게는 소중한 휴일이 또 다른 누군가에게는 돈을 벌고 싶어도 벌지 못하는 불편한 하루가 될 수 있다.

택배 없는 날로 하루 휴일을 갖는다고 해서 택배기사가 해야 할 일이 사라지는 것도 아니다. 해야 할 일이 뒤로 밀릴 뿐이다. 그도 그럴 것이 택배 없는 날이라고 택배 물동량의 근원이 되는 소비자의 이커머스 상품 구매가 사라지진 않는다. 이커머스업체들이 매출을 포기하면서까지 고객의 주문을 막아놓지는 않기 때문이다.

실제로 나는 택배 없는 날 시행 1주일 후 한 택배 현장에 연락해 상황을 확인해 봤다. 한 CJ대한통운 대리점장에 따르면 해당 대리점은 곳곳에서 배송 지연과 적체 현상이 발생하고 있다고 했다. 대리점뿐만 아니라 화주사 물류센터와 택배사 허브터미널에도 처리하지 못한 물량이 쌓였다. 특히 집화 물량을 처리하는 택배기사의 고충이 컸다는 게 이 대리점장의 전언이다. 허브터미널에서 각 대리점에 내려 보내주는 물량을 고객에게 배송하면 업무가 끝나는 기사 입장에선 일거리가 그렇게 많이 늘지 않았다고 느낄 수도 있다. 하지만 화주사 물류센터에 쌓인 물량을 한 번에 서브터미널로 끌고 오지 못하는 집화기사들 입장에선 화주사의 클레임을 온몸으로 받고 있다는 설명이다.

CJ대한통운 본사에 확인한 결과 택배 없는 날 이후 물량이 적체되고 배송 지연 현상이 발생할 것을 예측하지 못한 것은 아니었다. 현장에서도 명절 성수기 이상의 물량이 쌓일 것이라 예측을 하고 미리 대비했다. 하지만 이번에는 코로나19로 인해 터미널 노동자 충원에도 어려움이 겹친 상황이었다. 현장 정상화에는 택배 없는 날 이후 1~2주는 더 지켜봐야 할 것이라는 의견이었다.

보이지 않는 노동

택배 없는 날은 나비효과처럼 또 다른 노동 현장에도 영향을 줬다. 물량이 잔류되고 제때 처리가 되지 않는다는 것은 이커머스 화주사, 특히 유통기한이 짧은 신선식품을 다루는 화주사에게는 치명적이다. 이커머스 화주사 CS 현장에서는 택배가 언제 오는지, 상하는 것은 아닌지 우려하는 고객 응대에 대응하고자 많은 인원들이 투입됐다.

이커머스 물류 현장도 바빠졌다. 집화 시점까지 감안하면 택배 없는 날 하루 전인 8월 13일(목)부터 16일(일)까지 쌓이는 고객 주문 물량을 제때 피킹하고 포장하는 업무를 이들이 해야 했기 때문이다. 택배 현장과 마찬가지로 이커머스 물류센터 또한 하루 한계 처리량을 넘어서는 고객 주문이 들어온다면 물량을 제때 처리하지 못하고 잔류되기 마련이다. 이 때문에 많은 이커머스업체 물류팀들이 택배기사들이 현장에 복귀하는 17일에 맞춰서 임시공휴일임에 불구하고 출근을 해서 미리 잔류된 물량을 처리한 것으로 확인됐다.

택배 없는 날은 힘들게 일하던 택배기사에게 반가운 휴일이다. 이 또한 분명한 의미가 있다. 하지만 그 휴일 뒤에는 보이지 않는 수많은 노동이 있다. 택배 없는 날의 좋은 의미로 인해 쉽사리 밖에 고민을 꺼내지 못하는 많은 이들이 있다. 진정 택배 없는 날의 의미를 찾는다면, 이런 숨은 노동까지 함께 생각해야 하는 것은 아닐까.

배달 노동자로 일한다는 것

2019년부터였을까. 나는 배민커넥트, 쿠팡이츠에서 종종 배달 업무를 하고 있다. 가끔씩 생각날 때면 라이더용 앱을 온라인으로 전환하고 주문을 받아 돈을 번다. 서울 곳곳에 깔린 공유 전동킥보드, 전기자전거 덕을 보기도 했다. 따로 저녁 시간이나 주말을 할애해서 현장에 나가기도 했다.

이런 이야기를 밖에 하면 흔히 듣는 말이 "얼마나 버냐?"다. 답변부터 하자면 별로 못 번다. 한 시간에 많으면 1만 원 정도 되는 돈을 번다. 건수로 환산하면 시간당 2~3건 정도다. 이것도 주문이 꾸준하게 나올 때나 그렇지 그보다 못할 때도 있다.

아무래도 돈보다는 현장을 알고 싶은 욕심 때문에 배달 일을 한다. 검사겸사 운동도 하고, 돈도 전혀 못 버는 것은 아니니 나쁘지 않다고 생각한다.

언젠가 한 방송사에서 인터뷰 요청이 들어왔다. 배달업계의 노동 환경에 대한 이야기를 듣고 싶다고 했다. 과분하고 고마운 제안이었지만, 거절했다. 나는 배달환경을 대변할 만큼 전문가가 아니다. 내가 배달 현장에서 일하는 시간은 짧게는 30분, 길게는 6시간 정도다. 현장에 나간 것은 기껏해야 수십 건이고, 그마저도 배민커넥트나 쿠팡이츠 같은 파트타임 배달기사도 충분한 주문을 받을 수 있는 시스템이 나오고부터였다.

배달업계에 대한 인터뷰라면 마땅히 이 시장에 전력투구하고 있는 이들의 이야기를 청해 들어야 한다고 생각했다. 배달 현장에는 전업으로 배달 업무를 하는 라이더들이 분명히 존재한다. 그들과 다르게 나에게 배달은 삶이 아니다. 돈을 목적으로 배달하지 않는다. 하지만 배달이 삶인 사람도 있다. 그들이 바라보는 배달과 내가 바라보는 배달은 분명한 차이가 있다.

언젠가 배달기사의 노동 환경을 다루는 기사를 쓴 적이 있다. 거기 달린 댓글은 이랬다. '배달기사들 신호 위반하고 난리인데, 그것부터 어떻게 좀 해달라.' 언젠가 배달기사가 묶음배달을 하곤 한다는 기사를 쓴 적이 있다. 거기 달린 댓글은 이랬다. '묶음배달 때문에 내 음식이 다 식어서 오는데, 이런 걸 그냥 두냐?' 언젠가 배달 현장의 짤막한 경험을 글로 남겼다. 여기엔 조금 더 격한 댓글이 달렸다. '네가 기자라면 배달대행 교통위반 칼치기, 인도 주행 보행자 배기음 겁주기, 시민신고 체험 좀 해보지 않으련?'

다시 말하지만 나는 배달을 잘 모른다. 하지만 배달 현장에서 마주하는 촉박함은 알고 있다. 언젠가 한 고객의 집에 음식을 들고 방문했다. 노크를 했지만 고객은 집에 없었다. 전화를 해도 받지 않았다. 조급한 마음에 배달 플랫폼 콜센터에 전화를 걸어 어떻게 해야 할지 물었다. 확인을 하고 답해준다고 했다. 10분, 9분, 7분. 그 짧은 사이 다음 음식점까지 픽업해야 할 시간은 조금씩 줄어들고 있었다.

줄어드는 시간은 다음 음식점까지 도착해야 하는 시간이다. 만약 픽업 시간에 늦는다면 플랫폼과 소비자는 디지털화된 점수로 나를 평가한다. 좋지 않은 점수가 쌓이면 주문을 받는데 불이익이 올 수 있다고 공지돼 있다. 하지만 분 단위로 바뀌는 시간 속에서 내가 할

수 있는 것은 그저 먹먹하게 플랫폼 담당자의 연락을 기다리는 것
뿐이었다.

현장에서 만난 것

한 대형 배달대행업체 지사에서 연휴를 활용해 잠깐 일한 적이 있
다. 그때 나는 묶음배달을 하고자 두 건의 주문을 동시에 잡았다.
초보 배달 라이더인 나에게 묶음배달은 조금 벅찼던 것 같다. 첫 번
째 배달이 생각보다 오래 걸렸다. 휴일 오후 강남대로 안쪽 골목은
생각보다 사람이 많아서 속도를 내기 어려웠다. 미로처럼 꼬여 있
는 상가 안에서 배달 목적지를 찾는 것도 만만찮았다. 몇 차례를 헤
맸다. 결국 내가 첫 번째 배달을 끝냈을 때 함께 잡은 다른 배달 건
의 픽업 시간을 20분 이상 초과한 상태였다.

당장 다음 음식점에 가더라도 플랫폼에 노출된 예상 픽업 시간을
지킬 수 없을 것 같았다. 두려운 마음에 두 번째 배차 건을 취소했
다. 플랫폼은 10분 이내 배차 취소한 주문 건에 벌금 500원을 부가
한다. 나는 10분이 넘어서 배차 취소를 해서 1,000원의 벌금을 냈
다. 내가 미리 앱에 예치해놓은 충전금에서 자동으로 돈이 빠져나
간다.

배차를 취소하고 새로운 배달지로 떠나려던 그때였다. 휴대전화
에 한 모르는 전화번호가 떴다. 등줄기가 싸늘해져 전화를 받으니
한 남성의 격양된 목소리가 들려왔다. 왜 배차를 취소했냐고 쏘아
대는 목소리가 빗발친다. 조심스레 픽업을 가기에는 조금 먼 곳에
있는 것 같아서 배차를 취소했다고 답했다. 그러자 "그럼 진작 취소

하지 왜 지금 했냐"는 고함이 돌아온다.

사실 나는 당당해야 했다. 배차 취소를 하고 나의 돈으로 벌금을 냈기 때문이다. 당당하지 못했던 그 시간의 내가 부끄러울 따름이다. 거친 말에 대해 죄송하다는 말만 반복한 나의 시간을 되돌리고 싶을 따름이다.

얼마 안 있어 또 다른 모르는 번호로부터 전화가 왔다. 나에게 전화를 건 그는 배달대행업체의 관제 담당자였다. 그는 음식점으로부터 배달대행업체에 클레임이 들어왔다고 했다. 이 경우 배차 취소에 따라서 음식 가격의 100%를 내가 낼 수도 있다고 했다. 언뜻 이해가 가지 않았다. 배차 취소를 하고 벌금을 내고 욕까지 먹었는데, 여기 더해 음식 가격까지 전부 보상하는 것이 말이 되느냐고 반문했다. 그는 "20분 픽업, 40분 배달 기준을 지키지 못한 모든 배달기사에게 상품가액을 보상하라고 하지는 않는다"고 설명했다. "하지만 이번에는 음식점의 클레임이 들어와서 그렇다"고 말했다. 음식값을 배상할 수 있으니 각오하라는 통보였다. 음식값은 둘째치고 기분이 상해 몇 차례를 더 항변했다. 나의 말은 그에게 닿지 않았다.

잠시 마음을 추스르고 다음 음식점 주문을 잡았다. 기왕 휴일을 활용해 현장에 나온 거, 최대한 할 만큼은 해야 된다 생각했다. 픽업 주문을 잡은 새로운 음식점에 도착하기 직전에 내가 잡은 주문이 앱에서 사라졌다. 무슨 영문인가 싶어서 관제 담당자에게 전화를 했다. 시스템 오류가 일어난 것 같다고. 그는 날카로운 소리로 답변했다. 아까 전에 배차 취소한 건으로 인해 음식점의 클레임이

커졌다고 했다. 배달대행업체가 그 음식점의 주문을 더 이상 받지 못하게 됐다고 했다. 당신 책임이니 지금부터 일을 하지 말라고 전했다. 해고 통보였다.

물류회사를 취재하는 입장에서 우량 화주사의 클레임이 얼마나 무섭게 다가오는지 안다. 내가 배차 취소한 음식점은 버거킹이었고, 배달대행 플랫폼 입장에서는 대형 프랜차이즈 화주가 된다. 정말 버거킹이 배달대행업체와 계약을 해지했다면, 그 담당자는 상사에게 한 차례 거하게 질책을 들었을 수도 있겠다. 그 화를 배달 라이더인 나에게 전했을 수도 있겠다. 이해는 가지만 내 기분은 좋을리 없었다. 일을 시작하고 이틀 만에 일자리를 잃었다. 이럴 거면 '배차 취소'와 '벌금 수취' 기능은 왜 만들어놨나 헛웃음이 나왔다.

플랫폼 노동의 양면성

나에게 배달은 삶이 아니다. 회사에서 월급이 나온다. 그렇기에 치열하지 않다. 배달로 한 시간 일해서 국밥 한 그릇 사 먹을 돈을 벌어도 만족한다. 잠깐의 운동, 평소 두루 살펴보지 못했던 동네 탐방에 즐겁다.

하지만 배달이 삶의 전부인 사람들은 다르다. 삶을 위해서 국밥한 그릇 이상의 돈을 벌어야 한다. 그들은 위험한 운전을 감행한다. 더 빠른 픽업과 배달을 위해서다. 그들이 정말로 위험하게 달리고 싶을까. 불법을 감수하면서 인도 주행을 하고 싶을까. 정말로 그렇게 생각하는가.

나는 배달을 잘 모른다. 하지만 배달 현장에서 마주하는 그 촉박함은 알고 있다. 우리는 안전하게 달리고 싶다. 안전하게 달리고 기왕이면 돈도 만족할 만큼 벌고 싶다. 전속 계약 라이더 월급이 250~270만 원 정도 된다는 이야기를 들었다. 최저임금은 계속 오르는데 이 정도면 살만해 보이는가. 이들은 하루에도 몇 번씩 죽음을 감수하고 있을지 모른다.

누구나 원하는 시간에 일하고 원할 때 나갈 수 있는 플랫폼 노동자라고 한다. 바꿔 말하면 누구나 내보내기도 쉽고 대체하기도 쉬운 게 플랫폼 노동자다. 음식 배달이 삶인 사람에게 플랫폼 노동이란 무엇일까. '임시직 노동자'라고도 불리는 플랫폼 노동의 양면성이다.

픽업 지연의 한숨

배민커넥트를 하다 보면 누군가 먹다 뱉은 것 같은 콜이 왕왕 보입니다. 앱 상에 잠시 사라졌다 다시 나타나는 주문인데 이런 콜은 영 느낌이 싸하죠. 저만 그렇게 생각하는 것은 아닌지 다시 나타난 주문은 좀처럼 사라지지 않습니다. 아마 다른 라이더들도 주워가지 않아서겠죠.

한창 무더위가 기승이었던 그날도 그랬습니다. 두 건의 배달을 마치고 담배 한 대 태우고 있는데 나타난 꼬치집 주문이 좀처럼 사라지지 않았습니다. 이미 12분 정도 '픽업 지연' 마크가 붙어있는 게 보였죠. 경험상 이런 가게를 방문하면 높은 확률로 왜 이렇게 늦게 왔냐고 한 소리를 들을 수 있습니다. 그래서 대개는 이런 콜을 주워가진 않죠.

그런데 무슨 오기였을까요. 대체 왜 이리 주문이 안 빠질까 궁금도 했고, 분초 단위로 변하는 프로모션 요금이 탐나서 콜을 잡았습니다. 이미 3,000원 가까운 추가할증이 붙은 이 주문을 수행한다면 통상의 2배 가까운 돈을 벌 수 있습니다.

역시나 방문한 가게에서는 왜 이리 늦었냐는 소리를 들었습니다. 하지만 저에게도 할 말은 있죠. 담배 한 대 태웠을지언정 곧바로 인접 거리인 이곳으로 달려온 것이니까요. 애초에 제가 잡기 전부터 안 빠지고 있던 주문이었고, 이런 건 배민에 문의하시는 게 좋을 것 같다고 말했습니다.

"그건 알지만, 소금구이는 빨리 가야 맛있는데…" 내뱉는 사장님과 "그냥 빨리 가라 그래!"라고 되받는 또 다른 사장님 내외의 한숨이 뒷통수를 간지럽힙니다. 그분들 입장에선 추가 배달료에 수수료까지 부담하고 배달 앱에 입점한 것일 터인데, 얼마나 속이 타겠습니까.

생각보다 배달은 수월하게 끝났습니다. 엘리베이터 없는 5층 건물 꼭대기가 목적지였고, 소주 포함 배달이라 주민등록증 인증이 번거로웠던 것 빼고는 평소와 같았죠.

배민은 쿠팡이츠와 달리 주문을 잡기 전에 라이더가 목적지를 확인할 수 있습니다. 배달하는 입장에서 이것만큼 좋은 게 없습니다. 지리에 익숙해지면 내가 이동하는 곳이 산인지 언덕인지 엘리베이터가 없는 아파트인지 사전에 파악할 수 있기 때문입니다. 힘들 것 같고 단가가 좋지 않다면 사전에 보고 거를 수 있죠.

반대로 음식점 사장님들 입장에선 이것 때문에 애타는 일이 생길 것도 같습니다. 어느 날 첫 번째 픽업지였던 한 치킨집은 시스템 오류 때문인지 앱 상 픽업지 위치가 산 중턱으로 떴습니다. 저한테는 익숙한 동네 가게였던지라 무언가 이상함을 느꼈죠. 지도까지 검색해서 재차 픽업지의 주소와 위치가 다름을 확인했고, 정상적인 위치로 자전거를 틀었습니다. 하지만 다른 라이더들은 저와 같지 않았을 것입니다. 그사이 많은 라이더들이 가게의 위치가 산에 있는 줄 알고 콜을 잡는 것을 꺼렸을 수 있습니다. 그러고 보니 사장님은 치킨을 들고 가게를 나서는 저에게 이런 말을 했습니다. "혹시 여기 올 때 돌아오지는 않으셨어요? 아니, 무슨 가게를 산에 박아놨어."

뒤통수를 간지럽히던 사장님의 그 목소리가 저에게는 쉽게 잊혀지지 않습니다.

Chapter 4

연결의 가치

가치사슬은 어떤 기업이 혼자서 개선하지 못한다. 다양한 사람들, 다양한 외부 파트너들이 연결돼 함께 만들어야 한다. 세계 최대 테크기업 아마존도, 세계 최대 물류기업 DHL도, 국내 최대 이커머스기업 쿠팡도, 국내 최대 종합물류기업 CJ대한통운도 혼자서 움직이진 않는다. 나 또한 연결을 통해 콘텐츠를 만든다. 현장을 누비는 실무자들의 이야기를 듣고 갈무리하여 독자에게 전한다. 연결을 통해 가치를 확장한다.

쿠팡 제국의 대척점, 네이버 풀필먼트 연합군

새삼 모두 다 아는 이야기로 시작한다. 쿠팡은 '물류 제국'을 만들고자 한다. 2014년 로켓배송을 시작한 이후 모든 물류를 직접 운영하는 방식으로 내재화하고 있다. 물류는 물론 관련 가치사슬의 시스템까지 통합 운영한다. 아마존의 방식이다. 사실 조금 더 갔다. 아마존조차 처음부터 배송 조직을 내재화하지는 않았으니.

아마존은 2018년 연례보고서 〈2018 Annual Report FORM 10-K〉를 통해 처음으로 배송 서비스를 '치열한 경쟁에 직면한 산업'으로 규정했다. 이후 그간 UPS, USPS, 페덱스 등 물류업체와의 협력을 통해 처리했던 라스트마일 물류 영역까지 빠르게 직접 배송 비중을 확장하기 시작했다.

데이터 분석업체 쉽매트릭스에 따르면 2019년 7월 기준 아마존의 직접 배송 비중은 54%, 2020년 7월에는 66%에 육박했다. 아마존은 2021년 1분기 기준 북미에서 일평균 1,472만 2,000개의 주문을 처리하고 있으며, 이를 배송 시장 점유율로 환산하면 17.3%에 이른다. 순수한 물류기업 페덱스의 배송 점유율 18.5%를 무섭게 추

[그림 4-1] 미국 배송 시장 점유율 (출처 : ShipMatrix, 2021년 1분기 기준)

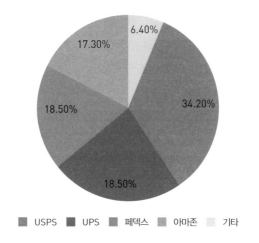

격하고 있는 수치다.

SJ컨설팅에 따르면 아마존은 2021년 1분기 기준 70% 수준인 직접 배송 비중을 향후 80~85%까지 늘릴 것으로 보고 있다.

쿠팡은 오히려 그 반대의 행보를 보였다. 2014년 '로켓배송'을 시작하면서부터 배송 조직을 직고용하여 내재화했다. 그러나 로켓배송 물량이 지속적으로 빠르게 늘어나자 이야기가 달라졌다. 쿠팡이 갖춘 자체 인프라만으로는 늘어나는 수요의 증가 속도를 감당할 수 없었다. 쿠팡은 부족한 공급을 감당하기 위해 외부 물류 파트너를 로켓배송 네트워크에 유입시키기 시작했다.

몇 가지 예로 택배업체 한진이 쿠팡 로켓배송 파트너로 등장한 지 오래다. 일반 택배와 배송 인프라가 호환하지 않는 가구 설치 물류는 전문 물류업체 하우저와 협력하여 처리했다. 쿠팡 물류센터까지 간선 입고 물류는 동방과 같은 물류업체와 협력했다. 이걸 보고 누군가는 쿠팡도 '연합군'을 만들지 않았느냐 물을 수 있겠다. 부정하지 않는다.

하지만 쿠팡의 연합이 언제고 지속될 것으로 보진 않는다. 불안한 신호들이 있다. 쿠팡은 어느 정도 단계가 오면, 그러니까 쿠팡이 직접 하더라도 충분한 효율을 볼 수 있는 단계가 오면 과감히 물류 내재화를 결정하는 행보를 보였기 때문이다.

일례로 쿠팡은 2020년 제주 로켓배송 서비스를 시작한다는 보도자료를 배포했지만, 사실 그 이전부터 쿠팡은 제주 로켓배송 서비스를 운영하고 있었다. 쿠팡의 제주 물류 현지 파트너가 대신 처리했을 뿐이다. 이 업체는 쿠팡이 제주 로켓배송을 공식화한 이후 자연스럽게 로켓배송 연합 전선에서 사라졌다.

이런 사례가 쿠팡의 택배에서, 쿠팡의 간선 운송에서 나타나지 않으리란 법은 없다. 쿠팡은 연합군에 속한 파트너들과 직접 경쟁하는 비즈니스 구조를 갖고 있기 때문이다. 쿠팡은 2021년 택배사업자 면허를 재취득했다. 물동량 기준으로는 택배만으로 CJ대한통운에 이어서 국내 2위 규모로 추정된다. 한진과 롯데글로벌로지스의 수준을 넘었다. 쿠팡 물류센터까지 입고 과정은 공급자들에게 상품화하여 '밀크런'이라는 이름으로 판매했다. 쿠팡의 서비스를 이용하는 공급자에게 입고 우선순위를 두는 방식으로 판매 촉진을 하고 있다.

본 투 얼라이언스, 네이버

그런 쿠팡의 대척점에 있는 이커머스 플랫폼이 있다. 바로 네이버다. 쿠팡이 직접 물류 가치사슬을 내재화하는 제국으로 시작하여 성장하고 있다면, 네이버의 물류는 태생이 '연합군'이다. 네이버가 직접 물류를 하지 않는다. 대신 운영 역량이 있는 다수의 물류업체와 연합을 하여 전선을 구축한다. 연결점, 통제력을 가지고 가기 위해서 어떤 방식으로든 자본을 섞는다. 투자와 지분 교환이 이뤄진다. 여러 물류 파트너의 운영을 통합하는 시스템은 네이버의 영향력 아래 둔다. 요컨대 2021년 7월 공식 출범한 풀필먼트 플랫폼 'NFA'Naver Fulfillment Alliance'의 모습이다.

본격적으로 NFA 이야기를 하기에 앞서 네이버 커머스에 대한 이야기를 먼저 하고 싶다. 네이버는 물류 이전부터 플랫폼의 역할, 그러니까 디지털 인프라를 통한 중개와 기술 지원에 초점을 맞춰 성장했다. 파트너가 운영하는 시장, 특히 소상공인이 운영하는 시장에 네이버가 직접 뛰어드는 것은 극도로 경계한다. 네이버가 국내 1위 포탈 사업자로 몇 차례 여론과 정치권의 뭇매를 맞은 결과다.

한 가지 예로 유통업계에 속한 업체라면 모두가 다 하는 PB상품, 누구나 조금씩은 섞은 직매입을 네이버는 할 생각이 없다. 앞으로도 하지 않을 것이라 강조한다. 입점 판매자와 플랫폼인 네이버가 직접 경쟁하는 이미지를 세간의 인식에 새기기 싫어서다.

외부 쇼핑몰의 상품을 포탈에 노출을 해주는 광고 상품 '지식쇼핑'부터 시작해서 2012년 '샵N', 2014년 '스토어팜', 2018년 '스마트스토어'로 이어지는 네이버 커머스의 계보는 이런 네이버의 문화를 반영한다. 한국에선 지마켓으로 대표되는 '중개형 마켓플레이스'의 계보를 네이버가 이었다.

[그림 4-2] 네이버페이 수수료[21]

결제수단	수수료	
	변경 전	변경 후
신용카드/체크카드		
• 영세(연매출 3억 원 미만)	2.20%	2.20%
• 중소1(연매출 3~5억 원)	2.75%	2.75%
• 중소2(연매출 5~10억 원)	2.86%	2.86%
• 중소3(연매출 10~30억 원)	3.08%	3.08%
• 일반(연매출 30억 원 이상)	3.74%	3.63%
포인트/후불결제		
• 적립포인트	3.74%	–
• 충전포인트	3.74%	–
• 후불결제	3.74%	–
계좌이체	1.65%	–
무통장입금(가상계좌)	1%(최대 275원)	–
휴대폰 결제	3.85%	–
매출연동 수수료 (네이버쇼핑 유입시)	2%	2%

샵N부터 시작된 네이버의 차별점이 있었다면 누구나 블로그 형태로 쉽게 무료로 쇼핑몰을 만들도록 한 것이다. 이런 구조를 통해 네이버는 불특정 다수의 개인 판매자를 빠르게 플랫폼으로 유입시켰다. 상품 판매 수수료로는 통상 10% 내외인 오픈마켓 수수료와 비

---

21 네이버페이 수수료는 원래 결제 수단마다 다른 네이버페이 수수료를 부가했는데, 2021년 7월 31일부로 사업자 매출 기준으로 수수료율이 단일화 됐다. 여기 네이버 스마트스토어 판매 수수료 2%를 더하면 판매자가 판매 건당 네이버에 부가하는 수수료를 계산할 수 있다.

교하더라도 업계 최저 수준을 내걸었다.

여기에 한 가지 더 거든 것은 네이버 포탈의 트래픽이다. 네이버의 오픈마켓 샵N이 등장하기 이전부터 네이버는 외부 쇼핑몰들의 마중물이 됐다. 검색을 장악했기 때문이다. 많은 외부 쇼핑몰들이 고객 유인을 위해서 네이버를 광고 상품으로 이용했다.

반면, 네이버가 운영하는 판매채널에 직접 입점하는 판매자들에게는 광고 상품을 구매해야 네이버 포탈에 노출해주는 외부 쇼핑몰과는 다르게 최저 수준의 판매 수수료만 받고 포탈 검색에 노출해줬다. 네이버 입점 판매자들은 상대적으로 원가 우위를 가져가고 저렴한 가격을 고객에게 노출할 수 있게 된다.

네이버에 광고를 하는 외부 대형 이커머스 플랫폼 입장에선 네이버가 경쟁사로 튀어나온 모양새다. 기분이 좋을 리가 없다. 실제 2020년 10월 공정거래위원회는 네이버가 자체 운영 스마트스토어 상품을 검색 상위에 노출시키고, 외부 입점 쇼핑몰은 검색 하단에 노출했다는 이유로 네이버에 시정명령과 과징금 265억 원을 부과했다. 네이버는 공정위 명령에 불복했고, 법원에서 다툼을 이어가겠다고 밝혔다. 결과는 차치하더라도 이 사건의 문제를 제기한 뒷배에는 네이버의 행보가 불편했던 경쟁업체가 있었다.

경쟁사가 돼버린 대형 이커머스 플랫폼과의 관계는 조금 불편해졌지만 네이버는 판매자와의 상생 구조를 지속적으로 강조하고 있다. 'SME Small Medium sized Enterprises'라는 키워드를 내걸고 이들의 다양성과 창의를 지원하는 '프로젝트 꽃'을 2016년 시작했다. 그런 노력 덕분이었는지 네이버에 입점한 개인 판매자 숫자는 2016년 11만

[그림 4-3] 월평균 신규 스마트스토어 개설 수 (출처 : 네이버)

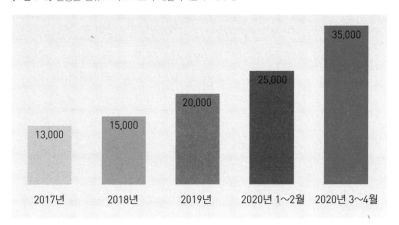

명에서 2021년 2분기 기준 46만 명으로 꾸준히 늘었다.

간편한 스토어 개설과 저렴한 수수료 정책, 그로 인해 어떤 방식으로든 상품을 끌고 오는 C2C 개인 판매자 군단은 네이버 포탈이 만드는 트래픽 권력과 결합돼 네이버 커머스의 비약적인 성장을 만들었다. 2020년 기준 네이버의 커머스 거래액은 28조 원으로 국내 1위를 자부한다.

쿠팡이 만든 어떤 불안감

네이버가 처음부터 물류에 대한 관심이 있었던 것은 아니다. 물류 연합군 구축을 위한 행보가 외부에 관측되기 시작된 것은 2020년이고, 네이버가 풀필먼트 사업을 한다고 외부에 천명한 것은 2021년에 이르러서다. 그 전에 네이버가 몇몇 물류업체 대표들에게 접근하여 시장 조사를 한 것은 확인이 됐지만, 딱 그 정도였다.

네이버 입장에서 물류는 하지 말아야 할 것으로 보였을 수 있다.

태생이 기술 기업인 네이버에 물류를 직접 수행할 수 있는 역량, 인력이 있을 리 만무했다. 더군다나 물류 시장은 굉장히 파편화돼있다. 여러 중소업체들이, 심지어 1인 기업이라 불릴 수 있는 차주들까지 연결돼 물류망을 만들어 서비스를 제공한다. 어떻게 보면 네이버가 강조하는 'SME'라는 키워드가 집약된 시장이다. 이런 시장에 네이버가 직접 뛰어든다면 어떨까. 네이버가 그렇게 싫어하는 대형 포탈의 소상공인 이권 침탈 이슈에 휘말릴 수 있다.

그렇다고 네이버가 물류 품질 개선을 포기한 것은 아니다. 실제 네이버의 물류 서비스에 대한 고객 불만은 지속적으로 관측되고 있었기 때문이다. 모든 마켓플레이스들이 그렇듯 네이버 커머스의 물류 또한 입점 판매자들이 알아서 했다. 그러다 보니 소비자들은 네이버에서 검색하고 구매한 상품들에 대해선 고른 배송 품질을 경험하기 어려웠다. 예컨대 네이버에 입점한 어떤 쇼핑몰은 재고를 보유하고 당일출고, 내일도착 서비스를 제공한다. 하지만 네이버 스마트스토어에 입점한 또 다른 판매자는 소비자의 주문이 들어온 다음에야 상품을 발주하여 소비자에게 전달한다. 당연히 소비자들이 경험하는 배송 시간은 제각각이다.

네이버는 물류 품질 문제의 개선책을 직접 물류가 아닌 플랫폼스러운 방법에서 찾았다. 배송 단계에서 발생하는 고객 불만을 '정책'과 '기술'로 해결하고자 했다. 예를 들어 고객 주문 이후 발송이 일정 기간 이상 늦어지는 판매자에게는 패널티를 주는 정책이 대표적이다. 또 다른 예로 입점 판매자의 운영 데이터를 기반으로 해당 판매자의 예상 배송일을 예측해주는 서비스 '배송 시뮬레이터'를

2019년 2월 론칭하여 스마트스토어에 적용하기도 했다. 이는 물류 가시성을 기술을 통해 해결한 방법이었고, 후에 11번가가 동일한 개념의 기술을 자사 플랫폼에 적용하기도 한다.[22]

네이버 한 실무자에게 듣기로 이 시점까지만 하더라도 네이버에 있어서 물류는 "어차피 오늘 출고만 하면 내일 택배가 오고, 늦어도 내일이나 모래면 도착하는데 그렇게 신경 쓸 필요가 있을까?" 정도의 생각을 가지고 있었다. 그런데 한 편에서 네이버 내면의 불안감을 흔든 존재가 나타났다. 바로 쿠팡이다.

언제고 돈을 팡팡 쓰다가 망할 것 같았던 쿠팡이 2018년 11월 소프트뱅크 비전펀드로부터 20억 달러 투자 유치를 발표하며 생존을 이어가게 됐다. 더군다나 직매입 기반 빠른 물류 보장 상품 카테고리를 대량으로 확보한 쿠팡의 성장세는 네이버의 성장세를 뛰어넘을 정도로 위협적이었다. 2019년을 즈음해서 네이버 내부에서 물류 서비스 확충에 대한 논의가 시작된 배경이다.

여기서 고민이 있었다면 물류를 하더라도 네이버스럽게 해야 한다는 것이었다. 쿠팡과 물류로 붙더라도 그들이 추구하는 제국주의 물류는 네이버스럽지 않은 방향이라 판단했다. 네이버가 직접 물류를 하여 중소 물류업체와 경쟁을 한다는 이미지를 세간에 남기는 것은 누구보다 네이버가 바라는 바가 아니었다. 여기까지 네이버가

---

22 배송 시뮬레이터가 물리적으로 배송 속도를 높일 수 있는 방법은 아니지만, 판매자들이 자발적으로 물류 품질을 개선하도록 유인할 수 있는 방법론은 된다. 고객에게 대놓고 물류 품질이 보이는 상황에서, 개선해야 잘 팔릴 것이라는 믿음이 있기 때문이다.

물류에 뛰어들기 전까지의 이야기다. 이제 놈들이 온다.

차이냐오, 쇼피파이에서 찾은 힌트

네이버가 본격적인 풀필먼트 연합군 구축에 앞서 참고한 비즈니스 사례가 있다. 중국 최대 이커머스업체 알리바바의 물류 플랫폼 '차이냐오 네트워크', 그리고 글로벌 이커머스 플랫폼 쇼피파이가 운영하는 '쇼피파이 풀필먼트 네트워크'다.

차이냐오 네트워크와 쇼피파이 풀필먼트 네트워크는 모두 풀필먼트 서비스를 운영한다. 알리바바 플랫폼에 입점한, 혹은 쇼피파이로 자사몰을 구축한 판매자들에게 이커머스 물류 서비스를 제공한다. 하지만 플랫폼이 물류 운영의 주체로 참여하진 않는다. 파트너십을 체결한 여러 외부 물류 파트너가 운영의 중추가 된다. 플랫폼은 기술을 기반으로 물류 니즈가 있는 입점 판매자의 물량을 운영 파트너에게 할당한다. 예컨대 쇼피파이 풀필먼트 네트워크는 고객사에게 최종 고객과 가까운 최적의 입고 물류센터 위치를 추천해준다.

네이버 또한 물류 서비스를 구축함에 있어 '연결'에 집중했다. 네이버는 'NFA 플랫폼', '머천트 솔루션'과 같은 기술을 판매자와 공급자에게 제공하면서, 직접 물류는 하지 않는다. 물류 역량을 갖춘 여러 파트너가 플랫폼에 연결돼 물류를 수행한다.

예컨대 네이버 장보기에 입점한 동네 시장과 같이 자체 물류 역량이 부족한 파트너가 있다면, 역량을 갖춘 물류업체를 연결하여 서비스를 완성한다. 실제로 네이버 장보기는 메쉬코리아, 퀵커스, 이마트, 홈플러스 등 지역별로 서로 다른 물류 역량을 갖춘 업체들이 연결돼 만들어졌다.

물론 느슨한 제휴만으로는 네이버와 파트너 사이 긴밀한 협력이 어려울 수 있다. 일례로 네이버에 입점한 업체들은 네이버에서만 상품을 판매하지 않는다. 앞서 '장보기'를 예로 들었는데, 네이버의 경쟁 이커머스 플랫폼 11번가 역시 홈플러스, 이마트, GS프레시 등과 제휴하여 장보기 서비스를 제공한다. 모두 네이버와도 연결된 파트너들이다. 더욱이 이들은 각자 자사몰을 운영하고 있는 유통업체이기도 하다. 혹여 물량 폭증 등 긴급 상황이 발생한다면 언제든 운영 우선순위에서 제휴 채널인 네이버의 물동량을 뒤로 미룰 수 있는 가능성을 내포한다.

우선권을 만드는 '혈맹'

느슨한 제휴의 숙제를 해결하기 위해 네이버가 선택한 방법은 자본을 섞은 '혈맹'이다. 돈을 섞으면 투자받은 기업의 성장이 투자한 기업의 직접적인 이익으로 연결된다. 서로를 조금이라도 우선순위에 놓고 움직이는 동인이 만들어진다.

네이버는 2020년 3월 물류센터 운영사 위킵 투자 발표를 시작으로 두손컴퍼니, 딜리셔스(신상마켓, 딜리버드), 파스토, 아워박스, 브랜디(아비드이앤에프), 인성데이타(생각대로), 하우저 등의 물류업체에 전략적 투자를 이어갔다. 네이버가 초기 투자로 취득한 물류업체의 지분율은 회사마다 다르지만 각 사당 10% 내외다. 2021년에는 종전 투자했던 기업에 대한 '추가 투자' 또한 산발적으로 진행하

[그림 4-4] 네이버가 투자한 물류스타트업 현황

업체명	운영 서비스	투자 규모	투자 발표 시점
메쉬코리아	배달대행 플랫폼 새벽배송, MFC 운영	240억 원(단독)	2017년 7월
위킵	물류센터 운영	55억 원(네이버 일부 참여)	2020년 3월
두손컴퍼니	물류센터 운영	64억 5,000만 원 (네이버 일부 참여)	2020년 3월
딜리셔스	동대문 패션 물류 및 B2B 도매 플랫폼	75억 원(단독)	2020년 3월
파스토(당시 FSS)	물류센터 운영	비공개(네이버 일부 참여)	2020년 5월
아워박스	저온 물류센터 운영	100억 원(네이버 일부 참여)	2020년 8월
브랜디	동대문 패션 물류 및 이커머스 플랫폼	100억 원(단독)	2020년 9월
인성데이타	퀵서비스 및 배달대행 프로그램	400억 원	2020년 11월
하우저	가구 전문 설치 물류	140억 원(네이버 일부 참여)	2021년 4월
브랜디	동대문 패션 물류 및 이커머스 플랫폼	200억 원 추가 투자(단독)	2021년 8월
두핸즈 (당시 두손컴퍼니)	물류센터 운영	216억 원 추가 투자 (네이버 일부 참여)	2021년 9월

는 모습이 관측된다.

네이버가 작은 기업에만 돈을 섞은 것은 아니다. 거대한 물류 네트워크를 보유한 기업과도 전략적 제휴를 체결했다. 수천억 원 단위의 지분을 맞교환하는 방식이다. 네이버는 2021년 10월 CJ대한

[그림 4-5] 네이버가 지분 교환한 물류 운영사

업체명	운영 물류 서비스	지분 교환 규모 및 네이버 확보 지분율	발표 시점
CJ대한통운	택배, 글로벌 포워딩, W&D, 컨설팅 등	3,000억(7.85%)	2020년 10월
신세계그룹 (이마트, 신세계백화점)	저온 물류센터 운영 및 MFC, 배송 네트워크	2,500억 원 (이마트 2.96%, 신세계인 터내셔날 6.85%)	2021년 3월
카페24	물류 자회사 패스트박스의 국내외 풀필먼트	1,300억(14.99%)	2021년 8월

통운과 3,000억 원 규모의 지분 교환을 발표했다. 2021년 3월에는 신세계그룹(이마트, 신세계백화점)과 2,500억 원(이마트 1,500억 원, 신세계백화점 1,000억 원) 규모의 지분 교환을 체결했다. 이어 2021년 8월에는 이커머스 플랫폼 카페24와 1,300억 원 규모의 지분을 교환했다.

물론 여기서 신세계그룹과 카페24는 물류회사가 아니다. 하지만 두 회사 모두 물류망을 직간접적으로 운영하고 있다. 신세계그룹은 신선식품 처리가 가능한 이커머스 물류센터와 전국 매장 네트워크를 기반으로 한 도심 물류센터(Picking & Packing센터)를 보유, 운영하고 있다. 카페24 역시 물류 자회사 패스트박스를 운영하고 있다. 패스트박스는 카페24를 통해 자사몰을 구축한 업체를 대상으로 국내, 글로벌 이커머스 물류 서비스를 제공하고 있다. 향후 이 업체들의 물류 역량도 어떤 형태로든 네이버와 연결될 수 있는 가능성을 내포한다.

이 같은 혈맹 전략은 네이버만의 전유물이 아니다. 네이버가 풀필먼트 연합군 구축에 참고한 중국의 알리바바 또한 돈을 섞어 긴밀한 연결을 만들었다. 예컨대 알리바바는 중국 택배 시장의 70% 이상을 점유하고 있는 5개 택배업체(중통, 위엔통, 바이스, 선통, 윈다)에 모두 투자했다. 알리바바가 투자한 택배업체들이 알리바바 물류 플랫폼 차이냐오 네트워크의 파트너임은 물론이다. 가장 마지막에 투자한 윈다 역시 투자 발표 시점 이전부터 차이냐오 파트너로 활동해 왔다. 네이버는 한국 택배 시장의 50% 가량을 점유하고 있는 CJ대한통운과의 지분 교환으로 유사한 영향력을 확보했다.

알리바바는 마이크로 풀필먼트를 위한 역량도 확충했다. 한 예로 알리바바는 2018년 배달 플랫폼 '어러머'를 인수했다. 어러머 산하 물류 조직 '펑냐오'는 자연스레 알리바바의 물류 네트워크에 편입됐다. 네이버 또한 2017년 한국 1위 배달 플랫폼 '배달의 민족'을 운영하는 우아한형제들에 350억 원을 투자했다. '메쉬코리아', '인성데이타'와 같은 즉시배달 네트워크 운영사에도 투자했다. 빼먹은 게 있는데 일본 최대 배달 플랫폼 '데마에칸'에도 네이버의 영향력은 뻗쳐 있다. 네이버가 일본 자회사 라인과 네이버와 라인이 공동 출자한 투자회사 미라이펀드를 통해 60.8%의 과반 지분을 확보했다.

쇼피파이 역시 느슨한 제휴만 하는 것이 아니다. 쇼피파이는 2019년 로봇 기반의 풀필먼트 자동화 솔루션 기업 '식스리버시스템즈'를 인수했다. 식스리버시스템즈의 기술은 자연스럽게 쇼피파이 풀필먼트 네트워크에 녹아든다. 네이버 또한 풀필먼트를 위한 지원 기술업체에 투자했다. 일례로 네이버 D2SF는 2020년 12월 풀필먼트 솔루션 기업 '테크타카'에 투자를 발표했다. 테크타카는 쿠팡 풀필먼트 시스템 개발자 출신 양수영 대표가 설립한 업체로 오늘의집, 마켓컬리 등에 시스템을 공급한 레퍼런스가 있다. NFA 플랫폼에도 테크타카 시스템 도입이 논의되고 있다.

사실 쿠팡도 비슷한 사례가 있었다. 2021년 4월 소프트뱅크의 자회사 SB인베스트먼트가 노르웨이 물류 자동화 설비 기업 '오토스토어'의 지분 40% 인수를 발표했다. 이 발표가 있고 얼마 지나지 않아 쿠팡이 자사 물류센터에 오토스토어를 도입할 것이라는 소식이 전해졌다. 오토스토어 역대 도입 기업 사례 중에서도 최대 규모라고 했다. 돈의 뿌리가 같은 두 업체의 연대. 소프트뱅크의 입김이 설비 도입 결정에 중요한 역할을 했다는 내부 관계자의 전언이 있었다. 자본 동맹의 힘이다.

시스템의 진화, 온디맨드 풀필먼트

네이버가 여러 물류업체와 돈을 섞긴 했지만 처음부터 그 운영 방식이 시스템을 기반으로 돌아갔던 것은 아니다. 2020년까지만 하더라도 대부분의 연결은 수동으로 이어졌다. 예를 들어 네이버 판매자센터 공지사항에 네이버가 투자한 업체들의 명단, 간략한 소개, 연락처가 올라온다. 그리고 물류가 고민인 판매자들은 이 업체 명단을 보고 연락해보라고 네이버가 추천하는 식이었다. 여기서 한발 더 나아가면 네이버가 그들이 투자한 물류업체의 서비스를 알음알음 화주사에 소개해 주기도 했다. 뭐가 됐든 디지털보다는 아날로그에 가까운 방법이다.

이런 네이버의 풀필먼트에 시스템이 추가된 것은 2021년 7월이다. 'NFA 플랫폼'이 공식 출범하면서부터다. 네이버가 첫 번째로 NFA 플랫폼에 구현한 기능은 '견적 요청'이다. 판매자들은 다루는 상품 카테고리의 특성에 따라 '상온 물류(CJ대한통운, 위킵, 품고, 파스토)', '저온 물류(CJ대한통운, 파스토, 아워박스)', '동대문 패션 물류(셀피, 딜리버드)'업체를 선택하여 견적을 요청하고 확인할 수 있게 됐다. 여러 업체를 선택하여 복수의 견적서를 동시에 받는 것도 가능한 구조다. 종전 수많은 업체에 견적 요청을 하고 수일을 기다려야 했던 판매자들의 번거로움을 이 기능으로 해소할 수 있게 됐다.

NFA 플랫폼은 온디맨드 물류 플랫폼을 표방한다. 기본적으로 네이버는 쿠팡식 풀필먼트의 지향점인 배송 속도만이 판매자들이 원하는 가치가 아니라 생각했다. 네이버에 입점한 46만 명이 넘는 스마트스토어 판매자들은 서로 다른 물류 니즈를 가지고 있다고 전제했고, 이를 플랫폼을 통해 잘 연결해주는 것이 네이버 풀필먼트의 지향점이다.

예컨대 주문 후 발주, 소싱이 일반적인 동대문 패션 도매시장에서 상품을 떼어 판매하는 업체에게는 도매시장 상품 구매(사입), 검수, 포장까지 완료하여 소비자까지 발송해주는 물류 서비스가 필요하다. NFA 파트너인 브랜디와 딜리셔스가 이러한 물류 서비스를 제공한다.

신선식품을 판매하는 업체에는 냉장 냉동 보관 및 포장 인프라가 갖춰진 물류 서비스가 필요하다. NFA 파트너 중 저온 물류센터 인프라를 갖춘 아워박스, 파스토, CJ대한통운이 이러한 물류 서비스를 제공한다.

고가의 가전제품, 명품 등을 배송하는 데는 파손, 분실을 줄이고 고객이 원하는 시간과 장소에 안전하게 배송해주는 프리미엄 물류가 필요하다. 네이버는 특수 물류업체 발렉스와 협력하여 금고, CCTV가 설치된 보안 차량으로 시간지정배송 서비스를 진행했다. 배송 상품은 삼성전자 갤럭시탭 S7이었다.

글로벌 판매를 하고자 하는 판매자들에게는 해외 배송 네트워크가 연계된 물류 서비스가 필요하다. 2021년 10월 기준 네이버는 동대문 패션 상품의 일본 향 글로벌 전자상거래 물류 서비스를 브랜디, 딜리셔스와 함께 준비하고 있다. 이와 별도로 크로스보더 이커머스를 위한 통합망을 운영해줄 수 있는 물류업체를 NFA 파트너로 포섭하고자 수배하고 있다.

가구와 같은 비정형 인테리어 용품을 판매하는 업체에는 고객의 부재 여부와 자택 상황(엘리베이터 유무, 사다리차 필요 여부, 현관문의 크기 등)을 미리 확인하여 설치까지 끝마쳐주는 물류 서비스가 필요하다. 네이버가 투자한 물류업체 하우저가 가구 설치 물류 역량을 보유하고 있다. 앞으로 NFA 플랫폼에 관련 서비스가 붙을 여지가 있다.

요컨대 현재의 '견적 요청'은 네이버식 온디맨드 물류 시스템의 시작점이다. 판매자들의 다양한 물류 니즈를 맞추기 위해 네이버는 앞으로도 다양한 물류 파트너를 수배하여 연결하는 작업을 계속한다는 계획이다. 현재 견적 요청에서는 신선식품과 동대문 패션에 한정한 온디맨드 물류만 구현됐지만, 여기에 장차 '시간지정 대면 배송', '도심 근거리 배송', '비정형 화물 설치 물류', '해외 소비자

를 대상으로 한 글로벌 물류'와 같은 다양한 서비스 라인업이 추가
될 전망이다.

쿠팡과 속도를 다투는 '연합군'

네이버는 쿠팡의 배송 속도와 다른 가치인 온디맨드 물류를 지향
한다고 했다. 하지만 네이버가 빠른배송 속도를 포기한다는 것은
아니다. 쿠팡과 본격적인 속도전을 펼치기 위한 준비도 한창이다.

NFA 물류 파트너 중에선 CJ대한통운이 속도전에 중요한 역할을
할 전망이다. CJ대한통운의 풀필먼트 서비스는 여타 택배를 보유하
지 않은 물류센터 운영사들과는 다르게 마감 시간[23] 의 한계에서 비
교적 자유롭다. 택배 허브터미널 내부, 혹은 가까운 거리에 상품 보
관을 위한 물류센터를 두는 방법으로 고객사의 주문 마감 시간을
쿠팡 로켓배송 수준인 자정까지 미룰 수 있기 때문이다.

물론 2021년 상반기까지만 해도 CJ대한통운의 자정 마감 익일배
송 서비스는 네이버의 B2C 마켓플레이스 브랜드스토어에 입점한
10여 개 업체의 전유물이었다. CJ대한통운이 운영하는 물류센터 처
리량의 한계로 인해 가시적인 규모의 로켓배송 타임라인을 네이버
커머스 플랫폼에 확장하진 못했다.

그랬던 CJ대한통운이 7월 NFA 플랫폼 론칭 시점과 맞춰 종전 로

---

23 여타 물류센터 운영사들은 지역 택배기사의 방문 픽업, 방문 픽업한 상품의 택배 허브터미널까
   지 간선 운송에 소요되는 물리적인 시간으로 인해 판매자에게 제공할 수 있는 당일 출고를 위한
   주문 마감 시간이 오후 1시~6시 내외로 제각각이다. 쿠팡 타임라인을 따라가기엔 한계가 있다.

[그림 4-6] CJ대한통운 곤지암 물류센터 풀필먼트 프로세스 (출처 : CJ대한통운)

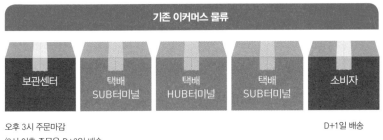

기존 이커머스 물류

보관센터 · 택배 SUB터미널 · 택배 HUB터미널 · 택배 SUB터미널 · 소비자

오후 3시 주문마감
(3시 이후 주문은 D+2일 배송

D+1일 배송

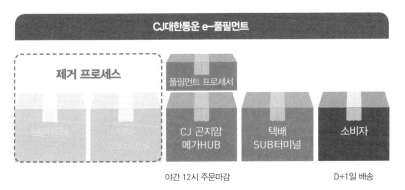

CJ대한통운 e-풀필먼트

제거 프로세스

보관센터 · 택배 SUB터미널

풀필먼트 프로세서

CJ 곤지암 메가HUB · 택배 SUB터미널 · 소비자

야간 12시 주문마감

D+1일 배송

켓배송 타임라인의 풀필먼트 서비스를 C2C 마켓플레이스 스마트
스토어 판매자까지 대상을 확대했다. 경기도 군포에 스마트스토어
물동량 처리를 위한 물류센터(1만 1,600평 규모)를 확보했다. 경기
도 용인에는 콜드체인 물류 처리를 위해 냉장 냉동 보관 기능을 갖
춘 물류센터(5,800평)를 추가로 열었다. 나아가 네이버의 물류 처리
를 본격화하기 위한 20만 평 규모의 물류센터를 추가 확충한다는
게 CJ대한통운의 계획이다. 물류센터가 하루아침에 뚝딱 생기는 것
은 아닌지라 어느 정도 시간은 걸리겠지만, 어느 정도 규모가 확충
된 시점이 온다면 네이버 커머스의 빠른 물류 서비스가 눈에 띄게

늘어날 수 있을 것이다.

한 편에선 쿠팡의 익일배송을 넘어선 로켓배송 타임라인을 향한 추격전도 계속되고 있다. 최근 CJ대한통운은 '새벽배송', '당일배송' 등 더욱 빠른배송 타임라인까지 서비스를 다변화, 확장하고 있다. 마켓컬리의 지역 새벽배송 전담 파트너로 CJ대한통운이 활동하고 있으며, CJ그룹을 통해 근거리 배달 네트워크를 가지고 있는 기업 바로고의 지분 투자를 하기도 했다.

여기 더해 새벽배송을 운영하는 SSG닷컴, 국내 1위 배달대행 네트워크를 운영하는 생각대로, 마이크로 풀필먼트 센터를 확장하는 메쉬코리아와 같은 업체들의 서비스가 NFA가 제공할 수 있는 물류 서비스 라인업에 본격적으로 포함될 수 있겠다. 사실 이미 산발적으로 당일배송까지 연계한 물류 테스트가 진행되고 있는데, 그 규모가 작아서 좀처럼 눈에 띄지 않을 뿐이다.

네이버 연합군의 숙제

과거부터 현재까지 네이버 풀필먼트 연합군의 숙제로 거론되는 이슈가 있다면 '확장 속도'다. 물류 가치사슬을 통합 운영하는 쿠팡과 다르게, 네이버는 분절된 여러 물류업체를 연결하여 가치사슬을 조립했다. 이들은 '네이버 풀필먼트 연합군'이라는 이름 아래 모이긴 했지만, 애초에 서로 다른 방식으로 물류 운영을 하고 있었고 이해관계도 달랐다.

예컨대 당장 네이버만 떼어놓고 본다면 직접적인 경쟁 관계에 있는 연합군 소속 업체들이 다수 보인다. NFA 플랫폼에서 상온 물류를 처리하고 있는 위킵, 두손컴퍼니, 파스토, CJ대한통운은 애초에 서로의 고객사 물동량을 두고 경쟁하던 회사다. 물론 NFA 플랫폼 론칭 전까지는 어느 정도 서로의 영역을 침범하지 않도록 분절된 구조였다. 규모가 작은 SME 판매자의 물량은 위킵, 파스토, 두손컴퍼니 등 중소 물류업체가, 규모가 큰 대형 브랜드 업체의 물량은 CJ대한통운이 처리하는 식으로 운영했다. 하지만 그 경계도 CJ대한통운의 스마트스토어 물류 진출이 본격화되면서 무의미해졌다.

또 다른 예로 처음 네이버 풀필먼트 연합군에서 유일하게 저온 물류를 제공하던 업체는 아워박스였다. 그런데 어느 순간 CJ대한통운과 파스토도 저온 물류센터를 확충하며 관련 서비스를 시작했다. 연합군 안에서 새로운 경쟁사가 등장했다. NFA 플랫폼에 누구나 쉽게 접근할 수 있는 견적 요청 시스템이 열렸을 때 네이버 풀필먼트 연합군 내부에서 우려의 목소리가 나왔던 배경이다. 연합군 내외부의 경쟁사들에 물류업체의 핵심 역량이라 할 수 있는 견적 정보가 의도치 않게 노출될 수 있었기 때문이다.

더군다나 NFA 파트너들이 네이버의 물류만 처리하는 것도 아니다. 기본적으로 물류업체는 여러 화주사의 물동량을 유치하여 규모의 경제 효율화를 추구한다. 우량 화주는 반갑지만, 동시에 하나의 우량 화주에 휘둘리는 것을 경계한다. 괜히 CJ대한통운이 네이버뿐만 아니라 네이버와 작은 영역에서 경쟁하고 있다고도 볼 수 있는 마켓컬리, 지그재그와 같은 이커머스 플랫폼에도 물류 서비스를 제공하는 게 아니다. 세부 영역은 다르지만 네이버와 이커머스 영역에서 직접 경쟁하고 있는 이마트나 카페24와 같은 업체 또한 연합군으로 함께 한다.

연합군 안에서도 이렇게 복잡하게 얽혀 있는 이해관계는 결국 네이버가 원하는 수준의 '속도'와 '확장성'을 만드는 데 한계로 다가온다. 연합군 안에는 언제든 다른 생각을 품은 이들이 튀어나올 수 있다. 이런 상황에서 네이버가 확보한 10% 내외의 지분으로는 완벽한 주도권을 쥐고 연합군에 속한 기업을 통제할 수 없다. 조금 나아졌다곤 하지만 우선순위의 이슈는 여전히 발생할 수 있다. 네이버가 2021년에 들어 기투자 물류기업의 지분율을 조금씩 올려가며 재투자하는 데는 이런 상황에 대한 고려가 있다고 생각한다.

한계를 기회로

네이버 풀필먼트에 기회가 없는 것은 아니다. 오히려 한계점으로 여겨졌던 부분이 기회로 돌아올 수 있다. 최근 들어 빠르게 확산하고 있는 플랫폼의 사회적 책임에 대한 요구와 논의는 역설적으로 네이버의 기회가 될 수 있다. 그간 네이버는 입점 업체와 최대한 경쟁하지 않는 방향으로 SME를 향한 기술 지원과 연결에 초점을 맞춘 비즈니스를 구축했다. 상대적으로 논란에서 자유로운 편이다.

2021년 국정감사는 '플랫폼 국감'이라는 별명이 붙을 만큼 대형 IT 플랫폼에 대한 국회의 질타가 이어졌다. 대부분의 이슈는 플랫폼의 수수료 구조, 소상공인 시장 침탈, 입점 업체와 플랫폼의 직접 경쟁 관계에서 비롯됐다.

한 예로 국정감사장에 출석한 박대준 쿠팡 대표는 쿠팡 검색에 자체 상품을 우선 노출하는 것을 두고 플랫폼의 독점 지위 남용 사례라 지적받았다. 박 대표는 이에 "법 위반 사항이 발견되면 재발하지 않도록 철저히 조치하겠다"고 답했다. 다른 예로 카카오 김범수 의장은 여야 의원을 막론한 골목상권 침탈 이슈를 지적한 질문 포화를 맞았다. 김 의장은 질문에 대해 거듭 죄송하다고 밝히며, 빠른 시간 내에 문제가 되는 사업을 정비하고 추가 상생안을 공개하겠다고 했다.

네이버에 대한 포화가 없었던 것은 아니다. 한성숙 대표에겐 직장 내 괴롭힘으로 인한 사망 사고와 관련한 질문과 개선책 요구가 이어졌다. 하지만 비즈니스 구조와 관련된 논란은 다른 플랫폼에 비해 덜했다.

요컨대 플랫폼에 대한 사회적 책임 이슈 논란은 네이버와 경쟁하는 플랫폼업체들의 비즈니스 전개에 제동을 걸었다. 반면, 네이버는 큰 변화 없이 기존 방향대로 뚝심 있게 비즈니스를 추진할 수 있게 됐다. 이는 네이버의 물류에서도 나타나는 특성이다. 속도감은 떨어질지언정 ESG 측면의 안정성은 높은 편이다.

머천트 솔루션에서 보는 미래

최근 한 업계 관계자로부터 네이버 입점 판매자의 전체 숫자 대비 NFA 파트너업체가 제공하는 풀필먼트 서비스를 사용하는 비중이 생각보다 적다는 이야기를 전해 들었다. 네이버의 파트너 물류업체가 수요를 감당할 만큼 충분한 인프라를 확충하지 못해 생긴 문제일 수 있다.

또 다른 이유를 찾자면 네이버 입점 판매자들이 어떤 방법으로든 물류를 이미 운영하고 있기 때문이다. 네이버가 물류업체에 본격적으로 투자하기 시작한 2020년 이전부터 네이버 입점 판매자들은 어떤 방식으로든 물류를 알아서 처리했다. 자체 물류센터를 운영하든, 3PL업체에 위탁하든 말이다.

그리고 판매자들이 이렇게 이미 운영하고 있는 물류센터를 새로운 곳으로 이전하는 데는 많은 노력과 비용, 운영의 변화가 필요하다. 웬만큼 큰 유인이 주어지지 않는 한 쉽사리 물류센터 운영사를 바꾸지 않는다.

이런 배경에서 네이버 풀필먼트 연합군이 다음에 취할 영업 방향을 머천트 솔루션에서 찾으면 어떨까 제언한다. 머천트 솔루션은 스토어 구축, 상품 소싱, 상품 관리, 고객 관리, 물류, 마케팅 등 판매자들이 이커머스 운영에 필요한 기술을 통합 지원하는 솔루션이다. 쉽게 말해서 네이버 판매자의 관리자 페이지에 구현되는 다양한 기술을 '머천트 솔루션'이라 통칭할 수 있다.

네이버 스마트스토어 관리자 페이지에는 장차 더욱 다양한 지원 기술이 추가된다. 예를 들어 2021년 8월 정기구독 솔루션이 네이버 스마트스토어 판매자들에게 공개됐다. 향후 네이버는 NFA와 연계한 물류 지원 솔루션까지 지속적으로 확장한다. 물류기업과 판매자 간 커뮤니케이션 도구 톡톡, 물류 데이터 분석 대시보드, 재고관리 솔루션, 인공지능 기반 수요예측 솔루션이 2021년 출시를 앞두거나 네이버가 검토하고 있다고 밝힌 물류 관련 머천트 솔루션이다.

머천트 솔루션은 물류를 넘어선 풀필먼트를 가능하게 해준다. 풀필먼트를 '고객 주문을 충족시키기 위한 프로세스 구축 과정'이라 정의한다면, 비단 물류만 풀필먼트는 아니다. 오프라인의 현실감 있는 상품 구매 경험을 전달하는 라이브 커머스나 메타버스 기술, 해외 소비자들에게까지 손쉽게 상품을 리스트업할 수 있도록 상품 DB를 연동하고 현지 언어로 자동 번역하는 기술까지, 모두 물류는 아니지만 고객의 주문, 나아가 고객의 마음을 충족시키기 위한 프로세스를 구축하는 데 필요하다. 머천트 솔루션의 역할이다.

머천트 솔루션에 적용된 여러 기술들은 물류 운영과 결합하여 더 큰 힘을 발휘할 수 있다. 예컨대 네이버의 라이브 커머스 기술, NFA 파트너의 도심 물류센터, 또 다른 NFA 파트너의 당일배송 역량을 조립한다면 어떨까. 소비자에게 라이브 방송으로 소개한 상품을 구매와 동시에 1시간 내에 배달하는 서비스를 구성할 수 있다. 다른 예로 네이버의 수요예측 기술, 한국 NFA 파트너의 상품 소싱 네트워크, 일본 NFA 파트너의 현지 물류센터와 배송 인프라를 결합시킨다면 아마존이 일본에서 운영하는 풀필먼트와 같은 개념의 비즈니스를 직접 구축이 아닌 '연결'을 통해 만들 수도 있겠다.

기술과 물류 운영이 결합된 이러한 서비스는 기존 3PL업체들이 쉽게 갖추기 어려운 역량이다. 서비스 범위가 종전 3PL이 다루지 못하던 범위까지 확장됨에 따라 더 많은 네트워크의 연결이 필요하기 때문이다. 특히나 기술과 물류 운영 수준이 고도화될수록 더 높은 진입장벽이 만들어진다. 이런 것을 물류학 교과서에선 '부가가치물류'라 했던가. 네이버가 이야기하는 4PL과도 부합한다. 기술과 물류의 만남. 이 또한 '연결'이다.

카페24와 네이버의 '오월동주'

　2021년 8월. CJ대한통운, 신세계그룹에 이어 네이버의 세 번째 혈맹이 발표됐다. 네이버가 카페24와 1,300억 원 규모의 지분을 교환하는 전략적 제휴를 체결했다. 카페24는 1,300억 원 규모의 신주를 발행해 동일 규모의 네이버 주식과 교환했다. 네이버는 이 거래로 카페24 주식 14.99%를 취득하게 됐다. 제휴 시점 기준 네이버의 46만 스마트스토어 판매자 군단이 카페24의 190만 쇼핑몰 네트워크와 만나게 됐다.

　제휴의 핵심 키워드는 'D2C_{Direct to Customer}'다. 네이버가 그동안 부족했다고 평가받던 D2C라는 키워드를 카페24를 통해 선점한 것이다. D2C 판매자가 중간 도매상 없이 소비자에게 직접 상품을 공급하는 프로세스 설계를 의미한다. 이커머스업계에선 판매자가 플랫폼에 입점하지 않고 자사몰을 통해 상품을 판매한다는 의미로도 쓰인다. 북미에서 쇼피파이가 장악한 그것이고, 페이스북의 이커머스 플랫폼 페이스북숍스가 2020년부터 이 영역에서 브랜드, 판매자를 끌어모으기 시작했다. 나이키, 이케아, 버켄스탁 등 쟁쟁한 브랜드들의 탈 아마존 현상을 D2C라는 키워드가 이끌었다.

　네이버와 카페24는 모두 이커머스 플랫폼으로 불리지만, 주력 활동 영역에선 차이가 있었다. 카페24는 자사몰 영역의 국내 1위 사업자다. 무료 쇼핑몰 호스팅 서비스를 기반으로, 콘텐츠 제작과 마케팅, 물류, CS 등 이커머스 운영을 지원하는 솔루션을 유료로 팔아 성장했다. 원래는 카페24가 자체 개발한 솔루션만 공급했는데,

2018년부터는 '카페24 앱스토어'를 오픈하여 외부 3자 개발사들을 생태계로 포섭하기 시작했다. 연결을 기반으로 한 '개방형 플랫폼' 전략이다.

네이버 커머스의 성장은 C2C 마켓플레이스 '스마트스토어'가 만들었다. 스마트스토어는 쇼핑몰을 블로그처럼 쉽게 만들 수 있는 도구다. 저렴한 수수료와 쉬운 쇼핑몰 개설로 판매자들을 빠르게 끌어당겼다. 어찌 보면 네이버 스마트스토어도 D2C를 위한 하나의 도구다. 네이버 스마트스토어 하나로만 고객에게 접근하는 판매자라면 말이다.

하지만 근본적으로 스마트스토어는 네이버 도메인에 종속된다. 자사몰에 비해 쇼핑몰의 개성을 보여주는 브랜딩과 자체적으로 필요한 기술을 확충하는 커스터마이징에는 한계가 있다. 물론 네이버는 이런 한계를 일부 극복하기 위해 2020년 2월 B2C 마켓플레이스 '브랜드스토어'를 출시했다. 브랜드스토어를 통해 어느 정도 네이버로 구축한 쇼핑몰에 브랜드의 색깔을 보여줄 수 있게 됐다.

하지만 마케팅과 고객 관계 관리의 핵심 자산이 되는 고객 데이터를 확보하는 데는 여전히 제한적이다. 물론 네이버가 상대적으로 다른 마켓플레이스에 비해 판매자에게 다양한 형태의 데이터 분석 도구를 제공하고 있긴 하다. 하지만 여기서도 네이버가 제공하는 데이터 수준에 만족해야 한다. 외부 파트너와 시스템 연동 등 확장성에도 제약은 있다.

어제의 경쟁사 네이버

카페24와 네이버 양사의 비즈니스 모델이 서로 겹치지 않는 것처럼 보이지만 사실 양사는 서로를 상당히 신경 쓰고 있었다. 쇼피파이가 어느 날 문득 아마존의 경쟁사로 물망에 오른 것처럼. 네이버 역시 카페24의 자사몰 비즈니스 영역을 갉아먹었다. 이유는 간단하다. 카페24로 쇼핑몰을 만들 수 있듯, 네이버 스마트스토어로도 쇼핑몰을 만들 수 있기 때문이다. 만들기 쉬운 것으로 치면 블로그처럼 쇼핑몰을 만들 수 있는 네이버가 카페24에 못지않았다. 심지어 무료 쇼핑몰 개설이 가능하고, 수수료도 저렴하다.

이런 유인으로 인해 초보 판매자, 재고를 보유하지 않는 위탁판매자, 구매대행 판매자가 네이버로 몰려들었다. 개미 판매자의 군단이다. 160만 구독자를 보유한 유튜버 신사임당이 "지금이 단군 이래 가장 돈 벌기 쉬운 시대"라 했던가. "누구나 네이버 스마트스토어로 월 1,000만 원을 벌 수 있다"고 주장하는 이들이 곳곳에서 등장했다.

네이버의 2020년 7월 발표에 따르면 코로나19 이후 20대 신규 창업자의 숫자는 72% 급증했다. 해당 시점 최근 1년간 연 매출 1억 원 이상을 달성한 판매자는 2만 6,000명을 넘어섰다. 이는 2019년 대비 약 40% 증가한 수치다. 요컨대 2000년대 초까지만 하더라도 카페24가 도맡았던 D2C 채널의 역할이 현대에 와서 네이버에 분산됐다.

여기서 카페24에 있어선 충격으로 다가온 사건이 시작된다. 네이버가 본격적으로 자사몰 구축 비즈니스를 시작해 버린 것. 네이버는 2021년 2월 이커머스 솔루션업체 포비즈코리아와 제휴하여 네이버 클라우드 플랫폼 안에 자사몰 구축 관련 서비스를 녹였다. 네이버 클라우드의 서비스 소개에 따르면 네이버의 이커머스 클라우드 서비스는 자사몰 구축을 원하는 사용자에게 솔루션을 무상으로 제공한다. 이와 함께 결제, 마케팅, 디자인 등 이커머스 플랫폼 관련 부가서비스를 마켓플레이스를 통하여 제공한다. 네이버가 직접 개발한 솔루션뿐만 아니라 3자 개발사의 솔루션도 협력하여 함께 제공한다. 글로벌까지 확장하기 위한 디지털 인프라도 제공한다.[24]

어디서 많이 본 형태라면 맞다. 모두 카페24가 하던 것이다. 글로벌 이커머스 플랫폼 쇼피파이의 모습이 네이버에서 보이기 시작했다. 한국에 진출한 쇼피파이만 해도 신경이 쓰였던 카페24에 네이버가 직접적인 경쟁자로 등장했다.

한성숙 네이버 대표는 2021년 3월 주주 서한을 통해 네이버 커머스의 핵심 비즈니스 키워드 중 하나로 '토탈 머천트 솔루션'을 꼽았다. 네이버는 판매자들이 온라인에서 장사하는 데 필요한 모든 과정을 빠짐없이 챙기는 기술을 머천트 솔루션을 통해 확보한다 했다. 네이버는 머천트 솔루션 중에서 비즈니스 효용이 큰 솔루션에 대한 수익화를 검토한다. 기존 광고와 판매 건당 수수료 중심의 커머스 비즈니스 모델에서 한 단계 더 발전한 '솔루션 기반 구독 모

---

24 네이버클라우드는 이커머스 플랫폼 구축의 '엔드 투 엔드' 서비스를 제공한다고 강조한다. 무료 플랫폼 구축부터 다양한 부가 솔루션 제공, 글로벌 서비스 제공 등을 강조하는데 이것들은 모두 디테일이 다를 뿐 카페24도 하는 것이다.

델' 론칭 계획을 발표했다. 무료 쇼핑몰 구축을 통해 판을 깔고, 부가 서비스를 확장한다는 것처럼 들린다. 이 또한 카페24의 수익모델이다.

이쯤 되면 카페24가 네이버를 신경 쓰지 않을 수 없다. 1위 이커머스 플랫폼의 본진 침공이라니. 실제로 카페24 내부에서는 네이버를 강하게 의식하는 모습이 나타나기 시작했다.

핵심 협업 키워드 'D2C'

그러던 중 발표된 것이 양사의 혈맹이다. 자체적으로 자사몰 구축과 관련한 역량을 확충하고 있던 네이버가 선택한 방향은 '제휴'였다. 이에 대해 네이버 내부에서도 의견이 분분했다는 이야기를 들었다. 그런데도 네이버가 카페24와 제휴를 선택한 이유는 'D2C'라는 키워드를 선점하기 위해서였다고 한다.

카페24에는 호재다. 그간 카페24 성장의 제약 요인으로 작용했던 암묵적인 경쟁사 네이버를 동맹군으로 포섭했기 때문이다. 네이버가 구축하고 있는 글로벌 인프라는 마찬가지로 카페24의 성장에 제약 요인으로 작용했던 글로벌 사업의 유의미한 성과를 만들 수 있는 발판으로 작용할 수 있다.

양사가 공식적으로 발표한 시너지 키워드는 역시 D2C였다. 네이버에서 성장한 SME들이 어느 정도 단계에 도달하여 자사몰이 필요해진다면, 그러니까 브랜딩과 커스터마이징이 필요해지는 단계에 온다면 카페24를 통해 사업 외연 확장을 쉽게 만든다는 것이다. 여기 네이버에서 카페24로 넘어가는 자연스러운 연결점이 필요해질 것이고, 앞으로 양사가 강화해야 할 숙제다.

네이버가 얻는 이익도 있다. 카페24의 공식 발표에 따르면 카페24를 통해 자사몰을 구축한 사업자들은 네이버가 제공하는 스마트스토어, 브랜드스토어, 네이버쇼핑 등 다양한 마켓플레이스에 보다 원활한 상품판매가 가능하게 돼 매출 확대를 기대할 수 있다.

사실 이는 새로운 것이 아니다. 카페24는 원래부터 네이버뿐만 아니라 쿠팡, 위메프, 지마켓, 지그재그, 에이블리, 무신사 등 다양한 외부 마켓플레이스에 한 번에 상품 콘텐츠를 등록하고 관리할 수 있는 솔루션을 제공했다. 카페24는 이를 '마켓통합관리 솔루션'이라 부른다. 서로 다른 마켓플레이스 관리자 페이지에 들어가서 상품을 등록하고 관리해야 하는 판매자들의 번거로움을 해소하기 위해 만들어진 기능이다. 역시나 앞으로의 숙제가 있다면 원활한 상품 판매를 어디까지 강화할 것이냐.

머천트 솔루션의 확장

네이버와 카페24의 두 번째 공식 협력 키워드는 '온라인 사업자 대상 서비스 지원 확대'다. 카페24가 운영하고 있는 쇼핑몰 솔루션, 마케팅 서비스, 국내외 운영, 판매 지원 서비스를 네이버 스마트스토어 판매자들이 사용할 수 있도록 지원한다. 반대로 카페24를 통해 자사몰을 구축하여 운영 중인 사업자는 네이버가 지원하는 쇼핑라이브, 정기구독 등을 이용할 수 있다. 요컨대 양사가 보유하고 있는 지원 기술 제휴를 강화한다는 것이다.

이런 상황을 봤을 때 카페24는 네이버의 머천트 솔루션을 강화하는 이커머스 지원 기술 공급 파트너가 될 수 있다. 카페24가 자체 개발한 기술뿐만 아니라 2018년 카페24 앱스토어 론칭 이후 합류하게 된 여러 3자 개발사들이 네이버 머천트 솔루션을 위한 공급사로 합류할 수 있다.

사실 이미 카페24의 3자 기술 파트너가 네이버클라우드 이커머스 기술 파트너로 동시 참여하고 있는 사례는 상당히 많다. 심지어 카페24도 네이버 클라우드 이커머스 사업의 파트너였다. 요컨대 네이버는 커머스 사업 핵심 계획 중 하나였던 머천트 솔루션을 위한 기술을 빠르게 강화하는 수단으로 카페24를 이용할 수 있게 된다.

카페24 입장에서도 네이버의 기술을 공급받을 수 있는 여지가 있다. 사실 이 또한 카페24가 원래 하던 것이다. 네이버뿐만 아니라 외부 마켓플레이스들의 다양한 기능과 유연한 연결점을 만드는 것이 카페24 비즈니스가 계속해서 추구했던 방향이다. 국내외를 막론한 여러 마켓플레이스의 기술과 연결점을 마련하는 조직이 적극적으로 움직이고 있다. '끊김 없는'이라는 단어로 앞으로 카페24의 방향을 예측해볼 수 있겠다.

NFA에 합류하는 네트워크

양사가 강조한 세 번째 협력 키워드는 '물류'다. 카페24는 양사의 지분 교환을 공식 발표하면서 자사가 보유한 풀필먼트 역량을 네이버 스마트스토어 판매자에게 공유할 것을 약속했다. 카페24가 NFA 플랫폼에 합류할 차기 파트너로 잠정적 인정을 받은 것이다. 정확하게 말하면 카페24의 물류 자회사 패스트박스가 NFA에 합류할 수

있는 계기가 마련됐다.[25]

　NFA는 네이버의 이커머스 물류 전략의 중축이다. 직접 물류 인프라를 확보해나가는 쿠팡과 다르게 다양한 물류 파트너들의 연합체를 구성했다. 네이버가 직접 물류를 하지 않지만, 역량 있는 물류 파트너와 연결을 통해서 서로 다른 다양한 판매자들의 물류 니즈를 해소하는 온디맨드 물류 서비스를 네이버는 NFA를 통해 구축하고자 한다.

　카페24의 물류 자회사 패스트박스는 로컬뿐만 아니라 글로벌 물류 역량을 보유한 업체다. 판매자들이 패스트박스가 운영하는 인천 물류센터로 상품을 보내면 이후 통관, 현지 물류 등 파트너들과 연계하여 글로벌 소비자까지 물류를 처리해주는 방식이다. 패스트박스는 2020년 기준으로 월 50만 건의 물동량을 처리했고, 그중 8만 건이 글로벌 이커머스 물동량인 것으로 알려졌다. 패스트박스는 특히 카페24 자사몰 네트워크의 기반인 동대문 패션 물류를 일본에까지 처리하는 데 집중해왔다. 이 네트워크가 NFA 플랫폼을 통해 네이버에 공유될 수 있다.

글로벌로 넘어가는 네트워크

　일본 하니 또 생각나는 게 네이버다. 2021년 3월 네이버는 소프트뱅크와 지분율 50:50의 합작법인 A홀딩스를 설립했다. A홀딩스가

25　카페24는 네이버 제휴 이전부터 FBC라는 이름의 풀필먼트 서비스를 론칭, 운영하고 있었다. 패스트박스가 FBC 운영 주체가 된다.

네이버 일본 자회사 라인과 소프트뱅크의 야후재팬을 운영하는 자회사 Z홀딩스를 지배하는 구조다. 네이버는 2021년 10월 말을 목표로 일본판 스마트스토어를 구축하고 있다. 여기 한국에서 투자한 NFA 물류 파트너인 브랜디, 신상마켓과 함께 한국 동대문 패션 상품의 글로벌 진출을 추진하고자 한다.

패스트박스는 네이버에 앞서 일본 향 동대문 패션 물류에 집중했던 업체다. 그 때문에 브랜디와 신상마켓만으로 소화가 안 되는 일본 향 크로스보더 물류 네트워크를 이 업체가 해결할 가능성이 제기된다. 브랜디와 신상마켓이 동대문 사입 물류 역량은 있지만 그들에게 글로벌 물류는 미지의 세계이기 때문이다.

실제 양사가 강조한 마지막 협업 키워드는 '크로스보더 이커머스'다. 카페24는 해외 권역에서 쇼핑몰을 구축할 수 있는 기반을 갖추고 있다. 카페24는 2018년 일본법인, 2020년 베트남법인을 설립하여 운영하고 있다. 이 두 곳은 모두 현지 쇼핑몰 사업자를 대상으로 한국의 카페24와 같은 호스팅 기반의 이커머스 판매를 지원하는 솔루션을 판매한다. 한국 카페24의 주력 타깃이 한국인 판매자라면, 카페24 일본법인은 일본인, 카페24 베트남법인은 베트남인 판매자를 대상으로 영업한다. 현지 언어로 된 구축 솔루션은 기본이다.

여기서 카페24가 강조하는 역량은 '현지화'다. 예컨대 카페24 베트남법인은 현장에서 고객에게 배송한 상품의 가격을 현금으로 지급받는 'COD Cash On Delivery' 솔루션을 갖고 시장에 진출했다. 신용카드 결제가 활성화되지 못한 동남아시아 국가의 특성을 고려했다.

카페24 일본법인에는 '소프트뱅크페이먼트'의 결제, '야마토운수'

의 물류 서비스가 붙었다. 현지 파트너와 연결해서 글로벌 소비자까지 다가갈 수 있는 결제, 물류망을 확충했다. 여기 더해 라쿠텐, 쇼피, 페이스북숍스와 같은 글로벌 판매채널과의 멀티채널 판매 지원 기능도 확장하는 추세다.

카페24에 따르면 이렇게 구축한 글로벌 네트워크를 바탕으로 네이버 입점 판매자들의 해외 진출을 지원한다. 반대로 일본 사업자들도 카페24를 통해 일본 시장은 물론 전 세계로 진출 가능하다. 인·아웃바운드 크로스보더 이커머스 기반 인프라를 모두 활용한다.

그들이 움직이기 시작했다

2021년 10월, 네이버의 NFA 일본 진출이 본격적으로 눈에 보이기 시작했다. NFA 파트너업체 브랜디가 10월 13일 '일본 베타 서비스' 론칭을 발표한 것이다. 기본적으로는 브랜디가 한국에서 운영하던 비즈니스 구조에 글로벌 물류가 붙은 것이다. 앞서 언급했듯 브랜디에는 명확한 글로벌 물류망, 해외로 연결되는 판매채널이 없었다. 새롭게 구축하거나, 누군가의 역량을 연결해서 만들어야 했다. 브랜디는 이 역량을 NFA 연합군인 네이버와 카페24의 네트워크를 조립해 확보했다.

우선 브랜디가 일본 자사몰을 열기 위해 협력한 파트너는 카페24다. 카페24 솔루션을 활용하여 쇼핑몰을 구축했다. 일본까지의 물류를 위해서는 카페24의 물류자회사 패스트박스와 협력했다. 패스트박스 물류센터에 브랜디가 선 사입한 패션 상품을 재고로 입고해 두는 것이 시작이다. 일본 고객 주문이 들어오면 이후 물류센터에 보관된 상품을 패스트박스의 글로벌 물류 네트워크를 활용하여 일본까지 항공운송 한다. 마지막 일본 현지 고객까지 배송은 일본 현지 택배사 야마토운수가 맡는다. 야마토운수 또한 카페24 일본 네트워크의 제휴사다. 서비스 오픈 당시 브랜디가 밝힌 일본 고객 주문 후 상품 수취까지 걸리는 배송 리드타임은 약 5~10일이다. 브랜디는 추후 안정화 과정을 거쳐 3~7일 이내 일본 현지 배송을 목표로 하고 있다.

여기서 네이버의 역할은 일본을 대상으로 한 판매채널 확보다. 당장 브랜디는 카페24를 통해 구축한 자사몰을 통해서만 상품을 판매하지만 네이버 일본 스마트스토어 오픈 이후에는 해당 판매채널에 멀티채널 입점을 시작한다. 네이버 일본 스마트스토어는 네이버의 기술을 통해 만들어졌지만, 운영 주체는 소프트뱅크와 네이버 동맹의 결과인 Z홀딩스다.

사실 네이버와 카페24는 'SME'라는 키워드를 놓고 봤을 때 상당히 잘 맞는 기업이다. 네이버가 SME 지원 프로젝트 '프로젝트 꽃'을 전면에 내세웠다면 카페24도 유사하다. 카페24의 솔루션을 이용하는 소상공인들이 누구나 창의력을 발휘할 수 있도록 하는 것을 목표로 했다. 공급자 친화적인 정책을 추진한다는 측면에서도 유사하다. 그런 측면에서 양사의 비즈니스는 문화 공동체로 시너지를 볼 수 있는 부분이 많다.

하지만 양사의 비즈니스 영역이 중복되는 부분도 많은 만큼 서로 경쟁력을 가진 부분에 대한 선택과 집중은 필요하다고 판단한다. 네이버의 제휴망 안에는 카페24와 경쟁 구도를 가진 업체 또한 당연히 존재한다. 그 때문에 이들의 왠지 모르게 불편할 수 있는 관계를 원활히 조율하는 것도 향후의 숙제가 되겠다. 바야흐로 '오월동주吳越同舟'의 시대다.

'동대문 가치사슬'의 변화

2021년 9월, 리테일 데이터 분석업체 와이즈앱이 놀랄만한 숫자를 발표했다. 2021년 8월 기준 카테고리킬러 커머스, 다른 말로 버티컬 커머스 플랫폼들이 메이저 이커머스 플랫폼을 트래픽으로 찍어 눌렀다.

인테리어 버티컬 커머스 '오늘의 집'과 패션 버티컬 커머스 '에이블리'가 티몬과 위메프의 트래픽을 앞질렀다. 패션 버티컬 커머스 '지그재그'가 GS샵과 옥션의 트래픽을 눌렀다. 불과 반년 전인 2021년 1월까지만 하더라도 대부분의 버티컬 커머스 업체들이 모든 카테고리를 아우르는 플랫폼의 트래픽 아래에 깔렸던 것을 생각하면 대조적인 변화다.

10~20대 젊은 여성 세대 소비자를 중심으로 숫자를 한정하여 본다면 결과는 더욱 파괴적이다. 에이블리는 2021년 8월 기준 10대 여성 사용자 트래픽에서 절대 강자 쿠팡을 누르는 기염을 토했다. 쿠팡에 뒤를 지그재그, 브랜디, 스타일쉐어의 트래픽이 뒤를 따랐다. 쿠팡을 제외하면 모든 카테고리를 아우르는 이커머스 플랫폼은 아예 트래픽 순위권에 보이질 않는다.

누가 네이버와 쿠팡이 이커머스 판에서 양강을 형성했다고 말했던가. 사실 필자도 그렇게 주장한 사람 중 한 명인데 그 평가를 패션 버티컬 커머스 플랫폼들이 일부 소비자 집단에서나마 뒤집어엎었다. 네이버와 쿠팡이 이커머스 판에서 만든 공고한 양강 체계에 균열이 갔다.

와이즈앱은 10~20대 여성을 중심으로 패션 버티컬 커머스의 소비자 이용이 강화되고 있다고 평했다. 특히 여성 패션 버티컬 커머스 에이블리, 지그재그의 지속적인 트래픽 증가세, 브랜디의 사용자 증가 속도를 주목할 필요가 있다고 했다.

에이블리, 브랜디, 지그재그. 사실 이 세 플랫폼들은 패션 버티컬 커머스라는 눈에 보이는 공통점만을 가지고 있는 것은 아니다. 이 업체들이 운영하는 가치사슬의 기저에는 모두 동대문 패션 시장이 존재하고 있다.

또 하나의 공통점은 물류망을 연결해서 새로운 고객 가치를 창출했다는 것이다. 기존 창고 보관비, 출고 건당 처리비용을 받던 물류 업체식 풀필먼트 수익모델의 기본 개념을 뒤틀어버렸다. 대체 에이블리, 브랜디, 지그재그는 어떤 방식으로 물류를 활용해 동대문 패션 가치사슬을 최적화할 수 있었던 것일까.

클러스터가 만든 'D+2'의 속도

본격적으로 업체들의 도전을 전하기 전에 동대문 패션 가치사슬의 기본형이 무엇인지 알 필요가 있다. 나는 2019년, 코로나19가 터진 이후인 2020년 동대문 새벽 도매시장에 방문한 적이 있다. 2019

년에는 브랜디, 2020년에는 신상마켓에서 일하는 '사입삼촌'²⁶을 따라 현장 곳곳을 돌았다.

이곳은 별세상이다. 거리 곳곳에 펼쳐진 거대한 봉지들, 그 봉지를 싣고 빠르게 거리를 스쳐 가는 오토바이, 손수레(핸드카트)의 군단, 자율주행차가 오고 간다는 이 시대에 등장한 지게꾼까지. 세기 말 사이버펑크 분위기를 만드는 색색의 조명 아래 동대문 새벽 도매상가 거리의 모빌리티 군단이다.

동대문은 하나의 '패션산업 클러스터'를 형성했다. 디자인, 생산, 도매, 소매까지 이어지는 모든 가치사슬을 동대문이라는 하나의 공간에 집약시켰다. 인디 패션 디자이너들은 트렌드를 반영해 빠르게 상품 기획, 디자인을 한다. 동대문 원단 시장에서 구매한 부자재로 동대문 인근에 밀집한 수많은 봉제공장에서 상품을 만든다. 그렇게 만들어진 상품을 도매상가에 공급하고, 그 상품을 소매상이 사입한다. 이 모든 업무를 동대문이라는 하나의 공간에서 해결 가능하다.

동대문 가치사슬과 연결되는 물류망은 '삼촌'이라 불리는 사람들이 만든다. 동대문 도매상가 중간중간 위치한 오피스텔 사무실은 긴급 재고, 원부자재 공급을 위한 창고로 사용된다. 이 창고에 보관된 재고, 봉제공장에서 만들어진 상품을 동대문 도매상가 앞까지

---

26 동대문 도매상가의 사입 업무 대행자를 칭하는 현장 은어. 고객 구매 후 물품 사입이 일반적인 동대문 가치사슬에서는 그날 들어온 고객 주문에 따라서 해당 상품을 새벽 동대문 도매상가를 돌면서 구매하는데, 이를 '사입'이라 한다. 이 업무를 대신 해주고 패션몰의 물류센터까지 발송해주는 이가 '사입삼촌'이다.

각양각색의 운송 수단이 옮긴다. 이렇게 옮긴 상품을 '지게삼촌'이라 불리는 지게꾼들이 도매상가 안까지 나른다.

소매상에 최종 고객 주문이 들어온 이후에는 '사입삼촌'이라 불리는 사람들이 대봉을 들고 동대문 도매상가를 돌면서 상품을 픽업한다. 이렇게 픽업한 상품을 '화물삼촌'이라 불리는 이들이 트럭에 가득 실어 패션 쇼핑몰의 물류센터나 매장까지 배송한다. 쇼핑몰 물류센터에서는 픽업한 상품을 분류, 검수, 재포장하고 다음날 상품택배 출고를 마친다. 혹여 검수 과정에서 오배송이 확인된다면 이 상품을 도매상으로 반품하는 역물류도 사입삼촌이 맡아 한다.

이러한 시스템 덕분에 동대문 쇼핑몰 판매자들은 '재고 없는 장사'를 할 수 있다. 도매상에서 상품 샘플을 구매하거나 받아서 촬영하여 쇼핑몰에 올리고 고객 주문이 들어온 후에야 실제 상품을 사입한다. 혹여 사입하고 안 팔릴 수도 있는 재고 위험을 회피하는 방식이다.

물론 '주문 후 사입'은 배송 속도를 통제할 수 없다는 태생적인 한계가 있다. 하지만 이 또한 동대문의 패스트 패션 공급망이 해결해 줄 수 있다. 오늘 고객 주문을 받고, 주문 당일 밤 동대문 도매시장에서 사입하고, 다음날 택배 출고를 마쳐 허브앤스포크 프로세스를 거쳐 고객에게 전달하는 프로세스가 있기 때문이다. 고객 주문일 기준 D+2일의 속도가 이론적으로 가능하다. 이 정도면 고객 주문일 기준 D+1일 기준으로 움직이는 택배와 비교하여 그리 많이 늦는 것도 아니다.

동대문의 제약 요인 '속도'

동대문의 제약 요인은 역설적으로 '속도'다. 앞서 이야기했던 D+2일의 속도는 이론적으로나 가능하다. 현실은 그리 녹록하지 않다.

택배가 늦어서 그러는 걸까? 그럴 수도 있겠지만 대개는 아니다. 문제의 근본 원인은 공급망의 뒷단에서 나온다. 앞서 이야기했던 고객 주문일 기준 D+2일의 속도를 만들기 위한 전제 조건은 도매 상가에 사입할 재고가 있어야 한다는 것이다. 그런데 동대문 도매 상가 역시 충분한 재고가 없는 경우가 많다. 이들 역시 재고를 보유하는 리스크를 지는 것은 원치 않기 때문이다. 우연한 계기로 갑자기 판매량이 치솟는 상품이 언제든 튀어나올 수 있는데, 이런 경우 의도치 않은 결품 사태에 직면하기도 한다. 왜 이런 일이 생기는지 동대문 청평화시장에서 20년 가까이 도매상을 운영한 한 상인의 답은 이랬다.

"입고 지연 문제는 대개 조달과 생산에서 발생해요. 예를 들어 원단 수급에 문제가 생기거나, 봉제공장에서 생산 문제가 생기면 당연히 입고가 지연되죠. 원단공장과 봉제공장 모두 열심히 일한다고 해도 뽑을 수 있는 생산량의 한계가 정해져 있잖아요. 만약 히트 상품 하나가 나왔다고 한다면 공장 전체를 가동하더라도 생산량을 못 맞출 때도 있어요."

그래서인지 동대문 도매상가에선 방문한 쇼핑몰 사업자에게 넘길 재고가 없는 경우가 속출한다. 직접 사입삼촌을 따라 동대문 도매상가를 돌아본 결과 체감상 30% 이상은 재고가 없으니 나중에 오라는 이야기를 들었다. 동대문 도매상가를 돌다 보면 '일밤', '월밤' 같은 말을 자주 들을 수 있는데, 이는 해당 요일 밤에 공장에서 제작한 상품이 도매상에 입고되니, 그날 다시 방문하라는 뜻이다.

이 때문에 생긴 시스템이 '미송'이다. 미송은 일종의 예약 주문으로, 재고가 없는 상품에 대해 쇼핑몰이 미리 선결제를 하여 후일 공장에서 도매상으로 입고됐을 때 구매 우선권을 받는 것을 말한다. 그런데 이 또한 안 맞는 게 문제다. 동대문 도매상 입장에서 미송은 이미 받은 돈이다. 당장 물량이 있는 상황에서 새로 많은 돈을 낸 사람이 온다면 그들에게 물량을 주고 돈을 더 버는 것이 도매상 입장에선 이득이다. 물론 이렇게 한다면 미송을 끊은 소매상과 신뢰가 깨질 수 있다지만, 그것보다는 눈앞에 이익에 휘둘리는 것이 사람이다 보니 이런 일이 종종 일어난다.

더군다나 글로벌 소싱이 일반화된 현대의 동대문이다. 동대문 도매시장은 한국보다 가격이 50% 이상 저렴한 중국 패션 상품들이 점령한지 오래라는 평가를 받는다. 그러다 보니 국내에선 1~2주 기다리면 입고될 상품이, 중국에서는 1~2달 지연되는 경우가 왕왕 발생한다. 심지어 가끔은 중국공장이 연락을 두절하거나, 사라지는 경우도 있다. 코로나19 이후 물류센터, 항만 폐쇄, 글로벌 물류 대란이 겹치면서 이런 상황은 더욱 심해졌다.

이런 일도 생긴다. 쇼핑몰 사입삼촌이 도매상에 방문했는데, 원하는 상품 재고가 없어서 2일 뒤 상품을 받는 것으로 미송을 잡아뒀다. 쇼핑몰은 그 기간 동안 해당 상품의 품절 처리를 굳이 할 이유를 못 느낄 것이다. 어차피 2일 뒤에 들어오는데, 그때 들어온 고객 주문까지 한 번에 배송하겠다는 생각을 가질 수 있다. 그런데 2일 뒤에도, 7일 뒤에도, 30일 뒤에도 상품이 들어오지 않는다. 도매상에게 그 이유를 물어보니 "중국공장에서 제작한 상품인데, 황사 때문에 배 뜨는 게 늦네~"라는 황당한 답변이 돌아온다.

예시처럼 이야기했지만 모 대형 패션 버티컬 플랫폼에서 발생한 실화다. 이 플랫폼은 입고가 지연되는 기간 동안 수백 장의 상품을 판매했다. 하지만, 기약 없는 입고 지연과 늘어나는 고객 클레임으로 인해 결국 수백 명의 고객에게 일일이 전화해서 사과하고, 환불 처리를 해줬다고 한다. 고객에게는 사과의 의미로 적립금을 지급했다고 하는데, 회사 입장에선 이건 분명히 비용이다. 그 고객이 다시 쇼핑몰에 돌아올지도 미지수다.

플랫폼의 방법론

앞에서 언급했던 것처럼 지그재그, 에이블리, 브랜디 이 세 버티컬 커머스 플랫폼들은 모두 동대문 도매시장을 상품 공급망의 기저에 두고 있다. 물론 약간의 차이는 있다. 지그재그는 다수의 동대문 패션 쇼핑몰의 상품을 모아볼 수 있는 앱으로 성장했다. B2C 마켓플레이스다. 브랜디와 에이블리는 블로그마켓이라고도 불리는 개인 인플루언서가 쉽게 동대문 패션 상품을 소싱할 수 있는 기반 인프라를 제공하는 방식으로 사업을 성장시켰다. C2C 마켓플레이스다.

어쨌든 세 업체 모두 판매하는 상품의 뿌리는 동대문이다. 이 업체들은 동대문에서 발생하는 모든 물류 측면의 한계점, 이로 인해 떨어지는 고객 경험과 이탈 가능성을 인지하고 있다. 그래서 세 업체 모두 물류 서비스를 개선하기 위해 부단히 노력해왔다. 각 업체들의 도전을 시간 순서대로 살펴본다.

에이블리의 방법론 : 풀필먼트 뒤틀어보기

먼저 에이블리다. 에이블리는 '에이블리 파트너스'라는 이름의 풀필먼트 서비스를 2018년 4월 공식 론칭했다. 일반적인 풀필먼트와는 조금 개념이 다르다. 앞서 에이블리를 개인 인플루언서 기반 C2C 마켓플레이스라 소개했다. 이 말인즉 에이블리에서 상품을 파는 개인은 동대문 생태계 그 자체가 생소하다.

에이블리는 개인 판매자들의 시장 진입장벽을 낮춰주는 방식으로 풀필먼트 서비스를 구성했다. 동대문 도매상가의 폐쇄적인 은어조차 인지하지 못하고 있는 개인 판매자들에게 동대문 물류와 CS 전반을 원스톱 서비스로 구성해서 제공하는 것이 에이블리 파트너스의 골자였다. 요컨대 누구나 옷을 입고 셀카만 찍어서 에이블리에 올린다면 나머지는 전부 에이블리가 대행한다. 강석훈 에이블리 대표의 말이다.

"에이블리를 창업하기 전에 '반할라'라는 이름의 여성 패션몰을 잠깐 운영했어요. 잘 나갔을 때 연 매출 180억 원 정도를 올렸죠. 하지만 이게 한계라는 생각이 들더라고요. 그때 보였던 것이 어떤 개인이 인스타그램, 블로그에 상품을 올리고 직접 방문 고객과 커뮤니케이션하면서 판매하는 모습이었어요. 실제 이후 모델 화보를 촬영해서 판매하는 트렌드는 지고 개인과 개인이 공감하며 소통하면서 판매하는 방식이 떠올랐습니다. '블로그마켓'이라는 용어도 이때 등장했죠. 이거다 싶어서 반할라 쇼핑몰 껍데기를 전부 바꿔 에이블리의 앱과 웹을 만들었습니다.

반할라가 에이블리로 변했지만 우리의 뒷단은 그대로였어요. 반할라는 동대문 도매시장에서 옷을 사입하여 직접 판매하던 업체였고, 그때 사입 물류 네트워크가 에이블리까지 이어졌습니다. 이 망을 '개인 인플루언서'를 지원하는 데 활용했습니다. 예를 들어 우리는 에이블리 파트너스 인플루언서 분들에게 팔고 싶은 옷을 보내줍니다. 그러면 인플루언서들이 그 옷을 입고 셀카처럼 사진을 찍어서 에이블리 플랫폼에 올립니다. 그렇게 판매된 상품을 우리가 반할라 시절부터 운영했던 사입팀이 동대문에서 대신 구매해서 소비자에게 보내줍니다. 그렇게 실제 상품 판매가 일어나면 매출의 5~10%를 개인 인플루언서가 가져갑니다."

요컨대 에이블리의 풀필먼트는 물류 서비스가 아니다. 풀필먼트의 개념을 물류로만 본 것이 아니라 그 뒷단과 앞단인 '상품 소싱'과 '마케팅'까지 확장하여 연결했다. 입점 판매자에게 상품 소싱을 위한 기반 인프라를 제공한다. 판매자에게 수많은 소비자의 트래픽이 발생하는 '플랫폼'을 제공한다. 여기에 하나 더 얹히자면 '개인화 추천'이다. 강석훈 대표는 영화 추천 서비스 왓챠의 공동창업자 출신이다. 이때 얻은 콘텐츠 추천에 대한 경험과 노하우를 에이블리에 녹여낸 것이다. 그래서 에이블리 풀필먼트는 단순히 물류만 대행하지 않는다. 물류뿐만 아니라 판매자의 귀찮음이 될 수 있는 고객 응대, 판매 이후의 반품 문의와 같은 CS까지 대행한다.

에이블리 풀필먼트의 수익모델도 남다르다. 3PL 서비스를 제공하는 풀필먼트업체라면 마땅히 받을 상품 보관료, 출고 건당 출고비, 임가공비를 에이블리는 받지 않는다. 오히려 에이블리 풀필먼트는 입점 판매자에게 돈을 준다. 상품 판매가의 약 5~10% 가량 되는 순이익을 판매자에게 정산해준다. 남은 90~95%에서 운영비를 제한 금액이 에이블리의 이익이 된다. 애초에 에이블리의 풀필먼트는 고객이 되는 개인 판매자에게 비용 절감 관점에서 다가가지 않는다. 재고 리스크 없이 매출 상승을 이끄는 풀필먼트로 포지셔닝한다.

브랜디의 방법론 : 선 사입의 속도를 끼얹다

브랜디의 비즈니스 모델은 에이블리와 유사하다. 태생부터 '블로그마켓을 위한 마켓플레이스'를 지향했던 브랜디였기에 판매채널 앞단에서 느껴지는 특성도 큰 차이가 없다. 브랜디 역시 에이블리와 마찬가지로 전문 화보 모델컷보다는 셀카와 같이 친근한 사진컷을 선호했다. 실제 브랜디 입점 판매자들도 대부분은 블로그에서 성장한 개인들이었다.

브랜디는 2018년 9월 에이블리 파트너스와 흡사한 패션 풀필먼트 서비스 '헬피'를 시작했다. 헬피 비즈니스 모델 안에서도 풀필먼트의 개념 확장이 보인다. 브랜디의 풀필먼트 또한 물류만 대행하지 않는다. 동대문 가치사슬의 뒷단과 앞단에 연결되는 많은 것을 함께 대행한다. 브랜디 입점 판매자는 상품을 골라보는 안목과, 예쁜 사진을 찍는 역량, 이후 개인 블로그나 인스타그램 등 소셜 미디어를 통해 마케팅하는 역량만 있으면 된다. 나머지 귀찮은 상품 소싱,

CS, 사입 과정들은 브랜디가 대행한다. 판매자는 이렇게 팔린 상품 판매액의 약 9~13%를 이익으로 가져간다. 판매자의 이익을 제외한 금액에서 브랜디가 부담하는 운영비, 물류비, 인건비를 차감한 금액이 브랜디가 가져가는 이익이 된다. 브랜디가 어떤 기반 인프라를 제공하는지 서정민 브랜디 대표의 말을 들어본다.

"동대문 도매상가를 걸어 다니면서 좋은 상품을 찾는 데는 적어도 3박 4일이 걸려요. 헬피는 크리에이터들의 그 시간을 아껴주는 서비스입니다. 브랜디 샘플 MD가 큐레이션한 상품을 디지털 쇼룸에 한데 모아 크리에이터들에게 제공합니다. 동대문 맥스타일 도매상가 안에 운영하는 물류센터에는 누구나 방문하여 원하는 상품을 입어볼 수 있는 샘플룸을 만들었어요. 헬피를 이용하는 크리에이터는 누구나 브랜디 샘플 쇼룸에 방문하여 무료로 샘플을 입어보고 현장에 있는 스튜디오에서 촬영할 수 있어요. 브랜디와 제휴한 1,500개 동대문 도매업체의 상품 샘플이 여기로 들어옵니다."

시스템이 가이드한다. 브랜디는 나아가 시스템이 잔량 재고를 기반으로 할인 판매를 결정할 수 있도록 알고리즘을 만든다는 계획이다. 서정민 대표의 말이다.

"저희가 하고 있는 선 사입이 동대문 패션업계에 없었던 것은 아니에요. 기존에도 대형 쇼핑몰 MD라면 대부분 선매입 물량을 일부 잡아뒀죠. 그런데 문제는 이런 것을 사람의 '감感'으로 했다는 겁니다. 재고가 늘어날 때마다 쇼핑몰 대표는 불안해지겠죠. 어느 순간 선 사입을 멈추고, 결국 다시 입고 지연을 겪는 악순환이 발생합니다. 브랜디는 이 문제를 IT로 풀었습니다. 저희도 숫자를 보고 놀랐는데, 우리 선 사입 상품의 재고 회전기간이 4일이에요. 물론 완벽한 수요예측은 할 수 없지만, 안 팔리고 남는 재고는 우리가 가진 유통망을 통해 충분히 할인하여 처리할 수 있다고 자신합니다. 이 시스템을 AI로, 머신러닝으로 강화하고 있습니다."

지그재그의 방법론 : 풀필먼트를 연결하다

지그재그(운영사: 카카오스타일[27])는 세 업체 중 가장 마지막에 풀필먼트 서비스를 시작한 회사다. 그 이유는 애초에 지그재그가 에이블리나 브랜디처럼 동대문 패션 시장 경험이 부족한 개인 판매자를 입점 시키지 않았기 때문이다. 지그재그의 시작은 이미 존재하는 동대문 패션 기반 쇼핑몰들의 상품 데이터를 크롤링해서 앱에 모아보도록 한 것이었다. 나중에는 지그재그 플랫폼의 트래픽이 입소문을 타면서 쇼핑몰들이 알아서 몰려오기 시작했다. 이런 역사 때문인지 지그재그는 입점 쇼핑몰로부터 판매 수수료를 받지 않는다. 주력 수익모델은 2017년 10월 시작한 광고다.

그리고 지그재그에 몰려온 쇼핑몰들은 개인 판매자와 다르다. 2000년대 초 소호몰 열풍부터 현재까지 살아남은 대형화된 패션몰들은 이미 자체적으로 사입부터 고객 발송까지 가능한 물류망을 구

---

27 지그재그는 2021년 4월 카카오에 인수된다. 기존 카카오스타일을 운영하는 카카오커머스의 스타일사업 부문을 인적 분할해 지그재그 운영사 크로키닷컴과 합병하는 방식을 사용했다.

축한 경우가 많다. 심지어 봉제공장까지 가지고 있어서 제조까지 가치사슬을 확장한 쇼핑몰들도 있다. 지그재그는 '풀필먼트 서비스'를 론칭 한다고 해서 이미 기간망이 존재하는 입점 쇼핑몰들이 쉽게 지그재그 물류 서비스로 바꾸지 않을 것이라 판단했다. 서정훈 지그재그 대표의 이야기다.

"지그재그 입점 쇼핑몰 중에는 수백억 원의 연 매출을 올리는 쇼핑몰들이 꽤 많습니다. 이들은 자사 MD가 동대문에서 상품을 받아서 입고, 검수하여 특유의 감성을 넣고 포장, 발송하는 것을 핵심 역량으로 봅니다. 이를 풀필먼트 형태로 외주를 주면서 대체하는 것을 원하지 않는 쇼핑몰이 많았습니다. 또 하나의 이유는 동대문 도매시장의 태생적인 한계 때문입니다. 쇼핑몰들은 소비자 결제가 일어나고 나서야 도매상에 연락해서 상품을 사입하고, 당장 재고가 없는 상품은 미송 처리합니다. 그 후 공장에 연락해서 주문 후 제작, 배송하는 구조인데 재고 없는 장사를 하는 이 시장에서 물류를 책임지는 것은 너무나 힘든 일이라 판단했습니다."

물론 지그재그가 아예 물류를 포기한 것은 아니다. 여전히 물류와 관련한 문제는 계속되고 있었다. 소비자는 지그재그라는 하나의 플랫폼에서 상품을 구매한다고 생각하는데, 지그재그에서 구매한 상품은 각각 다른 포장에 담겨 각기 다른 배송일에 도착했다. 심지어 동대문 도매상의 결품까지 겹치면 배송 시간이 현격히 늘어나기도 한다. 입점 판매자의 물류 역량에 따라 소비자의 물류 경험이 제각 각인 마켓플레이스의 특징이다. 지그재그가 2019년을 즈음하여 풀필먼트 서비스를 준비하기 시작한 배경이다.

지그재그의 풀필먼트가 공식화된 것은 2021년 3월이다. 물론 같은 풀필먼트지만 지그재그의 방법론은 에이블리나 브랜디와는 사뭇 다르다. 지그재그가 직접 물류를 하지 않는다. 잘하는 사업자의 물류를 연결했다. 지그재그가 택한 물류 파트너는 네이버 NFA 공식 파트너사이기도 한 CJ대한통운이었다. CJ대한통운과의 협력을 통해 쿠팡 로켓배송과 동일한 자정[28]까지 들어오는 고객 주문에 대해 내일 배송을 해주는 타임라인을 만들었다. 네이버 브랜드스토어 물동량을 처리하던 CJ대한통운 곤지암 물류센터에 지그재그의 물량이 밀려왔다.

지그재그의 풀필먼트 서비스는 2021년 3월 베타 서비스 론칭 당시 '제트온리'라는 이름을 붙였다. 소비자 관점에서 봤을 때 단독 상품을 큐레이션해서 노출해주는 서비스를 표방했기 때문이다. 지그재그가 입점 쇼핑몰 중 제트온리에 입점할 쇼핑몰을 추려 그들이 보유한 자체 디자인 상품만을 제트온리에 선보였다.

제트온리는 2021년 6월 '직진배송'이라는 이름으로 리브랜딩 되며 공식 출시했다. 직진배송으로 이름이 바뀌고부터는 기존 쇼핑몰의 자체 제작 상품에만 한정했던 서비스를 동대문 사입 상품까지 확대했다. 지그재그는 약 3개월간 베타서비스를 통해 빠른배송에 대한 고객 만족도를 직접 확인했다고 전했다. 이에 따라 보다 다양

---

28 서비스 론칭 당시 주문 마감 시간은 오후 9시였고, 추후 자정으로 변경된다.

한 상품으로 품목 확대를 원하는 고객과 판매자의 의견을 수렴했다고 빠른 상품 카테고리 확장의 이유를 밝혔다.

지그재그가 빠른 물류를 제공할 수 있는 이유도 재고가 있기 때문이다. 하지만 지그재그가 브랜디의 '오늘출발'처럼 판매할 상품을 동대문 도매상에서 직매입한 것은 아니다. 직진배송에 입점한 3자 패션 쇼핑몰들이 재고를 준비하고, 책임진다. 지그재그 입장에서는 혹여 안 팔리고 남을 수도 있는 재고관리 위험을 회피할 수 있는 방법이다. 반대로 직진배송 입점 판매자에게는 기존에 없었던 재고 책임이 추가된다.

당연히 지그재그에겐 입점 쇼핑몰의 재고 부담에도 불구하고 직진배송으로 유인할 수 있는 당근이 필요했다. 지그재그가 쇼핑몰들에 내건 혜택은 '트래픽'이었다. '직진배송 전용관'은 지그재그 앱 안에서도 곧바로 눈에 띄는 좋은 위치에 노출됐다. 이는 바꿔 말하면 직진배송 참여가 입점 쇼핑몰의 매출을 촉진하는 수단이 될 수 있다는 뜻이다. 그러니까 단순히 빠른 물류만을 가지고 직진배송으로 쇼핑몰을 유인한 것이 아니라, 트래픽이라는 부가가치를 더했다.

어찌 보면 지그재그는 지극히 플랫폼스럽게 풀필먼트 서비스를 만들었다. 물류로 인해 가중될 수 있는 운영비용은 3자 물류업체인 CJ대한통운을 연결하는 방법으로 최소화했다. 사실 CJ대한통운에 곧바로 입점해도 됐을 지그재그 입점 쇼핑몰들은 빠른 물류에 더해 트래픽이라는 부가가치를 더해서 직진배송으로 유인했다. 과정이야 어쨌든 결국 지그재그는 소비자에게 종전에 없었던 빠른배송 경

험을 선사할 수 있게 됐다. 이 또한 연결을 통해 가치를 만든 방법
이다.

GS리테일 퀵커머스 연합군의 향방

2021년 6월 30일. GS리테일과 GS홈쇼핑의 통합 법인이 출범했
다. 연 매출액 10조 원 규모의 우산 아래 양사가 운영하던 편의점,
슈퍼마켓, 종합몰, 홈쇼핑 사업이 모였다. 양사의 핵심 인프라는
'편의점(GS리테일)'과 '홈쇼핑(GS홈쇼핑)'이다. 이 인프라가 합쳐져
어떤 시너지를 만들어낼지 업계의 궁금증을 자아냈다.

사실 합병 법인 설립 전까지 GS리테일, GS홈쇼핑 양사의 전망은
그리 좋지 않았다. GS리테일의 주력 포트폴리오인 편의점(GS25)은
사실상 포화 상태에 다다랐다는 평가를 받는다. 편의점의 밀도는
2020년 기준 인구 1,077명당 1개 수준으로 전 세계 최고 수준으로
올랐다. 2019년부터는 근접출점 제한으로 대표되는 정부 규제의 영
향으로 신규 출점을 하는 데도 제약이 있다. 코로나19 전까지만 하
더라도 해마다 빠르게 오른 최저임금은 편의점 점주들의 원가 부담
을 높인 요인 중 하나였다.

GS리테일의 또 다른 포트폴리오인 슈퍼마켓(GS더프레시)도 전망
이 부정적인 건 매한가지였다. 오랫동안 온라인의 미개척지로 꼽혔
던 신선식품 영역이 빠르게 온라인화 되기 시작했다. 신선식품을
포함한 '장보기' 카테고리는 슈퍼마켓의 핵심 상품 구색이다. 종전

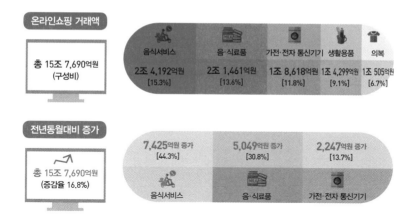

[그림 4-7] 온라인쇼핑 카테고리별 매출 비중 (출처 : 통계청, 2021년 8월 기준)

온라인쇼핑 거래액

총 15조 7,690억원
(구성비)

음식서비스	음·식료품	가전·전자 통신기기	생활용품	의복
2조 4,192억원 [15.3%]	2조 1,461억원 [13.6%]	1조 8,618억원 [11.8%]	1조 4,299억원 [9.1%]	1조 505억원 [6.7%]

전년동월대비 증가

총 15조 7,690억원
(증감율 16.8%)

7,425억원 증가 [44.3%]	5,049억원 증가 [30.8%]	2,247억원 증가 [13.7%]
음식서비스	음·식료품	가전·전자 통신기기

슈퍼마켓에 방문하여 상품을 구매하던 고객들이 빠르게 쿠팡, 마켓컬리, SSG닷컴 등 온라인 채널로 분산됐다. 코로나19가 가뜩이나 부정적이었던 이런 상황에 기름을 부었다.

돈 잘 버는 GS홈쇼핑이라고 상황을 낙관할 수 없었다. 여전히 트래픽은 나왔지만, 홈쇼핑을 이용하는 고객의 연령대는 점차 높아지고 있었다. 당장 돈을 벌지라도 젊은 신규 고객이 유입되지 않는 판매채널에서 미래를 낙관하기는 어렵다. 더군다나 이커머스 영역에서 쿠팡, 네이버, 11번가를 막론한 다양한 업체들이 라이브 커머스 서비스를 론칭하며 홈쇼핑의 영역으로 뛰어들었다. 명백한 위기 상황이다.

엎친 데 덮친 격일까. 코로나19 이후 배달 플랫폼을 중심으로 빠르게 종전 조리식품에서 비조리식품과 비식품 카테고리까지 확장하는 추세가 관측됐다. 배달의 민족의 B마트로 대표되는 MFC와 배달대행 이륜차 라이더 네트워크의 조합이 만드는 퀵커머스가 부상하기 시작했다. 쿠팡이츠 역시 2021년 7월 서울 송파구에서 '쿠팡이츠 마트'를 론칭하면서 경쟁 전선에 합류했다.

퀵커머스가 GS리테일을 포함한 편의점업체, 슈퍼마켓 운영업체의 위기 요인으로 언급되기 시작했다. 대한상공회의소는 2021년 4분기 소매유통업경기전망지수 조사 결과를 발표하면서 점포 수 증가에 따른 편의점 간 경쟁 심화와 퀵커머스 확산이 편의점업계의 매출 상승을 제약하는 요인이 된다고 지목했다. 치고 오는 B마트와 쿠팡이츠를 바라보며 편의점도, 슈퍼마켓도 쉽사리 그들의 미래를 낙관하기 어려웠다.

위기에서 찾는 활로

이런 상황에서 합병법인 GS리테일이 찾은 활로는 여타 오프라인 기반 유통업체들과 다르지 않았다. 기존 오프라인 기반 유통망의 디지털 전환이다. GS리테일이 기보유한 1만 5,000여 개의 소매점(편의점 1만 5,000여 개, 슈퍼마켓 320여 개) 인프라는 도심 물류센터, MFC로 활용한다. 여기 GS홈쇼핑이 갖고 있었던 방송 콘텐츠 제작 능력을 결합하여 매출을 이끈다.

합병법인 GS리테일은 종전까지 그들의 직접적인 위기로 언급됐던 '퀵커머스'와 '마이크로 풀필먼트'를 미래 핵심 전략 키워드로 내걸었다. 이를 통해 전국 99% 소비자에게 2시간 내 배송이 가능한 '가장 가까운 물류망'을 갖춘다는 것이 GS리테일이 합병법인을 설립하면서 천명한 목표다. 위기를 기회로 정면 돌파하겠다는 구상이다.

물론 GS리테일의 역량만으로는 퀵커머스를 하기는 어렵다. GS리테일 합병법인 출범 시점에 전국 40만㎡ 규모의 물류센터 네트워크를 보유하고 있었다고 하지만, 이건 B2B 기업물류, 혹은 택배 배송 기반의 B2C 홈쇼핑 물량에 맞춰진 인프라다. 퀵커머스와 호환되지 않는다.

더군다나 GS리테일에는 라스트마일 물류를 연결할 수 있는 네트워크가 부족했다. 2020년 8월부터 확충하기 시작한 크라우드소싱 기반 배송 네트워크 '우딜(우리동네딜리버리)' 정도가 전부였다. 코로나19 기간 동안 우딜에 등록한 배송인은 수만 명에 달했다고는 하지만, 이 정도 인프라로 전국 99% 2시간 배송을 하는 것은 어렵다. 99%든, 2시간이든 어디 하나 숫자의 나사가 빠진 서비스가 등장할 가능성이 높다. GS리테일에는 더 넓은 지역을 대상으로 목표 시간에 맞춘 배송 서비스를 함께 처리해줄 연합군이 필요했다.

퀵커머스 연합군의 탄생

실제 합병법인 GS리테일의 출범 시점과 맞물려 GS리테일의 본격적인 투자 행보가 시작됐다. 마치 2020년의 네이버가 여러 물류업체에 투자를 하면서 '풀필먼트 연합군'을 만들었던 모습이 2021년의 GS리테일에서 재연됐다.

첫 번째 소식은 2021년 4월 전해졌다. GS홈쇼핑이 약 500억 원을 투자하여 휴맥스 등이 보유하고 있던 메쉬코리아의 주식 19.51%를 인수했다. GS홈쇼핑에 앞서 2017년 메쉬코리아에 투자했던 네이버에 이어 메쉬코리아의 2대 주주로 올랐다. 2021년 9월에는 새벽배송과 저온 물류망 운영으로 성장한 물류업체 팀프레시에 GS리테일이 전략적 투자자로 약 20억 원을 투자했다.

GS리테일이 투자한 물류기업, 팀프레시와 메쉬코리아는 모두 빠른배송에 초점이 맞춰진 물류 인프라, 네트워크를 운영한다. 팀프레시는 저온 물류센터를 기반으로 한 새벽배송 제공을 강점으로 포지셔닝한 업체다. 상온 차량, 주간배송 기반의 택배 인프라로는 쉽게 호환되기 어려운 영역에 초점을 맞춰 성장했다.

메쉬코리아는 이륜차 배달대행 네트워크 브랜드 '부릉'으로 성장한 업체다. 배달대행은 그 자체로 마이크로 풀필먼트를 위한 말단 배송 네트워크의 기반 인프라다. 여기 더해 메쉬코리아는 2021년을 기점으로 전략 키워드를 배달대행에서 종합 디지털 물류 'BPO_{Business Process Outsourcing}'로 옮겼다. 이미 확보한 전국 4만 7,000여 명의 이륜차 라이더 네트워크에 더해 280여 대의 사륜 화물차 네트워크를 새로 확보했다. 2020년 12월에는 김포와 남양주에 총 2,500평 규모의 물류센터를 열었다. 냉장 냉동 보관이 가능한 김포 저온물류센터 오픈 시점에 맞춰서 새벽배송 서비스도 본격화했다.

이와 함께 공간과 이동 전 단위에서의 전환이 관측됐다. 메쉬코리아가 운영하던 전국 420여 개의 배달대행 라이더 쉼터이자 사무실 '부릉스테이션'은 순차적으로 MFC로 전환된다. 도심에 입지한 배달대행 거점에 재고를 보관해두고 실시간 배달을 연계하여 빠른배송 서비스를 만든다는 구상이다. 김형설 메쉬코리아 운영담당 부사장의 말이다.

"메쉬코리아는 이륜차, 사륜차를 막론한 다양한 운송 수단과 MFC, 대형 물류센터를 포함한 공간 거점을 기반으로 화주사에 필요한 물류 서비스를 하나씩 만들 것입니다. 그렇게 만든 각각의 서비스를 혼합해서 당일배송, 새벽배송, 즉시배달, 물류 컨설팅을 막론한 종합물류 서비스를 제공하고자 합니다. 우리가 인식한 중요한 트렌드는 고객사들이 더 이상하나의 물류 운송 수단으로 제공하는 서비스에 만족하지 않는다는 겁니다. 끊임없이 여러 물류 서비스를 조합하고 우리가 세운 가설을 검증코자 합니다."

'물량'을 만드는 기반 네트워크

GS리테일이 물류회사에만 투자한 것은 아니다. GS리테일은 물류업체에 지분을 투자함과 동시에 플랫폼과 유통업체에 대한 투자도이어나갔다. GS리테일은 2021년 8월 약 2,400억 원을 투자하여 국내 2위 배달 플랫폼 요기요(딜리버리히어로코리아)의 지분 30%를 확보했다. 비슷한 시기 GS리테일은 반려동물 용품 버티컬 커머스 펫프렌즈 지분 30%를 인수했다. 국내 최대 중고거래 플랫폼이자 로컬 커뮤니티 플랫폼 당근마켓에도 투자자로 참여했다.

GS리테일이 플랫폼과 유통업체에 투자하는 이유도 명확하다. 물류망에 태울 물량이 있어야 물류가 돌아가기 때문이다. 물량이 있어야 라스트마일 물류에서 규모, 밀도의 효율을 만들 수 있다. 물량없이 네트워크만 돌아가는 물류는 공허할 따름이다.

실제 GS리테일이 투자한 업체들은 전부 각각의 방법으로 퀵커머스 영역에서 물동량 창출 능력이 있다. 요기요는 직접적으로 물량을 소유한 화주사는 아니지만, 가맹 네트워크인 음식점이 지속적으로 음식 주문을 만들어낸다. 이커머스 카테고리 중 거래액 1위인 음식 배달은 충분한 이륜차 라이더 네트워크를 가동하기 위한 핵심 기반이 된다.

펫프렌즈는 태생이 반려동물 용품 버티컬 쿠팡 느낌이다. 당일배송, 새벽배송 등 빠른배송 서비스를 특화했다. 펫프렌즈 고객군은 빠른배송 경험에 익숙하고, 빠른 물류 서비스를 운영하기 위해 여러 제휴사와 협력한 경험도 많다.

당근마켓은 태생이 지역 기반이다. 시작부터 거래 범위를 동네로 제한한 중고거래 앱이었고, 그것을 로컬 커머스로 확장하고 있다. 2021년을 기점으로 테스트 중이긴 하지만 지역 주민이 배송인으로 참여하는 근거리 물류 서비스 '당근배송'을 운영하고 있기도 하다.

사실 GS리테일 연합군의 본진인 GS리테일의 비즈니스 모델도 태생이 지역 기반이다. GS리테일 그 자체로 유통 화주이기 때문에 여기서도 물동량이 돈다. 여기에 GS그룹 계열사의 비즈니스까지 포함한다면 마이크로 풀필먼트, 퀵커머스와 연결되는 요소요소는 더욱 많이 보인다. 먼저 GS칼텍스는 전국 주유소망을 물류로 활용하겠다는 계획을 선포하며 적극적인 선전에 나서고 있다. 로컬 기간망인 주유소는 MFC로 전환한다는 계획이다.

GS그룹의 물류회사 GS네트웍스는 편의점 네트워크를 기반으로 한 '반값 택배'를 공격적으로 밀고 있다. 도어 투 도어의 택배가 아닌 '편의점 투 편의점'의 물류 서비스인데, 조금 불편하지만 저렴한 가격의 물류 서비스를 가치로 내세운다. 기존 편의점까지 상품을 공급하던 물류 네트워크에 택배를 함께 태우는 방식이다.

전선을 바꾼 GS리테일의 남은 과제

GS리테일 풀필먼트 연합군의 행보는 CJ대한통운을 중심축으로 익일배송의 로켓배송 타임라인을 만들고 있는 네이버 풀필먼트 연합군과는 그 양상이 다르다. 처음부터 퀵커머스에 초점을 맞춘 연합군을 모으고 있기 때문이다. GS그룹 관계사들의 물류도 기존의 택배와는 어딘지 조금 다른 서비스를 운영한다.

요컨대 GS리테일은 국내 이커머스 시장을 양분한 네이버와 쿠팡 물류 진영과의 전면 대결은 피했다. 물류에 투자를 한다면 네이버와 쿠팡조차 아직 갖추지 못한 영역으로 뛰어드는 것이다. 실제 네이버도, 쿠팡도 MFC와 퀵커머스 영역의 인프라 투자는 초기 단계에 머물러 있다. MFC로 전환 가능한 오프라인 기간망으로 보자면 GS리테일이 쿠팡과 네이버에 비해 경쟁우위에 있다.

물론 이렇게 GS리테일이 돈을 뿌려 모아놓은 연합군이 서로 잘 연결되는 것은 다른 이야기다. 여기서도 이해관계의 조율은 필요하다. 예컨대 편의점을 도심 물류센터로 사용한다고 하더라도 가맹점주가 그것을 좋아할지는 다른 문제다. 오프라인에서 고객을 응대하는 직원들의 역할이 온라인 픽업 응대까지 분산된다. 기본적으로 편의점을 바탕으로 퀵커머스 사업을 하면 나눠 먹을 입이 많은 것도 문제다. 상품 카테고리마다 편의점 점주의 이익률 약 30% 정도가 원가에 더해진다. 중간 네트워크 없이 직매입을 하여 도심 물류센터에 보관해두고 바로 온라인으로 판매하는 업체들에 비해 원가 경쟁력 측면에서 비교 열위에 놓인다. 여기에 물류비가 추가로 들어 갈 텐데 그것을 지불하는 주체를 결정하는 것도 꽤 복잡한 일이다. 세상에 공짜 물류는 없다.

한국에서 GS리테일에 앞서 퀵커머스 시장에 뛰어든 B마트의 존재도 의식해야 한다. 우아한형제들은 2021년 3월 라이브 커머스 사업을 시작하며, 본격적으로 GS리테일의 본진인 홈쇼핑 영역을 건드리기 시작했다. GS리테일에 있어선 쿠팡에 앞서 우아한형제들과의 전면 대결을 준비해야 할지 모르겠다.

좁은 의미의 풀필먼트를 넘어서자

2006년의 아마존이 남긴 풀필먼트의 망령이 2021년의 한국을 돌고 있다. 1999년 마켓플레이스를 론칭한 아마존이 3자 판매자들을 대상으로 물류 인프라와 시스템을 공유한 FBA 이야기다. 제프 베조스 아마존 회장은 저서 《발명과 방황》에서 풀필먼트를 마켓플레이스를 성공으로 이끈 비즈니스 모델이라고 강조했다. 풀필먼트는 3자 판매자 유입으로 마켓플레이스의 구색은 늘어났지만 통제되지 않던 물류 서비스 품질을 아마존의 위상에 맞는 수준으로 맞췄다. 아마존은 풀필먼트를 통해 자체 물량을 처리하는 데 드는 비용이었던 물류를 매출에 기여하는 수단으로 전환했다.

2021년 한국에서도 풀필먼트가 활황이다. 네이버가 2021년 7월 NFA 플랫폼을 시작하며 '온디맨드 물류'를 향한 첫발을 내딛었다. 롯데마트, 이마트, 홈플러스 등 대형마트 3사는 기존 그들이 운영하던 오프라인 매장을 온라인 고객을 위한 도심 풀필먼트 센터로 탈

바꿈한다고 한다. 이름에서부터 풀필먼트를 강조해온 쿠팡의 물류센터 운영 자회사 쿠팡풀필먼트 서비스는 2020년 로켓제휴(현 제트배송)를 론칭한 이후 쿠팡 자체 상품뿐만 아니라 3자 판매자의 물량도 처리하고 있다. CJ대한통운, 한진, 롯데글로벌로지스 등 국내 3대 택배업체도 모두 풀필먼트 서비스를 시작했다. 2020년부터 수천억 원에서 수조 원 이상의 매출을 자랑하는 여러 대형 물류기업 실무자들이 풀필먼트 서비스를 하겠다고 나선 상태다.

기업물류와 풀필먼트의 차이

'풀필먼트Fulfillment'는 사전적으로 '처리' 또는 '이행'을 뜻한다. 무엇인가 충족시켜주는 느낌이지만, 이 단어만 들어서는 무엇을 뜻하는지 쉽게 감이 오진 않는다. 실제 한국에서 업체들이 사용하고 있는 풀필먼트라는 단어의 용례는 제각각 다르다. 예컨대 쿠팡은 자사가 매입한 로켓배송 물량을 소비자까지 전달하기 위한 물류센터 운영 처리 프로세스에 풀필먼트라는 이름을 붙였다. 자체적으로 운영하는 물류가 하나도 없는 기업 네이버는 IT 시스템을 중심축으로 자본을 섞은 제휴 물류업체들의 서비스를 연결해 풀필먼트를 하겠다고 한다. 신세계, 롯데 등 오프라인 유통 사업자들은 기보유한 오프라인 거점을 온라인 고객 주문처리 센터화하는 것을 풀필먼트라고 설명한다. CJ대한통운, 롯데글로벌로지스 등 택배업체들은 라스트마일 물류 네트워크와 결합한 풀필먼트를 고도화하고 있다.

그렇다고 업체들이 이야기하는 풀필먼트에 공통점이 없는 것은 아니다. 풀필먼트는 대부분의 경우 '소비자를 대상으로 한 B2C 이커머스 물류'라는 의미로 쓰인다. 이커머스 물류이기 때문에 기존 매장이나 공장을 목적지로 설정한 B2B 기업물류에 비해서 까다롭다.

예컨대 기업물류에서 물류의 역할은 파렛트에 박스를 가득 올려서 11톤 간선 차량에 태워 100여 개의 전국 대형마트 매장까지 출고하는 것이었다. 그런데 이런 프로세스가 이커머스 물류에 와선 한 고객이 주문한 다양한 상품을 합포장해서 작은 박스에 포장하고, 택배망을 연계해 수만 명에 달하는 고객 자택으로 출고하는 프로세스로 바뀐다. 다뤄야 하는 SKU_{Stock Keeping Units}(개별적인 상품의 재고 관리를 쉽게 하기 위해 사용되는 식별 관리 코드)도 기업물류 대비 기하급수적으로 늘어난다.

이에 따라 새로운 시스템이 필요해졌다. 기존 기업물류 용도로 사용하던 창고관리시스템을 이커머스 물류에 적합하도록 업그레이드하거나, 새롭게 구축해야 한다. 매일매일 여러 개의 온라인 판매 채널에서 들어오는 산발적인 고객 주문을 통합 수집하는 주문관리시스템과 창고관리시스템의 연동도 필요했다.

요약하자면, 풀필먼트는 자사 상품(1PL-직접물류, 2PL-자회사 물류)이든, 타사 상품(3PL-3자물류)이든 물류창고 안에 미리 재고를 입고하고 고객 주문에 따라서 랙(창고에서 제품 또는 부품을 수납하기 위한 대臺)에 보관된 상품을 피킹, 포장해 배송차량 출고까지의 프로세스 최적화를 목표로 한다는 측면에서 B2B 기업물류와 크게 다르지 않다. 달라진 것은 매일매일 수많은 고객들의 주문을 처리해야 하는 이커머스 특성이 결합되면서 난이도가 올라갔다는 점이고, 이에 따라 새로운 물류 시스템이 필요해졌다는 점이다.

경쟁이 치열해진 풀필먼트 시장

물류는 태생적으로 지원 사업이다. 물류업체는 물량이 있는 계열 화주사, 혹은 3자 화주사의 요청을 받아서 물류를 대신 처리하고 돈을 번다. 그렇게 화주사에 받는 물류비에서 운영비를 제하고 남는 돈이 물류업체의 이익이 된다.

물류업체 입장에서 슬픈 것은 물류 서비스가 어느 정도 평준화가 되면, 서비스로 경쟁하는 것은 사실상 어려워진다. 업체마다 다른 서비스 디테일은 있을 수 있겠지만, 그것이 화주사의 눈에는 쉽게 보이지 않는다. 화주사에 당장 보이는 물류업체들의 경쟁력은 '단가'다. 물류업체들은 이를 만족시키기 위해서 이익을 보지 못하는 저단가까지 치고 내려가서 경쟁하곤 했다.

우량 화주의 물량 영업은 규모의 경제를 만들어서 결국 원가를 절감하는 데 도움을 주고, 새로운 화주 유입을 위한 영업 레퍼런스가 된다. 하지만 그 과정에서 물류기업들은 물량을 쥔 화주사들에 끊임없이 휘둘릴 수밖에 없다. 저단가 경쟁을 견디지 못하는 물류기업은 자연 도태됐다.

풀필먼트에서도 비슷한 모습이 나타나기 시작한다. 불과 5~6년 전까지 이커머스 물류는 물류기업에 돈이 안 되는 사업으로 여겨졌다. 하지만 폭발적인 수요 증가로 인해 이커머스 물류로 돈을 버는 업체들이 나타났다. 예컨대 네이버가 투자한 물류 운영 사업자인 위킵과 브랜디는 모두 물류 사업으로 흑자를 내고 있었다는 점이 투자 유치에 중요한 역할을 했다고 전한다. 다른 사례로 이베이코리아의 풀필먼트 서비스 '스마일배송'은 물류 운영을 통해서 손

[그림 4-8] 네이버가 투자한 물류 스타트업들의 풀필먼트에 대한 관점

업체명	풀필먼트에 대한 관점
위킵	"일반적인 3PL과 풀필먼트는 다릅니다. 물류 환경과 솔루션, 고객사에 제공하는 서비스가 다릅니다. 예를 들어 이커머스 특성상 다품종 소량 상품의 합포장, 가공작업 이슈가 많습니다. 이런 작업 특성 때문에 우리는 최소 6개월 이상 교육을 받은 전담 직원을 업체별로 배치하여 입출고, 솔루션, CS 등 모든 업무를 처리하도록 합니다. 일반적인 물류회사들이 프로세스별로 분업화된 인력을 배치하는 것과는 다릅니다." (장보영 위킵 대표)
파스토	"우리는 스스로를 IT 물류 플랫폼이자 온라인 판매자에게 특화된 물류업체라고 봅니다. 간단히 이야기하자면 엑셀 파일로 다운로드해서 전달했던 주문 정보를 온라인상에서 끝낼 수 있도록 프로세스를 지원합니다. 고객사에는 물류 운영 현황을 볼 수 있는 대시보드를 제공하고, 데이터마이닝 관련 인력을 채용하여 이를 더 고도화하고 있습니다" (홍종욱 파스토 대표)
아워박스	"풀필먼트의 핵심은 시스템입니다. 풀필먼트라고 하면 조그마한 공간에 박스를 놓고 작업자가 일일이 업무를 처리하는 곳도 있을 것입니다. 하지만 우리는 PIProcess Innovation를 통해 물류 업무를 시스템과 묶어내고 인터페이스화합니다. 공장, 본사, 회계, 보안 등 가치사슬 전 주기의 프로세스를 분석하고 이를 시스템에 반영하여 비즈니스 본연의 깊이와 연결을 만들어냅니다." (박철수 아워박스 대표)

익분기점을 넘겼다는 점을 경쟁력으로 이야기한다. 풀필먼트가 돈이 되는 사업처럼 보이니 수많은 물류업체들이 이 영역에 뛰어들기 시작했다.

풀필먼트의 대중화를 이끈 촉매는 물류 시스템의 발전이다. 기존 창고관리시스템을 개발하던 업체들도 이커머스 시장의 성장을 주목하면서 자사 시스템에 관련 기능을 추가하기 시작했다. 이커머스 물류 소프트웨어를 전문적으로 개발하는 테크타카, 스페이스리버

같은 회사도 등장했다.

요컨대 몇 년 전까지만 하더라도 이커머스 물류 운영을 뒷받침할 시스템이 없어서 쉽사리 풀필먼트 영역에 진입하지 못했던 3PL기업의 시장 진입이 가속화되고 있다. 네이버에 풀필먼트를 검색하면 광고 상품을 이용하는 물류업체 수십 개가 노출되는데, 이들 중 상당수가 과거 B2B 기업물류를 전문적으로 하던 3PL업체였다. 하다 못해 CJ대한통운, 판토스, 세방과 같은 대형 물류기업들까지 최근 몇 년 사이 풀필먼트 사업을 론칭해 운영하고 있으며, 이들의 후발대로 더 많은 기업물류 중심으로 운영해왔던 대형 물류업체들이 풀필먼트 시장 신규진입을 준비하고 있다. 수십 년의 역사를 자랑하는 이들 기업에도 이커머스 물류는 불과 몇 년 사이 시작한 신규 사업이다.

업체들의 풀필먼트 시장 진입 가속화로 과거 3PL 시장이 그랬던 것처럼 풀필먼트 시장 또한 레드오션화되고 있다는 지적이 나온다. 당장은 코로나19로 인한 이커머스 수요의 폭발적 증가로 업체들의 처리 능력이 수요를 못 따라가고 있지만, 이런 상황이 언제고 지속될지 낙관하기는 어렵다.

위킵의 이종 확장

풀필먼트 서비스를 제공하는 물류업체들이 과열화된 시장을 그냥 지켜보고 있는 것은 아니다. 경쟁 전선을 넓히면서 새로운 사업 동력을 찾고자 한다. 물류가 아닌 영역에서 신규 비즈니스를 찾아서 풀필먼트를 강화하는 움직임이 활발해지고 있다.

경쟁 전선 확장의 한 축은 유통 영역으로의 진출로 나타난다. 일례로 네이버의 1호 풀필먼트 투자기업 위킵은 2020년 6월 B2B 도매몰 사업 '셀웨이'를 시작했다. 셀웨이 플랫폼에서는 판매자가 구매 가능한 상품 정보가 도매가와 함께 노출된다. 셀웨이에 들어온 3자 판매자들은 판매를 원하는 상품을 플랫폼에서 선택해서 웃돈을 올려 소매 판매가를 결정하고 네이버 스마트스토어에 연동해 판매할 수 있다. 종전 위킵이 3자 판매자의 상품을 자사가 운영하는 물류센터에 보관해 대신 처리해주는 이커머스 물류 사업자였다면, 셀웨이를 통해서 '소싱'이라는 물류센터의 뒷단까지 서비스를 확충했다.

어떻게 보면 자연스러운 확장 모델이라고 볼 수 있다. 온라인 판매자 입장에서 기존 풀필먼트 서비스의 진입장벽은 비용이었다. 초기 하루 수십 개 주문이 들어오는 수준의 물량 처리는 판매자 혼자서도 처리할 수 있다. 이때는 풀필먼트 이용에 따른 보관비용과 물류처리비용을 물류업체에 지불하는 것 자체가 아깝다.

하지만 업체가 성장하면서 주문량이 하루 수백에서 수천 개 단위로 늘어나면서 풀필먼트의 니즈가 커진다. 이때는 물리적으로 혼자서 물류를 처리할 수 없다. 다수 인원이 물류 운영에 개입됨에 따라 효율적 업무를 위한 시스템 또한 필요해진다. 혼자서는 벅차기 때문에 물류 아웃소싱, 풀필먼트 사용을 고민하기 시작한다.

여기서 문제는 많은 판매자들이 물류에 대한 고민을 하기도 전에 망할 수 있다는 거다. 극초기 판매자들의 고민은 물류가 아니라 상품이고 마케팅이다. 좋은 상품을 좋은 가격에 사 와야 한다. 그렇게 사 온 상품을 마케팅과 홍보를 통해 최대한 많은 사람에게 잘 알려야 한다. 그래야 판매까지 이어질 수 있고, 판매가 많아져야 비로소 물류에 대한 고민이 생긴다.

셀웨이는 이런 초기 판매자들의 상품에 대한 고민을 풀필먼트 서비스를 이미 이용하고 있는 온라인 판매자들의 사장死藏되는 재고를 통해 해결하고자 했다. 기존 위킵 풀필먼트를 이용하던 고객사들은 팔지 못했지만 새로운 누군가는 잘 팔 수 있다. 위킵은 직접 그런 가능성을 검증해 보였다. 위킵은 2018년부터 시작한 판매대행 서비스를 통해서 300여 개 고객사의 재고를 7~10%의 수수료를 받고 대신 팔아줬다. 생각보다 잘 팔렸다. 이런 상품들을 위킵뿐만 아니라 3자 판매자들도 팔 수 있도록 확장한 비즈니스 모델이 셀웨이다.

셀웨이에서 판매되는 상품은 위킵 물류센터에 재고로 보관돼 있다. 그러니까 셀웨이에서 상품을 공급받는 판매자들은 기본으로 위킵의 풀필먼트 서비스를 이용하는 셈이다. 판매자 입장에서는 실물 재고 처리 부담 없이 상품을 구해서 물류까지 연결하여 해결할 수 있어서 좋다. 위킵은 종전에 없었던 유통 매출 확보에 더불어 물류 영역까지 신규 화주사를 자연스럽게 끌어들일 수 있어서 좋다.

물론 이렇게 안 팔리던 상품을 누군가가 잘 판다면 좋은 그림이 나오겠지만, 누군가가 가져가도 해당 상품을 계속해서 팔지 못하면 이야기는 달라진다. 더군다나 도매몰의 특성상 불특정 다수의 소매 판매자가 셀웨이에서 공급하는 같은 상품을 소싱해, 똑같은 채널에서 판매할 가능성도 있다. 이는 소매 판매자 간의 저단가 경쟁을 불러올 수 있다.

그 때문에 셀웨이 사업의 지속적인 성장을 위해서는 플랫폼의 양면성을 고려할 필요가 있다. 공급자들은 좋은 상품 구색을 확보해야 하고, 고객이 되는 판매자들에게는 적정 수익을 보장하는 프로세스 개선이 필요하다. 무엇이 됐든 물류기업 위킵에는 새로운 도전이다.

큐익스프레스의 영토 확장

풀필먼트의 변화는 이종을 포괄하는 방식으로만 일어나는 것이 아니다. 로컬을 넘어서 국경을 넘나드는 방식으로 확장하고 있다. 종전 풀필먼트가 한국 고객의 주문을 받아서 고객의 자택까지 배송과 역물류(반품 및 CS)를 처리해줬다면, 크로스보더 이커머스(국경을 넘나드는 글로벌 전자상거래) 영역의 풀필먼트는 글로벌 고객의 주문을 받아서 고객의 자택까지 배송과 역물류를 처리한다. 크로스보더 이커머스의 풀필먼트 처리를 위해서는 새롭게 경쟁력 있는 글로벌 물류를 위한 네트워크를 붙여야 한다.

한국에서도 글로벌 풀필먼트로 한 달에만 수십만 건 이상의 물량을 처리하는 업체들이 서서히 등장하고 있는 추세다. 풀필먼트 운영사 중에서도 신성장 동력으로 글로벌 이커머스 물류 역량을 확충하는 곳이 늘어나고 있다.

국내에서 크로스보더 이커머스와 관련된 풀필먼트 서비스를 제공하는 업체 중 가장 크다고 평가받는 곳은 글로벌 이커머스 플랫폼 큐텐의 물류 자회사 큐익스프레스다. 큐익스프레스가 2021년 7월 기준 처리한 글로벌 전자상거래 물동량은 월 140만 건(한국발 아웃바운드 120만 건, 한국 향 인바운드 20만 건)에 달한다. 여기에 더해 잘 알려지지 않았지만, 큐익스프레스는 국내에서 국내로 향하는 전자상거래 물류 서비스도 함께 하고 있다. 이 물동량도 월 7~8만 건은 된다.

큐익스프레스는 1세대 크로스보더 이커머스 물류업체라고 할 수 있다. 아직 크로스보더 이커머스 시장이 규모를 만들지 못했던 2010년부터 모회사인 큐텐, 그리고 지마켓의 싱가포르, 일본 물동량을 기반으로 성장했다.

이를 보면 누군가는 큐익스프레스가 아마존이나 징둥, 쿠팡이 물류를 키운 방식처럼 모회사의 물량을 등에 업고 성장한 2PL 기업 아니냐는 평가를 할 수도 있겠다. 과거라면 그 표현이 틀리지 않지만, 2021년 기준 큐익스프레스가 다루는 물동량은 비 큐텐 물동량이 80%에 가까울 정도로 2PL보다는 3PL에 가까운 모습이다.

앞서 위킵 사례를 통해 풀필먼트가 유통 및 판매자의 상품 소싱 지원 영역까지 치고 들어왔다는 이야기를 했다. 큐익스프레스는 2020년 10월 위킵의 셀웨이와 유사한 비즈니스의 시범 서비스를 시작했다. 이른바 글로벌 재고 공유 서비스 '스톡쉐어'다.

큐익스프레스의 풀필먼트 서비스를 이용하고 있는 글로벌 셀러는 스톡쉐어를 통해 물류센터에 보관된 상품 재고의 판매 권한을 시스템상에서 '공유'로 설정해 다른 3자 판매자가 판매하도록 할 수 있다. 이렇게 공유된 재고를 큐익스프레스의 풀필먼트를 이용하는 다른 판매자가 합의된 공급가에 원하는 수량만큼 가져다 큐익스프레스와 주문 수집이 연동된 글로벌 마켓플레이스에 올려서 판매하는 개념이다.

위킵의 셀웨이와 마찬가지로 재고를 공유하는 판매자는 스톡쉐어를 통해 팔리지 않던 재고 상품을 처리할 수 있다. 재고를 공유받는 판매자는 재고 상품을 저렴한 가격에 공급받아 상품 카테고리를 확장할 수 있다. 스톡쉐어를 이용하는 데 별다른 비용이 들지는 않지만, 큐익스프레스의 풀필먼트를 사용해야 한다는 전제 조건이 있다. 스톡쉐어의 물동량도 큐익스프레스의 풀필먼트 네트워크가 처리하기 때문에 큐익스프레스 또한 고정 물류 이용 고객을 확보할 수 있어 이익이다.

위킵의 셀웨이와 차이점이 있다면 스톡쉐어가 연결해주는 판로는 로컬이 아닌 글로벌이라는 점이다. 큐익스프레스는 전 세계 11개국[29]에 19개의 물류센터 네트워크를 구축하고 있는 기업이다. 시범 서비스 단계에서는 싱가포르와 한국 물류센터에 재고를 보유한 판매자만 스톡쉐어를 이용할 수 있지만, 큐익스프레스는 이를 추후 다른 국가까지 확장할 계획이다. 다시 말해, 인도네시아에서 안 팔리던 어떤 상품 재고를 말레이시아 판매에 주력하는 다른 판매자가 공급받아서 판매하는 그림이 나올 수 있다. 국경을 넘어 재고에 새로운 가치를 부여하는 방법이다.

넓은 의미로 풀필먼트를 바라보자

과거 이커머스의 빠른 성장이 파생상품인 풀필먼트 서비스의 확산을 이끌었다. 3PL업체들은 B2B 기업물류에서 B2C 이커머스 물

---

29 한국, 싱가포르, 일본, 중국, 홍콩, 미국, 인도네시아, 말레이시아, 대만, 독일, 인도

류로 관련 역량을 전환했다. 이를 1세대 풀필먼트라고 부를 수 있겠다. 이 시기의 풀필먼트는 물류센터 안에 상품을 입고하고 출고하기까지의 중간 프로세스를 다뤘다. 좁은 의미에서의 풀필먼트다.

요즘의 풀필먼트가 다루는 영역은 물류센터를 벗어나고 있다. 국경을 넘나들고 있다. 심지어 물류 아닌 영역까지 넘나들고 있다. 예컨대 MCN_{Multi Channel Network} 플랫폼을 중심으로, 온라인 판매자에게 소속 인플루언서를 통해 마케팅을 위한 콘텐츠를 만들어 주는 비즈니스와 물류까지 아우르는 시도가 늘어나고 있다. 콘텐츠를 통해 매출을 만들어 주고, 매출에 수반되는 물류까지 함께 처리해주는 방식이다. 이런 방식을 글로벌 콘텐츠, 글로벌 물류와 결합해서 함께 제공하는 업체들이 늘어나고 있다.

2020년 7월 창업 2년 만에 기업 가치가 10억 달러로 평가받은 글로벌업체 '스라시오'가 한 예다. 스라시오는 경쟁력 있는 마켓플레이스 입점 판매자를 인수하여 물류 및 공급망관리, 마케팅 콘텐츠 제작 등을 통합 대행한다. 중소 온라인 브랜드를 인수하고 공동 마케팅, 물류 공동화를 통해 성장점을 마련하는 방법이다. 일종의 이커머스판 MCN이고, 이커머스업계에서는 '애그리게이터_{Aggregator}'[30]라 불린다.

한국에서도 스라시오 비즈니스 모델을 벤치마킹한 업체들이 속속 등장하고 있다. 온라인 브랜드 인수·운영 플랫폼이라 스스로를 정

---

30 여러 회사의 상품이나 서비스에 대한 정보를 모아 하나의 웹사이트에서 제공하는 인터넷 회사·사이트

의하며 2021년 7월 시장에 등장한 '넥스트챕터'가 대표적이다. 넥스트챕터는 창업 당시 크로스보더 이커머스까지 영역을 확장하지는 않았다. 하지만 글로벌 진출도 마음에 품은 비즈니스 모델 중 하나다.

풀필먼트 서비스의 시초라고 여겨지는 아마존에서 풀필먼트는 '이커머스 물류'라는 의미로 쓰이지 않는다. 아마존에서 풀필먼트는 '만족스러운 고객 주문 처리'를 뜻한다. 고객의 주문을 받아서 만족스럽게 처리해주기까지는 어떤 일련의 과정이 있을 수 있다. 작게는 빠른배송, 편안한 반품이 될 수도 있다. 조금 더 넓게 보자면 글로벌을 아우르는 방대한 상품 소싱을 지원하는 것도, 인플루언서 라이브 영상 콘텐츠를 통해서 상품을 현장감 있게 전달하는 방법을 지원하는 것도 고객 만족과 연결된다. FBA라는 이름만 안 붙어있지, 이미 모두가 아마존이 하고 있는 비즈니스 모델이다.

요컨대 풀필먼트는 물류를 넘어서 진화한다. 업계에서는 이렇게 확장한 개념에 풀필먼트라는 이름을 붙이기도 하고, 다른 이름을 쓰기도 한다. 크게 중요한 이슈는 아니다. B2B든, B2C든 고객을 만족시키기 위해 가치사슬의 흐름을 최적화하는 어떤 시도라 풀필먼트를 해석한다면 이 또한 풀필먼트다. 넓은 의미에서의 풀필먼트다.

크로스보더 풀필먼트, 손정의의 '돈'이 향한 곳

2021년 9월 어느 날의 일이다. 글로벌 마켓플레이스 '위시'의 한국지사 담당자들이 사무실을 찾아왔다. 지난 1월 한국지사를 설립하고 본격적으로 사업을 강화하고자 준비하고 있다 했다. 한국은 위시 본사에 특별한 시장이다. 아태 지역에선 한국이 중국에 이어 두 번째 지사 설립 국가고, 그만큼 위시 본사의 큰 관심을 보여주는 곳이라 했다.

위시는 크로스보더 이커머스를 표방한 마켓플레이스다. 기본적으로 위시는 국경을 넘어선 온라인 거래에 최적화됐다. 북미, 남미, 유럽, 중국, 2021년 새로 추가된 한국 등지의 위시 입점 판매자들이 위시 앱을 설치한 전 세계 100여 개 이상의 국가 소비자에게 상품을 직접 배송한다. 한국에서 위시가 중국 상품을 저렴하게 구매할 수 있는 구매대행 앱 아니냐고 알려진 배경도 여기 있다.

위시는 판매자들의 직접 배송에만 의지하진 않는다. 위시도 요즘 시대의 대세처럼 느껴지는 풀필먼트를 당연히 한다. 미국과 유럽에서 'FBWFulfillment By Wish'라는 이름으로 풀필먼트 서비스를 운영한다. 현지 물류센터에 글로벌 셀러의 상품을 선입고 받고 현지 판매자와 동일한 빠른배송을 만드는 방법이다. 한국 판매자도 위시 풀필먼트를 이용할 수 있는데, 아마존이 이미 2015년부터 한국에서 운영하고 있는 풀필먼트 전략과 동일하다.[31]

한국에서는 생소할지 모르지만, 위시의 숫자를 무시할 수는 없다.

---

31 위시는 매우 저렴한 상품 가격과 언제 올지 모르는 배송 속도로 인해 미국판 알리익스프레스 아니냐는 평가를 받기도 한다. 위시가 내세우는 차별화 역량은 '개인화 추천'이다. 전체 상품 구매의 70% 이상이 검색이 아닌 사용자의 소비 행태를 분석한 추천 상품 노출에서 발생한다고 한다.

위시는 2020년 기준 25억 달러(약 3조 원)의 거래액, 월간순방문자 수(MAU) 1억 700만 명을 기록한 플랫폼을 운영한다. 당장은 중국 판매자의 위시 입점 비중이 높은 편이지만, 한국과 일본(사무소 운영) 등 다양한 글로벌 시장을 소싱 기지로 활용하여 양질의 상품 구색을 더욱 확장하고자 하는 것이 위시의 방향이다. 한국에서는 큐텐이 만들었던 크로스보더 마켓플레이스의 움직임이다.

크로스보더 이커머스의 물결

위시만의 이야기가 아니다. 한국을 소싱 기지로 활용하여 자사가 운영하는 글로벌 마켓플레이스에 공급하는 업체들은 차고 넘친다. 앞서 언급했듯 아마존은 한국에 들어온 지 오래다. 마켓플레이스는 직접 들어오지 않았지만, 아마존글로벌셀링(AGS) 조직은 2015년부터 활동하고 있다. 심지어 AGS의 시작점인 인도 다음으로 만들어진 것이 한국 조직일 만큼 애착이 크다. 이는 아마존의 한국 소비자 공략이라기보단 판매자와 상품을 끌어모으기 위한 움직임이다.

동남아시아 양강 마켓플레이스 '쇼피'와 '라자다'도 한국 시장에서 각축전을 벌이고 있다. 목적은 아마존과 같다. 한국 상품을 끌어와서 그들이 운영하는 마켓플레이스에 적용하는 것이다. 최근의 사례로는 글로벌 이커머스 플랫폼 쇼피파이가 2020년 1월 한국 사무소, 한국 전담 조직을 꾸렸다. 역시나 한국 판매자를 쇼피파이 자사몰 생태계로 유입시키고, 크로스보더 이커머스를 강화하고자 하는 움직임이다. 이를 위해 쇼피파이는 한국 판매자의 해외 판매를 위한 결제, 물류, 기술 파트너를 끌어모았다.

한국 업체라고 글로벌망을 생각하지 않는 것이 아니다. 네이버, 브랜디, 신상마켓, 카카오스타일(지그재그), 에이블리, 무신사, 카페24 등 다양한 이커머스 플랫폼들이 2021년을 즈음해서 글로벌 진출 계획을 본격화하기 시작했다. 여기까지가 한국을 나가는 물동량을 다루는 아웃바운드 크로스보더 이커머스 이야기다. 업계에선 '역직구'라고도 불린다.

한국을 향하는 인바운드 크로스보더 이커머스인 '직구'의 확장 움직임은 그 전부터 있었다. 중국 타오바오, 알리익스프레스 등지에서 상품 DB를 긁어 와서 네이버에 올리는 구매대행 리셀러들의 이야기다. 개인 구매대행 판매자의 대량 등록을 지원하는 솔루션이 유료로 판매될 정도로 시장이 만들어졌다. 그 자체로 규모를 갖춘 구매대행 쇼핑몰들도 네이버에 들어섰다. 유닛808, 알리익스프레스가 대표적이다.

쿠팡은 2017년 '로켓직구'[32] 서비스를 시작하면서 인바운드 크로스보더 이커머스 사업을 공식화했다. 쿠팡이 운영하는 미국 현지 물류센터에 재고를 보관하고 한국까지의 빠른배송을 만드는 방법이다. 2021년 3월에는 로켓직구의 소싱 국가를 중국까지 확장하기도 했다. 쿠팡은 이외에도 유럽, 중국 등지에서 소싱 조직을 가동하여 전 세계의 상품을 한국 소비자에게 소개하고 있다. 쿠팡은 2018년을

---

32 로켓직구는 초기 한국까지 '3일배송 보장'을 내걸고 성장했는데, 2021년 기준, 3~5일 정도 배송기간이 소요되는 것으로 알려져 있다. 쿠팡이 다루는 로켓직구 상품 구색은 800만 개까지 많아졌다.

즈음해서 해외 판매자의 마켓플레이스 입점을 받기 시작했고, 중국 셀러들의 주력 판로 중 하나가 됐다.

11번가는 2021년 8월 31일 자사 플랫폼에 '아마존 스토어'를 오픈했다. 아마존 미국 물류센터에 재고로 보관해둔 상품을 한국 고객 구매에 따라서 글로벌 배송해주는 방식이다. 11번가가 내세운 한국까지 배송 속도는 4~6일 정도다. 미국 서부 아마존 물류센터에는 11번가 직구로 공급되는 상품이 모였다. 업계에서는 아마존이 준비한 추도 물량이 예상치를 훌쩍 넘을 정도로 조기 매진되는 등 반응이 뜨거웠다는 소식이 들렸다.

앞서 11번가의 모회사 SK텔레콤은 2020년 11월 아마존과 지분 참여 약정을 체결했다. 아마존은 향후 11번가의 사업성과에 따라 기업 상장 등 특정 조건이 충족되는 경우 신주 인수 권리를 부여받는다. 어찌 보면 이곳도 '연합군'이다. 쿠팡의 로켓직구와 동일한 프로세스를 SK텔레콤과 자본을 섞은 파트너 아마존을 통해 만들었다.

아마존이 나왔는데 알리바바가 빠질 수는 없다. 알리바바그룹의 C2C 글로벌 이커머스 플랫폼 '알리익스프레스'도 한국 향 물류 프로세스를 강화했다. 2020년 3월 한국 직구 소비자를 위한 전담 물류센터를 중국 웨이하이에 열었다. 웨이하이 물류센터엔 한국인이 선호하는 직구 상품들이 재고로 보관된다. 주로 전자제품, 스포츠 관련 용품인데, 상품 배치에는 한국인이 알리익스프레스에서 많이 구매한 상품 데이터를 분석하여 반영했다. 이로써 종전 40~50일 이상이 걸리던 알리익스프레스 직구 프로세스는 일부 상품에 한해서는 3~7일 이내로 빨라졌다.

뒤따르는 물류업계의 움직임

크로스보더 이커머스의 활황은 물류업체에 새로운 기회로 작용하고 있다. 큐텐의 물류 자회사 큐익스프레스처럼 이미 대규모의 글로벌 이커머스 물동량을 다루고 있던 물류업체뿐만 아니라 LX판토스, 삼성SDS, 한진, CJ대한통운과 같은 업체들이 시장의 성장에 주목하기 시작했다. 종전 글로벌 전자상거래 물류라면 작은 업체들의 각축전이 펼쳐지는 전장이었는데, 대기업이 뛰어들 정도로 판이 커졌다.

일례로 큐익스프레스는 2021년 1월 한국, 일본, 싱가포르, 중국, 인도 등지에서 6,800만 건의 글로벌 이커머스 물량을 처리하겠다는 목표를 발표했다. 전년인 2020년 대비 75% 늘어난 수치다. 여기서 큐익스프레스의 한국 수출입 물량 목표치는 1,500만 건이다. 2020년 한국에서 처리한 물동량 1,000만 건(인바운드 80%, 아웃바운드 20%) 대비 50% 늘어났다. 큐익스프레스는 높은 성장 목표치를 세운 이유로 코로나19의 장기화와 이로 인해 크로스보더 이커머스 시장이 가파르게 성장하고 있다는 점을 꼽았다. 시장의 성장을 큐익스프레스의 기회로 연결시키겠다는 것이다.

또 다른 예로 국내 1위 포워딩업체 LX판토스는 2021년 6월 풀필먼트 서비스를 공식 시작했다고 밝혔다. 사실 LX판토스는 이 소식을 발표하기 몇 년 전부터 국내 풀필먼트 서비스를 제공하고 있었다. 달라진 것이 있다면 LX판토스 풀필먼트의 방향이다. 새롭게 발표한 풀필먼트 서비스는 로컬이 아닌 글로벌에 방점을 찍었다. LX판토스는 이를 '크로스보더 풀필먼트'라 불렀다.

기회가 닿아 LX판토스 실무자에게 풀필먼트 사업 전략과 글로벌로 확장하게 된 배경에 대해 전해들을 수 있었다. LX판토스는 애초에 CJ대한통운, 한진 등과 다르게 택배 비즈니스를 보유하고 있지 않은 사업자다. 이런 LX판토스가 택배업체가 운영하는 업체들의 풀필먼트 서비스와 맞붙어 경쟁우위를 가져가기는 어렵다고 봤다. 주문 마감 시간 설정과 택배 원가 경쟁력 측면에서 불리한 부분이 존재하기 때문이다.

LX판토스는 상대적으로 불리한 전장을 그들이 우위를 갖고 있다고 판단하는 글로벌 판으로 옮겼다. LX판토스가 기보유한 글로벌 물류 네트워크를 활용하여 풀필먼트 서비스를 고도화하겠다는 구상이다. LX판토스는 신규 수주한 하이브(구 빅히트엔터테인먼트)의 글로벌 MD상품(굿즈) 물동량을 기반으로 패션, 뷰티 등 크로스보더 풀필먼트에 적합한 다양한 물동량을 찾아 나서기 시작했다.

크로스보더 풀필먼트에서 기회를 찾는 물류업체들의 움직임은 비단 한국에서만 일어나지 않는다. 글로벌에서 영향력을 만든 DHL, 페덱스, UPS와 같은 물류업체들이 이커머스 물류 시장의 성장에 주목하고 있다.

DHL익스프레스는 크로스보더 이커머스의 확산에 따른 물류 시장의 성장을 2021년의 메가트렌드로 규정했다. DHL의 발표에 따르면 2020년 4분기 이커머스 물동량은 40% 이상 폭증했다. 특히 2020년 초부터 중국을 제외한 아태지역 전자상거래 물동량은 약 50% 증가했다. 이에 따라 DHL은 2020년부터 2022년까지 호주, 일본, 홍콩, 한국 등 아태 지역 인프라를 구축하고 전용 화물기 네트워크를 확대하는 데 총 7억 5,000만 유로(약 1조 원)의 투자 계획을 발표했다.

막 오른 전장의 신호

물론 통계상으로 봤을 때 크로스보더 이커머스 시장은 아직 그렇게 크지 않다. 통계청에 따르면 2021년 2분기 온라인 해외 직접 판매액(역직구)은 1조 2,038억 원이다. 전년 동분기 대비 6.3% 감소했다. 2021년 2분기 온라인 해외 직접 구매액(직구)은 1조 1,212억 원이다. 전년 동분기 대비 22.6% 증가했다. 파괴적인 이커머스 성장세와 비교해서 봤을 때 그렇게 유의미한 차이를 보이는 수치가 아니다.

하지만 이 통계에는 누락된 데이터가 있다. B2C 이커머스 통관 물동량만 포함되기 때문이다. 크로스보더 이커머스업계 관계자에 따르면 B2C 글로벌 이커머스 물류로 통관되는 물동량은 전체 물동량의 30% 정도로 추산된다. B2B 통관을 하고 현지에서 소비자에게 다시 보내는 B2B2C 프로세스, 미리 해외 풀필먼트센터에 B2B 통관으로 대량 재고를 옮겨놓고 소비자 주문에 따라 출고하는 프로세스는 이 통계에 포함되지 않는다. 신고가 되지 않고 반출, 반입되는 회색 영역의 물동량 또한 상당수가 있다.

이를 포함한다면 한국을 중심으로 한 전체 크로스보더 이커머스 시장 규모는 약 3~4조 원 규모로 추정된다. 물론 전체 이커머스 거래액에 비하면 아직도 작은 숫자다. 하지만 장차 이 영역의 성장 가능성을 선점하고자 하는 업체들의 움직임은 이미 시작됐다.

크로스보더 풀필먼트를 위해 필요한 것

크로스보더 풀필먼트의 활황은 업체들에 지금껏 갖추지 못했던 새로운 역량을 요구하게 되었다. 글로벌 현지 소비자가 한국의 상품을 원활히 구매하고 결제할 수 있도록 지원하는 인프라, 네트워크를 갖춰야 한다. 한국과 다른 현지 고객의 소비 특성을 고려한 잘 팔릴 법한 상품 소싱이 필요하다.

이와 연결되는 기술 측면의 솔루션도 필요하다. 다양한 글로벌 판매채널에서 원활한 주문 수집을 가능하게 하는 'OMS Order Management System', 글로벌 거점에 뿌려진 상품 재고를 원활히 관리할 수 있는 'WMS Warehouse Management System' 구축이 요구된다. 글로벌 환경에서도 한국과 마찬가지로 '멀티채널' 판매가 확산되는 추세인데, 이에 맞춰 자사몰과 여러 입점 채널의 주문을 동시에 수집, 관리할 수 있는 시스템이 필요해진다.

뒷단의 시스템이 갖춰진다면 전방에서는 매출을 올리기 위한 솔루션을 만들어야 한다. 마케팅과 CS, 반품 및 교환에 대한 대응도 당연히 필요하다. 예컨대 현지 인플루언서 네트워크에 상품을 제공하여 라이브 영상으로 소개한 상품을 곧바로 해외 배송으로 연결하는 방식을 여기서 사용할 수 있다. 상상 속 이야기가 아니라 전 세계 곳곳에서 이미 일어나고 있는 일들이다.

정리하자면 크로스보더 풀필먼트는 물류만으로 만들어지지 않는다. 국경을 넘는 고객의 주문을 충족시키기 위한 여러 운영 프로세스가 결합된 종합예술이라 할 만하다. 더군다나 크로스보더 풀필먼트는 특정 국가와 국가 사이의 움직임만 한정적으로 다루지 않는다. 여러 국가와 그들의 망을 연결하여 최적화하는 운영의 묘가 필요하다. 연결되는 네트워크가 많아짐에 따라 운영 난이도는 종전 대비 끝없이 치솟는다.

그 때문에 크로스보더 풀필먼트는 세계 최대 이커머스 플랫폼이라 불리는 아마존과 알리바바, 한국 최대 이커머스 플랫폼이라 불리는 네이버, 쿠팡에 있어서도 미지의 영역이다. 아마존과 알리바바도 특정 지역의 강자일지언정, 세계 모든 시장을 평정하진 못했다. 새로운 지역으로 확장하기 위해서는 또다시 어마어마한 인프라, 마케팅 투자를 선행해야 한다.

여기서 업체들이 활용하는 방법이 '연결'이다. 이미 존재하는 강력한 네트워크와의 연결점을 구축하여 진입 비용을 큰 폭으로 낮출 수 있는 방법이다. 고정비 투자 부담 없이 시장의 가능성을 손쉽게 타진할 수 있다. 가능성이 보인다면 연결 이후에 직접 진출을 결정하더라도 늦지 않는다.

물류업체들도 크로스보더 풀필먼트 서비스 구축을 위해서는 연결이 필요하다. 하나의 물류업체가 전 세계 모든 지역을 연결하는 촘촘한 망을 직접 구축한다는 것은 어불성설이기 때문이다. 애초에 규모를 갖춘 글로벌 포워더들조차 여러 지역별 물류 파트너를 연결해주는 방식으로 물류망을 구성했다. 비즈니스의 태생이 연결이다. 여기서 2021년 인터뷰를 진행한 김계성 큐익스프레스 운영사업실장이 나에게 전한 말이 의미 있게 다가온다.

"판매자들은 하나의 창고에 재고를 보관하여 국내든 해외든 어떤 판매채

널에서 발생하는 주문도 일괄처리해 주는 물류 솔루션을 제공받고 싶어
합니다. 그런데 현실은 국내 물류에 집중하는 회사에 재고를 일부 보관하
고, 해외 물류에 집중하는 회사에 또 일부 재고를 보관하고, DHL이나 페
덱스 같은 글로벌 운송사에는 별도의 리소스를 투하해서 작업해야 합니
다. 화주사 입장에선 분절된 네트워크 운영으로 인해 불편한 게 한두 가
지가 아닙니다. 우리의 지향점은 이런 문제를 '백엔드 로지스틱스 플랫폼'
하나로 해결하는 것입니다. 특정 국가에 한정된 서비스만 해서는 판매자
들의 다양한 니즈를 충족시키기 어렵습니다."

손정의의 청운이 향하는 곳

2021년 3월, 쿠팡의 중국 시장 직접 진출을 예측하는 내용의 한
기사[33]를 봤다. 기사는 이커머스업계 관계자의 말을 인용하여 쿠팡
로켓직구의 중국 소싱망 확충이 중국 현지 직매입, 판매로도 확대
될 여지가 있다는 가능성을 제기했다.

이 글을 보고 나는 '쿠팡이 굳이 왜?'라는 의문이 생겼다. 쿠팡이
백지상태에서 중국 시장을 여는 데는 엄청나게 많은 돈이 들어갈
것이기 때문이다. 쿠팡의 핵심 인프라인 물류가 중국 시장에 들어
가선 무의미해지고, 그렇다고 투자를 해서 물류망을 깔기엔 지금까
지 이상의 천문학적인 돈이 들어간다. 이미 중국에는 쿠팡과 같이
아마존 전략을 벤치마킹하여 물류망을 확충한 '징둥'이라는 이커머

---

33 〈'중국서 우리 집까지 3일' 뉴욕행 쿠팡의 '로켓 영토' 중국 넘본다〉 (한국일보, 2021. 3. 2)

스 플랫폼이 존재하기도 한다. 차라리 쿠팡이 대만, 싱가포르, 일본 등지에서 전개하는 MFC 중심의 시장성 검증 및 확장이 적합해 보인다.

여기서 쿠팡의 중국 진출 가능성을 찾아보자면 직접 진출보다는 연결이다. 삼성증권의 리포트[34]에 따르면 2020년 기준 소프트뱅크는 중국 최대 이커머스 플랫폼 알리바바그룹의 최대 주주(25.2%)로 영향력을 펼쳤다. 소프트뱅크가 투자 손실을 메우고자 2020년 알리바바 지분을 일부 매각하긴 했지만, 여전히 그 영향력은 크다.

쿠팡 역시 소프트뱅크의 영향력 안에 있다. 2021년 3월 쿠팡이 미국 뉴욕증시 상장을 하면서 소프트뱅크는 쿠팡 클래스 A 기준 37% 지분을 보유한 것으로 알려졌다. 이후 소프트뱅크가 보유한 쿠팡 지분의 9%를 매각했다는 소식이 전해지기도 했지만, 여전히 쿠팡에는 소프트뱅크의 지분이 상당수 남아 있다. 쿠팡이 중국에 진출한다면 쿠팡이 보유한 경쟁력 있는 한국 상품을 알리바바그룹의 망을 활용하여 공급하는 것이 자본의 연결 측면에서 합리적이라는 뜻이다.

반대의 협력 또한 가능하다. 알리바바는 B2B 마켓플레이스 '알리바바닷컴'을 중심으로 성장했다. 전 세계의 공장이라 불리는 중국 전역에 방대한 상품 소싱 네트워크를 보유하고 있다. 이 네트워크를 쿠팡에 연결한다면 어떨까. 한국에서 활동하는 구매대행 판매자들은 범접하지 못할 파괴적인 가격의 상품이 쿠팡을 통해 한국 시

---

34 〈알리바바, 소프트뱅크도 울면서 발표하는 자산매각 결정〉(황선명 애널리스트, 삼성증권, 2020. 3. 24)

장에 들어오게 될 것이다.

알리바바 입장에서도 네이버, 쿠팡이라는 강자가 있는 한국 시장에 직접 진출하는 것보다는 쿠팡이라는 채널을 활용하는 것이 적은 비용으로 시장을 타진할 수 있는 방법론이 된다. 아마존이 11번가와 제휴한 방식을 그대로 쿠팡에 적용할 수도 있겠다.

경계 없는 전쟁의 서막

생각해보면 소프트뱅크는 네이버와도 동맹군을 만들었다. 네이버와 소프트뱅크가 자본을 반반 섞은 합작법인 A홀딩스가 지배하는 Z홀딩스가 일본 1위 포탈 '야후재팬', 일본 1위 모바일 메신저 '라인', 일본 3위 이커머스 플랫폼 '야후쇼핑', 일본판 무신사라 평가받는 1위 패션 버티컬 커머스 '조조'를 운영한다.

네이버, 소프트뱅크 양사는 공동 투자 전선을 만들어 일본 현지의 동맹군을 구성하고 있기도 하다. 비교적 최근인 2021년 9월 네이버와 Z홀딩스가 배달 플랫폼 '데마에칸'에 800억엔(약 8,300억 원) 규모의 추가 투자를 했다는 소식이 전해졌다. 데마에칸은 우버이츠와 함께 일본 배달 플랫폼의 양강이라는 평가를 받는다.

요컨대 국내 이커머스업계의 양강인 네이버와 쿠팡, 중국 최대 이커머스 플랫폼 알리바바그룹, 일본의 소프트뱅크를 중심으로 자본이 섞여 있다. 쿠팡과 네이버, 알리바바가 직접적인 연관은 없다고 하지만 이들은 '손정의'라는 하나의 연결고리로 묶인다. 한국, 중국, 일본의 이커머스 가치사슬을 연결하는 혈맹이 구성된다.

이게 끝일까. 쇼피의 등장으로 주춤했지만, 여전히 동남아시아 최대 규모의 마켓플레이스를 운영하는 '라자다'는 2016년 알리바바그룹이 인수한 업체다. 소프트뱅크의 자본이 간접적인 영향력을 행사한다. 소프트뱅크의 자본이 섞인 곳은 여기가 끝이 아니다. 아마존과 겨루고 있는 인도 마켓플레이스 '플립카트', 인도네시아 마켓플레이스 '토코피디아', 브라질 이커머스 플랫폼 '브이텍스' 등에 소프트뱅크가 투자했다. 글로벌 이커머스 가치사슬의 최전방, 소비자 접점에 대한 소프트뱅크의 투자가 이어지고 있다.

무섭게도 이게 끝이 아니다. 손정의의 투자는 가치사슬의 전후방을 아우른다. 가치사슬 뒷단의 물류, 운영 시스템에 대한 투자도 계속해서 일어나고 있다. 당장 소프트뱅크 비전펀드의 포트폴리오를 펼쳐보면 글로벌을 아우르는 거대한 네트워크의 연결점이 보인다.

예컨대 중국의 '징둥물류(JD로지스틱스)'와 '알리바바 로컬서비스(어러머, 코우베이 운영사)', 중국 최대 모빌리티 플랫폼 '디디', 동남아시아 최대 모빌리티 플랫폼 '그랩', 인도 물류업체 '델리버리', 브라질 물류업체 '로지', 미국 최대 모빌리티 기업 '우버', 우버이츠와 미국 시장을 다투는 배달업체 '도어대시', 미국 시카고를 기반한 풀필먼트업체 '쉽밥', 글로벌 물류망을 연결하는 물류 플랫폼이자 디지털 포워더 '플렉스포트'까지. 투자금액과 지분율은 각각 다르지만, 모두 소프트뱅크 비전펀드의 투자 포트폴리오 업체다. 여기선 물류 서비스를 운영하는 업체들만 나열했는데, 자율주행과 같은 모빌리티 지원 기술을 보유한 업체에 대한 투자도 함께 진행되고 있다.

요컨대 손정의는 국경을 초월하는 가치사슬을 투자를 통해 이어

붙이고 있다. 손정의의 돈이 연결한 네트워크는 이미 전 세계 곳곳에서 아마존 제국과 국지전을 펼치고 있다. 인도에서 펼쳐지는 아마존과 플립카트의 치열한 대결이 한 예시다. 광범위한 규모를 보자면 손정의가 돈을 섞은 네트워크를 활용한 세계대전을 준비하나 싶을 정도다. 어떤 시점이 온다면 한국에서 연합군을 만든 '네이버', 한국에서 물류 제국을 만든 '쿠팡'까지 연결된 거대한 자본 혈맹이 움직일 수 있겠다. '경계 없는 전쟁'의 서막이 열리고 있다.

네이버 셀러가 된 이유

"그래, 누구나 만들 수 있다. 기자처럼 이커머스라고는 귀동냥으로만 들은 샌님도 5분이면 만든다. C2C 개인 판매자의 군단을 흡수하고 있다는 네이버 스마트스토어의 명성에 걸맞을 만큼 쉽다. 사업자등록증? 그런 거 필요 없다. 개인이든, 투잡이든, 쓰리잡이든, 당장 스토어 개설 가능하다. 물론 스토어명과 대표 이미지가 조금 고민되긴 한다. 하지만 어떻게든 넘어갈 수 있다. 나에겐 이 자리까지 올라온 창의적인 머리와 불타는 키보드와 윈도우 그림판이 있으니까. 그래서 만들었다. '헬개미마켓'. 여기까진 최소한 '돈'이 드는 영역은 아니다. ('개미일기' 중에서)"**35**

[그림 4-9] 그림판으로 그려 만든 등록용 '헬개미마켓' 로고

---

35 〈'개미 일기' 네이버 셀러가 됐다〉(바이라인 네트워크, 2020.6.1)

네이버 셀러를 시작했습니다. 2020년 5월 28일 처음 스토어를 개설했죠. 스토어 개설 후 2주 동안 총 11개의 상품을 팔았습니다. 매출은 13만 원 정도 됩니다. 뗄 거 다 떼면 1만 원 정도 남을까요? 팔린 상품 11개 중 7개는 지인이 사줬습니다. 불쌍해 보였나 싶습니다. 페이스북에 올린 포스팅에는 '힘내요' 마크가 박히기 시작했죠.

'개미일기'는 〈바이라인 네트워크〉에서 2020년부터 연재한 저의 스마트스토어 운영기의 이름입니다. 지금 찾아보니 '개미일기' 이름으로 무려 7개나 콘텐츠를 만들었네요. 스토어 개설부터 상품 소싱, 마케팅, 물류 등등 할 수 있는 것은 다했습니다. 물론 제대로 했는지는 잘 모르겠습니다. 우당탕에 가까웠죠.

그래도 성과는 있었습니다. 주 매출 80만 원을 찍으며 네이버 스마트스토어 씨앗 셀러를 넘어 '새싹 셀러'도 돼봤고요. 티몬에서 '라이브 커머스' 방송을 해서 일 700만 원의 매출을 달성하기도 했습니다. 출입처인 물류업체가 협력사 선물로 주려고 만든 '나노 블럭 트럭'을 다짜고짜 떼어다가 완판 시켜보기도 했습니다. 언젠가는 쿠팡, 위메프 마켓플레이스 담당 직원으로부터 입점 생각 없느냐는 연락을 받기도 했습니다.

물론 성과보다는 아픔이 더 많았죠. 한번은 도매몰에서 마스크 스트랩을 떼어다가 팔아봤는데, 이건 1년이 훌쩍 넘어 이 글이 마무리 되고 있는 지금까지 단 '한 개'만 팔렸습니다. 그 한 개를 구매한 사람은 바로 저입니다. 상품을 소싱하러 영월 농협 공장부터, 인천 모처의 디자이너 공방까지 찾아가서 열심히 만든 상품입니다. 하지만 결국 상품화에 실패했습니다. 그날의 기억들이 드라마처럼 스쳐 갑니다.

네이버 셀러가 된 이유는 풀필먼트 때문이었습니다. 2020년부터 본격적으로 시작된 네이버의 물류 진출을 관심 있게 보고 있었습니다. 당시 외부에 물류 진출 관련 소식을 잘 알리지 않았던 네이버였기에 그 모습을 조금 더 자세히 알기 위해선 다른 방법이 필요했습니다. '네이버 셀러'가 되는 것이 었죠.

물론 네이버가 투자한 많은 물류업체와는 과거 어떤 방식으로든 인연이 이어져 있었습니다. 인터뷰를 한다면 못할 것도 없었죠. 하지만 외부인으로 설명만 듣는 것과 사용자 입장에서 직접 써보는 건 분명 다릅니다. 당장은 헬개미마켓의 물동량이 비루하지만, 추후 상품 판매량이 늘어난다면 풀필먼트를 직접 이용하는 것도 꿈은 아니라고 생각했습니다. 결국 이 책을 마무리하고 있는 2021년 10월까지 네이버 풀필먼트를 직접 이용할 만큼의 유의미한 물동은 만들지 못했지만요.

생각해보니 그랬습니다. 제가 네이버에서 상품을 판 것도, 배민커넥트와 쿠팡이츠, 그 이전 우버이츠로 배달을 한 것도, 물류센터 아르바이트로 현장에 뛰어들어 까대기를 친 것도, 모두 현장을 알고 싶어서였습니다. 누군가에게 이야기만 전해 들어서는 막연하게만 잡혔던 그곳을 깊숙하게 이해하고 싶어서였습니다.

물론 제가 하루 이틀 네이버 판매를 해봤다고, 배달을 해봤다고, 물류센터 까대기를 해봤다고 그 현장에서 매일 치열하게 사는 사람들과 같은 수준의 역량을 갖출 수는 없습니다. 하지만 전혀 경험하지 않은 것과 한 번이라도 경험한 것은 분명 다릅니다. 현장에 머물지 않으면 알 수 없는 밀도 있는 콘텐츠가 만들어집니다.

"언젠가 미국 아마존 상품을 그대로 긁어서 네이버에 올려 파는 구매대행 판매자를 저격한 글을 썼다. 그런데 그 짓을 내가 하고 있다. 누가 네이버 스마트스토어 만드는 걸 쉽다고 했던가. 생각해보니 내가 그랬다. '개미일기'라는 이름의 이 글뭉치에는 네이버 스마트스토어에 상품을 팔아 부자가 되고 싶은 군소 매체 기자의 먹고사니즘을 담았다. ('개미일기' 중에서)"

무슨 패기였는지 2020년의 저는 네이버 셀러로 부자가 되겠다는 말을 저렇게 거창하게 써놨더군요. 이 글을 쓰는 2021년 10월. 여전히 저는 셀러로 부자가 되지 못했습니다. 그 사이 헬개미마켓은 헬개미컴퍼니라는 이름의 사업자가 됐지만. 변화는 그 정도입니다. 헬개미마켓은 여전히 우당탕이죠. 그럼에도 불구하고 제가 헬개미마켓을 애정을 갖고 운영하는 이유는, 지금 이순간에도 저에게 많은 현장을 알려주기 때문입니다.

2021년 10월 뜬금없이 저에게 전화[36]를 걸어 "헬개미마켓에서 판매하는 우삼겹을 월 600kg~1톤 규모로 정기구매하고 싶은데 얼마까지 해줄 수 있느냐?" 물었던 어떤 분이 있었습니다. 처음엔 아무리 봐도 사업자인 이분이 왜 네이버 개미 셀러한테 대규모 도매 거래를 제안하나 싶었습니다. 신종 사기인가 싶기도 했는데요.

결국 이분 덕분에 F&B업계 관계자를 수배해 우삼겹, 차돌박이 도매가가 최근 2배 이상 떴고. 고깃집을 운영하는 사업자들이 난리라는 이야기를 전해 들었습니다. 글로벌 물류 대란으로 미국에서 고기를 수입할 길이 막막하여,

---

36 헬개미마켓 대표번호는 제 개인 휴대전화 번호와 같습니다.

한국 물류센터에 대량 재고를 가진 업체에 힘이 몰리고 있다나요. 그리고 그 당시 헬개미마켓에서 파는 우삼겹은 도매가보다 저렴하게 팔리고 있었죠.

왜 개미 셀러가 사업자로부터 1톤 거래 제안을 받았는지 짐작할 수 있는 정보가 모였습니다. 이제 글을 쓰러 갈 시간이군요.

연결을 통해 가치를 만듭니다

2021년 8월, 무슨 용기였는지 3년 가까이 일하던 회사의 문을 나섰습니다. 퇴사를 전후로 많은 이들의 연락을 받았죠. 앞으로 무슨 일을 할 것이냐고. 같이 만들어볼 것은 없겠냐고. 혹시 함께 일해보지 않겠냐고. 부족한 사람에게 과분한 요청 주신 많은 분들께 고맙습니다.

사실 퇴사를 했다고 크게 달라진 것은 없었습니다. 평소처럼 카페에서 글을 쓰고, 평소처럼 사람을 만나고, 평소처럼 술을 마십니다. 그 사이 오랫동안 미뤄됐던 네이버 스마트스토어 사업자 등록을 마쳤고, 1년을 훌쩍 넘겨 집필하고 있는 책은 마무리 단계에 들어왔습니다. 마감에 쪼이고 있어 이따금 나가던 배달 현장과는 거리가 멀어졌습니다. 다이어트는 아무래도 망한 것 같습니다.

프리랜서로 사는 것도 나쁘지 않더군요. 퇴사 이후에도 종종 들어오고 있는 기고와 발표, 자문 요청은 자유로운 삶을 이어 가는 데 큰 힘이 됐습니다. 이런 소일거리의 대부분은 퇴사 전에 만난 누군가를 통해, 혹은 다른 누군가의 소개로 연결됐습니다. 제가 조금은 쓸모 있는 사람이 된 것 같은 느낌이랄까요. 허튼 삶을 살지는 않은 것 같다는 생각에 마음이 살짝 놓입니다.

2021년 9월, 사업을 시작합니다. 오래 전부터 하고자 했던 '콘텐츠'와 '커뮤니티', 이 두가지로 수익 모델을 만들어보고자 합니다. 사실 이미 한 번 이상은 해본 것입니다. 자유로운 예전 직장들의 문화 덕에 많은 것을 도전하고, 실패하고, 성공할 수 있었습니다. 차이가 있다면 늘어난 책임의 무게랄까요. 생각보다 무겁네요.

혼자 시작하는 것은 아닙니다. '비욘드엑스'. 제가 새로 합류한 법인의 이름입니다. 제 첫 사회생활을 함께했던 선배가 2년 먼저 일군 조직이기도 합니다. 이 책을 읽는 독자 여러분에게는 조금 친숙할 수 있는데, 제가 이 책에 처음 쓴 글 '물류 전문기자가 된 이유'에 등장한 저기 앞에 택배업체만큼의 연봉은 맞춰준다고 했던 그분이 맞습니다.

저는 이곳에서 제가 생각했던 많은 가능성을 현실로 증명해보려고 합니다. '물류 콘텐츠로 아름답게 먹고 살기.' 〈CLO〉를 퇴사할 즈음 품었던 저의 목표였고, 그 목표는 지금도 변함이 없습니다.

물론 제가 생각하는 물류 콘텐츠는 여러분의 생각과는 조금 다를 수 있습니다. 물류를 눈에 보이는 데로, 혹은 법이 정하는 데로 보관업이나 운송업으로 한정한다면 제 콘텐츠가 다룰 수 있는 범위가 좁아질 것이라 생각했기 때문입니다. 다양한 산업에서 일하는 독자 여러분에게 의미 있게 다가갈 수 없다고 생각했기 때문입니다. 시시각각 이종 산업이 물류와 융합되는 요즘 같은 시대에는 '이종' 또한 물류 관점에서 해석할 수 있어야 합니다.

제가 생각하는 물류란 '가치사슬을 관통하는 재화의 흐름'입니다. 물류의 목표는 '파편화된 가치사슬을 흐르는 재화에서 비효율을 찾아 개선하고 전체 가치사슬의 효율을 만드는 것'입니다. 이것만으론 부족합니다. 가치사슬을 흐르는 것은 재화뿐만 아닙니다. 서비스도, 정보도, 돈도 흐르고 있습니다. 이 모든 것이 함께 흐르고 있고, 그 흐름에는 어떤 막히는 부분이 존재합니다. 이렇게 막히는 지점을 찾아 개선하고 전체 가치사슬의 효율을 만드는 것을 목표로 본다면, 물류가 아닌 산업도 물류 관점 안에 담을 수 있습니다.

'커넥터스', 새로운 회사에 합류하며 만든 미디어 브랜드입니다. 물류보다는 연결에 가치를 두고 싶어 만든 이름입니다. 물류는 혼자서 만들 수 없습니다. 사실 물류뿐만 아니라 모든 사업이 혼자 만들 수 없습니다. 물류 실무를 해본 적도 없는 제가 콘텐츠를 만들 수 있었던 이유는 정보와 노하우를 전해준 숨은 누군가가 있었기 때문입니다. 제가 잠깐이지만 프리랜서로 먹고 살 수 있었던 이유는 어딘가에 저를 추천해주고 연결해준 누군가가 있었기 때문입니다. 커넥터스 또한 누군가의 연결을 통해 가치를 만드는 일을 하고 싶습니다.

원활한 연결을 만들기 위한 인프라는 '콘텐츠'와 '커뮤니티'입니다. 콘텐츠와 커뮤니티는 쌓여 가며 더 거대한 네트워크를 만들 것입니다. 이 네트워크를 활용한다면 많은 것을 할 수 있을 것이라 생각합니다. 저 혼자서는 못하는 투자, 저 혼자서는 못하는 컨설팅, 저 혼자서는 못하는 교육도 여기서는 가능하겠죠. 네트워크와 함께 나누고 성장하는 구조를 만들겠습니다. 그렇기에 당장 제가 할 일은 좋은 콘텐츠와 커뮤니티의 규모를 키우는 것입니다. 창업 후 1년 동안 제가 증명해야 할 일입니다. 이게 증명이 된다면 이후에는 더 많은 사람들과 다음 단계를 그려볼 수 있을 것입니다.

퇴사 후 받은 여러 연락 중 특히 기억에 남는 것이 있습니다. "요즘은 어디서 엄 기자님 글을 읽을 수 있나요?" 누군가가 제 콘텐츠를 찾는다는 것은, 누군가에게 콘텐츠로 도움이 됐다는 것은 정말이지 기쁜 일입니다. 여전히 저는 콘텐츠로 저의 가치를 증명 받고 싶습니다.

이 책에는 사회생활을 시작하고 지금까지 저의 7년이 조금 넘는 여정을 담았습니다. 공간, 이동, 그리고 연결. 몇 가지 키워드로 물류에 대한 저의 생각과 경험을 잔뜩 전했습니다. 책이 끝나가는 시점에서 여러분의 생각은 어떠한지요. 조금은 물류에 대한 생각이 바뀌었는지 궁금합니다.

여기까지 저의 짧은 여정에 함께해준 독자 여러분께 고맙습니다. 이번 여정은 끝이 아닙니다. 누군가의 이야기를 듣고 전하는 저의 일은 변함이 없고, 앞으로도 많은 이야기를 전하고 싶습니다. 연결을 통해 가치를 만든다는 저의 생각을 증명하겠습니다.

새롭게 만든 명함에는 기자가 아닌 '크리에이터'라는 직함을 새겼습니다. 하는 일은 딱히 달라지지 않았지만, 이전보다 조금 더 자유로워진 느낌입니다. 이제 새로운 시작입니다. 저의 새로운 여정 또한 여러분과 함께 하고 싶습니다. 언젠가 각자의 치열함이 숨 쉬는 현장에서 직접 뵙고 인사드릴 날을 기다립니다. 고맙습니다.

새로운 사람을 만난다는 것

매일 새로운 사람을 만나는 일을 합니다. 하지만 사람을 만나는 건 때때로 어색하고 힘이 듭니다.

내향적인 성격 때문일까요. 사람이 많은 자리에 가는 것을 안 좋아합니다. 애써 친한 척, 애써 아는 척, 애써 즐거운 척 하다 보면 진이 빠져나갑니다. 가끔은 군중 속 고독에 빠지기도 하죠. 그러면서 사람이 많이 모이는 모임을 만들기도 하니 참 일이란 게 대단합니다.

조금 이상한 취향 때문일까요. 공통 관심사를 찾는 것이 참 어렵습니다. TV는 안 본 지 오래입니다. 연예인은 관심 없고 잘 모릅니다. 음악은 나이와 맞지 않는 80~90년대의 그 분위기를 좋아합니다. 영화는 B급을 좋아합니다. 대개 극장에 개봉하지 못하는 것들입니다. 사실 가장 좋아하는 것은 일 이야기인데, 이건 혼자 폭주하면 답이 없습니다. 그래서 대개는 조용히 있습니다.

직업 탓을 좀 해볼까요. 기자라는 직업이 갖는 마력이 있는 것 같습니다. 어쩌다가 사석에서 새로 만나는 어떤 분들은 "지금 이야기하는 거 기사로 나오는 거 아니에요?"라는 이야기를 농담처럼 던집니다. 농담이라기엔 별로 웃기진 않지만, 제가 생각해도 기자와 편하게 만나서 이야기하기는 참 어려운 것 같습니다. 그래서인지 저

스스로 마음의 벽을 만듭니다. 웬만해선 형 동생은 하지 않습니다. 먼저 친한 척도 안 하고요.

사람과 친해지는 것은 참 어렵습니다. 그럼에도 친해진 몇 안 되는 사람들이 있습니다. 저에게는 정말 소중한 분들입니다. 이런 분들에게는 넘치는 감정을 어떻게든 표현하고 싶습니다. 하지만 마음처럼 잘하지 못합니다. 원체 과한 것을 부끄럽다고 생각하는 성격 탓일까요. 조금 더 과해도 될 것 같은데, 그러지 못합니다. 이런 저의 행동이 가끔은 오해를 낳기도 하더군요. 누군가에게는 감정의 균형이 무너진 것처럼 보였을 테니까요.

이 글은 소중한 분들에게 전하고 싶습니다. 참 부족함이 많은데, 좋아해 주셔서 감사하다고요. 감정 표현은 여전히 서툰데, 좋아해 주셔서 감사하다고요. 가끔은 감정선이 넘치는 이상한 글을 남기는데, 좋아해 주셔서 감사하다고요. 저도 조금 더 누군가의 감정에 맞춰 솔직해지려고 합니다. 조금은 더 노력하려고 합니다.

물류의 관점으로 세상을 바라보다

커넥터스

초판 1쇄 발행 2022년 01월 28일

지 은 이 엄지용
발 행 인 서재필

펴 낸 곳 마인드빌딩
출판신고 2018년 1월 11일 제395-2018-000009호
전　　화 02)3153-1330
이 메 일 mindbuilders@naver.com

ISBN 979-11-90015-73-8 (03320)
한국어출판권 ⓒ 마인드빌딩, 2022

- 책값은 뒤표지에 표시되어 있습니다.
- 잘못된 책은 구입하신 곳에서 바꿔드립니다.

마인드빌딩에서는 여러분의 투고 원고를 기다리고 있습니다. 출판하고 싶은 원고가 있는 분은
mindbuilders@naver.com으로 간단한 개요를 연락처와 함께 보내 주시기 바랍니다.